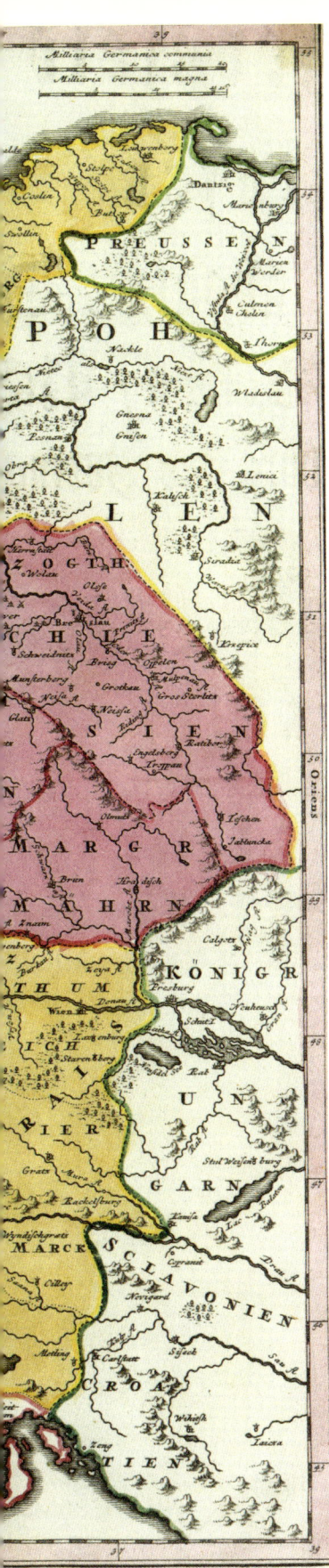

Theatrum belli tricennalis. Der deutsche Kriegsschauplatz. Die Reichskreise sind z. T. farbig dargestellt. Die Karte stammt aus der Publikation der »Acta pacis Westphalicae publica« des Johann Gottfried von Meiern, Bd. VI, 1736.

Helmut Lahrkamp

Dreißigjähriger Krieg
Westfälischer Frieden

Eine Darstellung der Jahre 1618–1648
mit 326 Bildern und Dokumenten

Aschendorff Münster

Einband:

Vorne: Die Übergabe von Breda (Ausschnitt aus dem Gemälde »Las Lanzas« von Diego Velázquez – siehe S. 73).

Hinten oben links: König Christian IV. von Dänemark (Gemälde von Peter Isaacsz – siehe S. 74). Mitte: Marodeure (Ausschnitt aus dem Gemälde »Les Maraudeurs« von Willem Duyster – siehe S. 216). Rechts: Ambrogio Spinola (Gemälde von Peter Paul Rubens – siehe S. 71).

Mitte: Tod des Schwedenkönigs Gustav Adolf in der Schlacht bei Lützen (Gemälde von Jan Martsz. de Jonge – siehe S. 104/105).

Unten links: Johann von Reumont, Stadtkommandant von Münster (unbekannter Meister – siehe S. 270). Mitte: Unterschriftenseite des Friedensvertrages mit Frankreich vom 24. Oktober 1648 (siehe S. 308). Rechts: Anne-Geneviève de Bourbon-Condé, Herzogin von Longueville (unbekannter Meister – siehe S. 279).

Seite 1:
Allegorisches Flugblatt »Europa querula et vulnerata« oder Klage der Europa (Radierung von Andreas Bretschneider, Leipzig). Die Personifikation der trauernden Europa wendet sich mit kläglicher Gebärde von den Soldaten ab, die sie beschießen.

Seite 2:
Der »Freud- und Friedenbringende Postreuter« – Friedensreiter aus Münster – verkörpert die frohe Kunde vom Frieden. Über dem Reiter in den Lüften links die posaunenblasende »Fama«, die Verkörperung des Ruhmes, rechts der Götterbote Merkur, auch Gott des Handels und der Kaufleute.

Seite 7:
Gustav Adolfs Tod in der Schlacht bei Lützen. Radierung aus den »Annales Ferdinandei« des Franz Christoph Graf Khevenhüller Bd. XII.

Inhalt

7   Dreißigjähriger Krieg 1618–1648

8   Aufstand in Böhmen – Prager Fenstersturz
9   Die Unterwerfung Böhmens
12   Der Kampf um die Pfalz
15   Der niedersächsisch-dänische Krieg
17   Restitutionsedikt und Absetzung Wallensteins
18   Die schwedische Invasion
21   Wallensteins zweites Generalat
26   Der Frieden von Prag
27   Der französisch-schwedische Krieg
30   Die Wende des Krieges
33   Ulmer Waffenstillstand und Kriegsende
36   Bilder und Dokumente

155   Glanz und Elend der Söldner

156   Der Gronsfeld-Bericht
157   Heeresaufbringung und Söldnermotivation
159   Reiterei, Fußvolk, Artillerie
162   Antriebskräfte: Beutegier, Patriotismus
167   Die Soldaten von Fortune
172   Bilanz des Schreckens
176   Bilder und Dokumente

239   Friedenskongreß in Münster und Osnabrück

240   Vorgeschichte und Kongreßbeginn
242   Die Mediatoren
243   Gesandte aus ganz Europa
246   Zwei Mahner zum Frieden
247   Vom Kongreßalltag
251   Kriegsziele und Sonderinteressen
255   Vertragsunterzeichnung und Kongreßende
260   Zur Bewertung des Westfälischen Friedens
262   Bilder und Dokumente

324   Zeittabelle der politisch-militärischen Ereignisse
326   Literaturübersicht
327   Erinnerungen von Zeitgenossen

Dreißigjähriger Krieg
1618–1648

Aufstand in Böhmen – Prager Fenstersturz

Religiöse Spannungen im Reich

Seit der Wende vom 16. zum 17. Jahrhundert haben sich die durch die Glaubensspaltung hervorgerufenen Gegensätze im »Heiligen Römischen Reich deutscher Nation« erheblich zugespitzt. Protestanten und Katholiken stehen sich in konfessionellen Militärblöcken, der »Union« unter Führung des calvinistischen Kurfürsten Friedrich V. von der Pfalz und der »Liga« unter Leitung des katholischen Herzogs Maximilian I. von Bayern, mißtrauisch gegenüber. Der kunstsinnige, aber depressive und menschenscheue Kaiser Rudolf II. (1576–1612), der auf dem Hradschin, der Prager Burg, residiert, hat unter Zwang den böhmischen Ständen, die stolz auf die hussitische Vergangenheit des Landes sind, am 9. Juli 1609 den sogenannten »Majestätsbrief« ausstellen müssen. Dieser räumt ihnen volle Religionsfreiheit und zum Schutz ihrer Interessen 24 gewählte »Defensoren« ein. Das Königreich Böhmen, das seit 1526 von der Habsburger Dynastie regiert wird, ist mehrheitlich protestantisch, ebenso die Kronländer Mähren, Schlesien und die Lausitz. Zwar nehmen die Böhmen 1617 den Erben des kinderlosen Kaisers Matthias (1612–1619), den Erzherzog Ferdinand von der Steiermark (geb. 1578), mit nur zwei Gegenstimmen zum König an, bringen ihm aber Argwohn entgegen, weil er als Exponent der katholischen Gegenreformation gilt; von einer »Annahme« wird gesprochen, da nach dem Reichsrecht den Böhmen eine freie Wahl nur dann zusteht, wenn die Herrscherfamilie ausgestorben ist. So wird der persönlich liebenswürdige Ferdinand, der aber ein stark ausgeprägtes monarchisches Sendungsbewußtsein besitzt, am 21. Juni 1617 im Prager Veitsdom feierlich gekrönt und im folgenden Jahr auch zum König von Ungarn proklamiert.

Der Prager Fenstersturz

Da der Augsburger Religionsfrieden (1555) von allen Parteien nur als vorläufig betrachtet wird, gibt es vielfach gereizte Auseinandersetzungen um die Auslegung einzelner Bestimmungen. So ist auch umstritten, ob die Untertanen geistlicher Grundherrschaften in Böhmen das Recht zum protestantischen Kirchenbau besitzen. Trotz eines kaiserlichen Verbots kommen viele Edelleute, die sich aus Lutheranern, Utraquisten und »Mährischen Brüdern« zusammensetzen, zu einer Protestversammlung nach Prag, um dort gemeinsam über ihre Religionsbeschwerden zu beraten. Eine Verschwörergruppe unter Führung des Grafen Heinrich Matthias Thurn (1567–1640), der im Anfangsstadium der Ständerevolte hervortritt, beschließt den offenen Bruch mit dem Kaiser durch die Ermordung seiner höchsten Repräsentanten – durch Fenstersturz, die hussitische Form der Volksjustiz. So werden bei einer tumultuarischen Demonstration bewaffneter Adeliger am 23. Mai 1618 die beiden verhaßten Statthalter Martinitz und Slawata samt ihrem Sekretär aus den Fenstern der Kanzlei des Hradschins herabgeworfen. Sie überleben wider Erwarten den

Fall aus einer Höhe von 17 Metern fast unbeschädigt und entkommen aus dem Burggraben trotz ihnen nachgesandter Schüsse. Wie ein Votivbild Slawatas dartut, schreiben sie ihre Rettung einem Wunder zu. Die halbherzige Tat, der damit »ein Schatten von Lächerlichkeit« anhaftet, ist ein Fanal, das den offenen Aufstand der Böhmen gegen das Haus Habsburg unwiderruflich macht. Der »Halleysche Komet«, der im Jahre 1618 zu sehen ist, wird allgemein als himmlischer Unheilsbote gedeutet und erzeugt Angst und Erregung unter der Bevölkerung.

Ein dreißigköpfiges Ständedirektorium »zur Verteidigung von Glauben und Freiheit« übernimmt die Macht, beschlagnahmt das katholische Kirchengut, verbannt die Jesuiten und stellt ein eigenes Heer auf, um einen sofortigen Angriff auf das Herz der habsburgischen Monarchie zu führen. Der zum Nachgeben geneigte kranke Kaiser Matthias ist am 20. März 1619 im Alter von 62 Jahren gestorben. Eine böhmische Armee unter Graf Thurn dringt im Mai 1619 bis vor die Tore von Wien vor, wird aber wegen des Mangels an schwerer Artillerie von einer Belagerung abgehalten und tritt schon nach einer Woche den Rückzug an. Die Aussicht auf die bevorstehende Wahl König Ferdinands zum Nachfolger des Kaisers verschärft im böhmischen Adel zunächst die internen Meinungsverschiedenheiten; eine Minderheit bevorzugt sogar die Errichtung einer Republik. Schließlich erklären die Stände mehrheitlich Ferdinand für abgesetzt und wählen Ende August den jungen Kurfürsten Friedrich V. von der Pfalz (1596–1632), den Schwiegersohn des englischen Königs Jakob I., zum neuen König von Böhmen. Sie rechnen damit, daß die Union sofort ihren Führer unterstützen wird, daß sein Onkel, der mächtige niederländische Statthalter Moritz von Oranien (1567–1625), und der kriegerische Fürst Gabriel Bethlen (1580–1629) von Siebenbürgen, ein Calvinist und Vasall des türkischen Sultans, gewiß seine Partei ergreifen werden. Sie verkennen jedoch die wirklichen Machtverhältnisse, denn die protestantischen Fürsten möchten sich nicht engagieren; selbst der englische König verhält sich abwartend und strebt nur eine Schiedsrichterrolle an. Friedrich V. ist leichtsinnig und unerfahren, weder kriegskundig noch staatsmännisch begabt, seine Gattin Elisabeth, die exzentrische Stuartprinzessin, die nie in ihrem Leben Deutsch lernt, gilt als hochmütig und verschwenderisch. Am 28. September 1619 nimmt der Pfälzer auf ihr Zureden die böhmische Krone an.

Die Unterwerfung Böhmens

Nur einen Tag nach Friedrichs Wahl wird in Frankfurt am 28. August 1619 König Ferdinand von den deutschen Kurfürsten einstimmig – sogar mit der Stimme der Kurpfalz – zum Kaiser gewählt und

Böhmens neuer König

Ferdinand II. erhält Unterstützung

am 9. September gekrönt. Er verfügt zunächst nur über einige Söld- 43
nerregimenter aus Flandern, die mit spanischen Hilfsgeldern bezahlt
werden, erhält aber die Zusage des tatkräftigen und finanzstarken
Herzogs Maximilian (1573–1651) von Bayern, der ihm verspricht, die 70
Ligaarmee werde mit 25 000 Mann ins Feld rücken – freilich gegen 46
volle Erstattung der Kriegskosten und ein mündliches Versprechen
des Kaisers, Maximilian mit der pfälzischen Kurwürde zu belehnen,
falls der neue Böhmenkönig künftig einer Ächtung anheimfalle. Der
sächsische Kurfürst Johann Georg (1585–1656), die Führerfigur der 118
deutschen Lutheraner, übernimmt unter ähnlichen Bedingungen die
Unterwerfung Schlesiens und der Lausitz. Als Kaiser Ferdinand II.
Ende Oktober 1619 ein zweites Mal von Truppen der aufständischen
Böhmen und Gabriel Bethlens in Wien eingeschlossen wird, bedroht
ein teilweise auf Kosten des verwandten Königs Sigismund III. von
Polen angeworbenes Kosakenfreikorps den siebenbürgischen Nachschub durch einen Einfall in die Slowakei, so daß die Belagerung
Wiens rasch aufgehoben wird. Hingegen findet Friedrich nach seiner
prunkvollen Krönung in Prag (14. November 1619) nur laue Unter- 44
stützung seitens der Generalstaaten und des Herzogs von Savoyen
und entfremdet sich die Gemüter seiner neuen Untertanen durch einen Bildersturm, der die reichen Kunstschätze der Prager Kirchen
verwüstet; außerdem tut er nichts, um die unteren Schichten der Bevölkerung für sich zu gewinnen. Die unschlüssige protestantische
Union gibt am 3. Juli 1620 in Ulm eine »Nichtangriffserklärung« ab,
so daß dem Vormarsch der Ligatruppen nach Böhmen nichts mehr
im Wege steht.

Entscheidung in   Die durch ein englisches und drei holländische Soldregimenter
der Schlacht am   verstärkte böhmische Armee ist durch Hunger und Seuchen bereits
Weißen Berge   demoralisiert und wird miserabel geführt. Durch Plünderungen im
eigenen Land infolge mangelnder Soldzahlung hat sie das Wohlwol-
len verspielt, das Bauern und Bürger ursprünglich dem neuen Staats-
wesen entgegengebracht haben mochten. Das Ligaheer steht unter
dem Kommando des Generalleutnants Johann Tserclaes von Tilly 49
(1559–1632), eines Brabanters, der sich früh in den Türkenkriegen
bewährt hat, »ein großer Einsamer, der das Leben eines Mönchs führt
und hart auf Disziplin sieht; der hagere Junggeselle ist den Strapazen
des Krieges trotz seiner 60 Jahre noch voll gewachsen« (H. Sturmberger). Nach der Vereinigung mit den kaiserlichen Streitkräften marschiert das Heer direkt auf Prag, um noch vor dem Wintereinbruch
eine schnelle Entscheidung herbeizuführen. Am 8. November 1620
kommt es vor den Toren der Hauptstadt zur Schlacht am Weißen 51
Berge, in der die böhmischen Truppen innerhalb von zwei Stunden
völlig geschlagen werden. Der König, der am Kampf selbst nicht teilgenommen hat, muß eilig die Flucht ergreifen. Er versucht nicht einmal, seine gut befestigte Hauptstadt zu verteidigen. Seine Registratur

52 und sein Gepäck fallen in die Hand des Bayernherzogs, der seinen General Tilly ins Feld begleitet hat.

Wehrlos ist Böhmen auf Gnade und Ungnade dem siegreichen Kaiser ausgeliefert, der mit eigener Hand den Majestätsbrief, den die Stände Rudolf II. unter Waffengewalt abgetrotzt hatten, durch
54 einen Scherenschnitt ungültig macht. Ein unter dem Vorsitz des Statthalters Fürst Karl von Liechtenstein (1569–1627) tagender Sondergerichtshof spricht 43 Todesurteile aus, von denen Ferdinand II. 27 bestätigt; sie werden am 21. Juni 1621 auf dem Alt-
53 städter Ring in Prag durch Henkershand vollstreckt. In den folgenden Jahren erlebt Böhmen die Gegenreformation in ihrer schärfsten Form: nach Schätzungen müssen gegen 300 000 Protestanten nach und nach das Land ihrer Väter verlassen und verlieren ihre Güter. An die Stelle der eingesessenen tschechisch-protestantischen Adelsschicht treten bald landfremde katholische Geschlechter, vorwiegend höhere Offiziere, die Latifundien erwerben und die Grundlage für den später so charakteristischen böhmischen Großgrundbesitz legen. Diese Umschichtung beeinflußt allerdings die Entwicklung der tschechischen Nation und das spätere deutsch-tschechische Zusammenleben ungünstig. Da die protestantische Union sich am 12. April 1621 selbst auflöst und ihre Truppen abdankt, scheint der Sieg des Kaisertums über die ständisch-aristokratische Staatsgestaltung perfekt.

Im Anfang des Jahres 1622 wird zwischen der Hofkammer und einer Gruppe von fünfzehn Interessenten ein Vertrag abgeschlossen, mit dem das Konsortium auf ein Jahr für sechs Millionen Gulden die Münzprägung aus sämtlichen Münzstätten in Böhmen und Mähren pachtet; bis heute kennt man nur fünf Mitglieder der Gruppe, doch sind neben dem Statthalter Liechtenstein der Obrist Albrecht von Wallenstein (1583–1634), der reformierte niederländische Bankier Hans de Witte (1583–1630) und Jakob Bassevi, der Älteste der reichen Prager Judenschaft, dabei. Um die Truppen zu entlohnen, werden nun Millionen von neuen Talern auf den Markt geworfen, deren Silbergehalt jedoch um 25 Prozent gemindert ist, weshalb es schwer wird, diese sogenannten »langen Münzen« außerhalb der habsburgischen Länder einzuwechseln. Es kommt zu einer bislang beispiello-
57 sen Geldentwertung, bei der Riesengewinne in die Taschen skrupelloser Finanzleute und ihrer Hintermänner fließen. Sie begleichen mit minderwertigen Münzen die Schulden und erwerben große Ländereien. Viele Fürsten verpachten ihre Münzhoheit gegen hohe Lizenzen an sogenannte »Heckenmünzer«, die »schlechtes Geld« prägen. Solche »Kipper und Wipper«, die Münzen beschneiden und manipulieren, bringen Handel und Wirtschaft im Reich an den Rand des
58 Ruins. Um Weihnachten 1623 muß Ferdinand II. eine Abwertung durchführen. Wallenstein, der Stadtkommandant von Prag, hat über

Kaiserliches Strafgericht über Böhmen

Geldentwertung durch »Kipper und Wipper«

fünfzig Güter aufgekauft und beherrscht ein Viertel von Böhmen, das der Kaiser 1625 zum Herzogtum Friedland erhebt. Er ist schon als junger Mann zum katholischen Glauben konvertiert und hat sich früh dem künftigen Herrscher angeschlossen, dem er seit Kriegsausbruch hohe Vorschüsse geleistet hat. Um eine Deutung seines rätselhaften Charakters hat sich die Geschichtsforschung bis zur Gegenwart immer wieder bemüht. 59

Der Kampf um die Pfalz

Parteigänger des geächteten Böhmenkönigs

Inzwischen sind spanisch-wallonische Truppen unter dem berühmten General Ambrogio Spinola (1567–1630), einem gebürtigen Genuesen, in die Rheinpfalz eingerückt. Der exilierte Böhmenkönig und Kurfürst von der Pfalz begibt sich zum Söldnerführer Ernst von Mansfeld (1580–1626), der bereits in Böhmen für ihn gefochten und im Elsaß Winterquartiere bezogen hat, wo er gern ein eigenes Fürstentum gewinnen möchte. Friedrich V. lehnt entschieden jede Abbitte und förmliche Unterwerfung ab und wird vom Kaiser in die Reichsacht erklärt. Für ihn rüstet sich der Markgraf Georg Friedrich von Baden-Durlach (1573–1638), ein Parteigänger der Union, der um den Besitz der von ihm eingezogenen Güter seiner katholischen Verwandten fürchtet. Auch der Administrator des Bistums Halberstadt, der junge Welfe Christian von Braunschweig (1599–1626), erklärt sich für den König von Böhmen und plündert zunächst die wehrlosen Bistümer Münster und Paderborn. Er ist so leidenschaftlich und hemmungslos, daß man ihn bald den »tollen Christian« nennt; er selbst bezeichnet sich als »Gottes Freundt, der Pfaffen Feindt« und schickt den erbeuteten Silberschrein des Paderborner Bistumspatrons St. Liborius zur Talerprägung in die Münzstätte. Diese drei Heere erhalten Subsidien von des Kaisers Gegnern, den Generalstaaten der Vereinigten Niederlande, deren Waffenstillstand mit Spanien nach zwölf Jahren 1621 abgelaufen ist, aber auch von England und Dänemark. Sie werden von Tillys Ligaarmee nach und nach ausgeschaltet. In militärischer Hinsicht ist Mansfeld der geschickteste Kommandeur und fügt am 27. April 1622 bei Wiesloch Tilly die einzige Niederlage zu, die dieser vor Gustav Adolfs Auftreten erlitten hat. Nacheinander schlägt Tilly den badischen Markgrafen bei Wimpfen am 6. Mai und Herzog Christian am 20. Juni bei Höchst am Main. Während Georg Friedrich aufgibt und sein Heer entläßt, vereinigen sich Christians restliche Truppen mit der Streitmacht Mansfelds, doch dankt der »Winterkönig« – wie er überall spöttisch genannt wird – beide Söldnerführer, für die der Krieg zum Selbstzweck geworden ist, offiziell ab und kehrt in sein Exil nach Den Haag zurück.

71
61

60

62

63
64

55
56

Seit Sommer 1622 belagert Spinola die niederländische Festung Bergen-op-Zoom. Mansfeld und Herzog Christian nehmen Sold von den Generalstaaten, durchziehen plündernd die Bistümer Metz und Verdun und durchstoßen bei Fleurus am 29. August die spanische Schlachtordnung, so daß sie zum Entsatz der bedrohten Festung rechtzeitig eintreffen. Der »tolle Halberstädter« muß sich den linken Unterarm amputieren lassen und läßt diese Operation im Angesicht seiner Truppen unter Fanfarenschall ausführen. Tilly nimmt die kurpfälzische Hauptstadt Heidelberg im Sturm und nötigt Mannheim zur Übergabe. Die Heidelberger Bibliothek, die berühmte »Palatina«, geht als Entgelt für erhaltene Subsidien an den Papst über die Alpen nach Rom. Damit ist der Krieg um die Pfalz beendet. Auf dem Regensburger Deputationstag erfolgt am 25. Februar 1623 die öffentliche Investitur des Herzogs Maximilian von Bayern mit der Kurwürde, allerdings zunächst nur für seine Person; dieses mit der deutschen Reichsverfassung nicht ganz vereinbare Vorgehen des Kaisers muß den Krieg verlängern und wird zur schweren Hypothek werden. Die Verteidigung der Kurwürde für seine Nachkommen hält Bayerns »großen Kurfürsten« (A. Kraus) fast bis an sein Lebensende in Atem.

65
67

70

Ende des pfälzischen Krieges; der Bayernherzog Kurfürst

Weil die Generalstaaten den zuchtlosen Scharen Mansfelds keine Winterquartiere in ihrem Land gestatten, geht deren durch Raub und Brand gekennzeichneter Marsch über Bentheim und das Emsland nach Ostfriesland, wo Mansfeld mit holländischem Geld und reicher Beute eine neue Feldarmee von 13 000 Mann auf die Beine bringt. Auch Christian von Braunschweig wirbt in Niedersachsen und brandschatzt Lippe und Ravensberg. Er beabsichtigt im Verein mit Mansfeld nach Böhmen zu ziehen. Den Schutz des Münsterlandes übernimmt eine Ligatruppe unter dem Grafen Anholt (1580–1630), einem befähigten Unterführer Tillys. Da seine Söldner aber infolge fehlender Soldzahlung nicht viel besser hausen als ihre Gegner, versperren ihnen die kleineren Städte die Tore. Sie werden erst im Frühjahr 1623 unterworfen und verlieren – bis auf Münster, das die drohende Einquartierung rechtzeitig abkauft – ihre bisherige politische Selbständigkeit, die auf den Landesherrn Ferdinand von Köln, den Bruder des bayerischen Kurfürsten, übergeht.

69

Unterwerfung der Stiftsstädte des Münsterlandes

Auf kaiserlichen Befehl rückt Tilly mit dem Ligaheer gegen Christian heran, der mit 16 000 Mann zu Fuß und 5900 Reitern Niedersachsen räumt und erneut in den Dienst der Generalstaaten tritt. Vergeblich wartet er auf den Zuzug Mansfelds. Als er am 4. August bei Greven die Ems überschreitet, um in die Niederlande zu entkommen, ist ihm Tilly hart auf den Fersen, der noch vier Regimenter unter Anholt an sich gezogen hat. Er nötigt Herzog Christian, sich zwischen Ahaus und Stadtlohn zum Kampf zu stellen. In dieser Verfolgungsschlacht fällt die Entscheidung durch eine wuchtige Kavallerie-

68

Tilly siegt bei Stadtlohn; Mansfeld räumt Ostfriesland

attacke des Feldmarschalls Anholt. Die entmutigte Infanterie des Braunschweigers wird völlig zersprengt, sie verliert gegen 6000 Tote und 4000 Gefangene, 19 Geschütze, 81 Fahnen und Standarten sowie den gesamten Fuhrpark. Nicht mehr als 3000 Reiter und 2500 Mann vom Fußvolk können sich über die Grenze in die Niederlande retten, wohin ihnen Tillys Truppen infolge der Neutralität des Reiches nicht folgen dürfen. Die Zeitgenossen heben rühmend hervor, daß Bürger Münsters die an der Stadt vorbeigeführten Gefangenen verpflegen und einzelne Verwundete von den eskortierenden Kroaten losbitten können. Tilly wendet sich nun gegen Mansfeld, der die Grafschaft Ostfriesland rigoros ausgeplündert hat. Dieser typische Vertreter des militärischen Unternehmertums entläßt seine Söldner, denen zuletzt Hunger und Pest schwer zugesetzt haben, verlädt seinen Raub in Schiffe und begibt sich nach England, wo er als Vorkämpfer der Protestanten gefeiert wird. König Jakob I. (1566–1625) stellt dem erfahrenen Söldnerführer am 5. Mai 1624 sechs Monate lang 20 000 Pfund Sterling zur Verfügung, damit er eine neue Armee formieren kann; dasselbe tut erstmals König Ludwig XIII. von Frankreich, der ihm monatlich 18 000 Livres an Subsidien zusichert. Wieder drängen sich zahlreiche Söldner zu seinen Fahnen, die zum Entsatz von Breda gemustert werden.

Belagerung und Übergabe von Breda In Spanien ist nach dem Regierungsantritt des willensschwachen Königs Philipp IV. (1605, reg. 1621–1665) ein neuer Günstling an die Macht gelangt, der Condeduque de Olivares (1587–1645), der die Größe und Macht der Monarchie wiederherstellen will und zu einer Offensive gegen die Generalstaaten übergeht. Er beauftragt den General Spinola mit der Belagerung von Breda. Diese starke Festung wird seit Juli 1624 von aller Zufuhr abgeschnitten und nach den Regeln der damaligen Kriegskunst belagert. Ihr standhafter Kommandant Justin von Nassau, ein illegitimer Oranier, kapituliert erst am 5. Juli 1625. Die spektakuläre Übergabe verewigt zehn Jahre später der Hofmaler Diego Velázquez in seinem berühmten Historiengemälde »Las Lanzas«. Geplante holländische Entsatzoperationen, bei denen Mansfeld mit dem Prinzen Friedrich Heinrich von Oranien (1584–1647) zusammenwirken soll, schlagen infolge der Uneinigkeit der beiden Befehlshaber fehl. Mansfelds Söldner überschreiten darauf den Rhein und lagern zwischen Wesel und Rees, ziehen dann aber in den niedersächsischen Reichskreis, wo sich eine Koalition unter Führung Dänemarks gegen Kaiser und Liga gebildet hat. Der neue europäische Krieg ist nicht mehr aufzuhalten.

70

72

73

Der niedersächsisch-dänische Krieg

König Christian IV. (1588–1648) von Dänemark und Norwegen, ein ehrgeiziger und volkstümlicher Monarch, der als Herzog von Schleswig und Holstein auch deutscher Reichsfürst ist, befürchtet die Rekatholisierung der norddeutschen Bistümer, die er als gute Versorgungsmöglichkeit seiner Söhne betrachtet, und läßt sich zum Kreisobristen des Niedersächsischen Reichskreises wählen (April 1625). Seine unter dem Vorwand der Sicherung des Kreises aufgestellten Truppen dringen in Tillys Operationsgebiet im Westfälischen Kreis vor. Der Kriegsplan sieht vor, daß nun Mansfeld nach Böhmen und Mähren ziehen soll, um dort mit Gabriel Bethlen von Siebenbürgen zu kooperieren. Kaiser Ferdinand II., der bislang allein auf Tillys Ligatruppen angewiesen ist, wird angesichts dieser Bedrohung veranlaßt, dem Dänenkönig eine eigene starke Armee entgegenzustellen, deren Aufbringung ihm der reiche böhmische Magnat Albrecht von Wallenstein anbietet. Der Kaiser nimmt am 7. April 1625 die bestechenden Vorschläge dieses Kriegsunternehmers an, der darauf sofort in einer großartigen organisatorischen Leistung ein schlagkräftiges Heer von zunächst 24 000 Mann bildet, das er bald auf 40 000 Söldner verstärkt. Wallensteins böhmische Herrschaft Friedland liefert ihm Waffen, Munition und Proviant, hohe Kredite vermittelt ihm sein Bankier Hans de Witte. Am 3. September kann er ins Feld rükken; der Unterhalt der kaiserlichen Truppen wird künftig vorwiegend durch Kontributionen aus den besetzten Gebieten aufgebracht. Anfangs unterbindet der neue kaiserliche Feldherr regellose Plünderungen und hält streng auf Disziplin. Er versperrt Mansfeld den Weg nach Böhmen und macht sich durch die stetige Vergrößerung seiner Regimenter bei Freund und Feind gefürchtet. Sein Herzogtum Friedland, das er mustergültig bewirtschaftet, liefert ihm in kürzester Frist fast alles, was der Heeresorganisator für die Ausrüstung seiner Söldner notwendig braucht: Schuhe, Lederzeug, Sättel, Waffen aller Art, auch Hufeisen, Wagen und Pulver. In Prag errichtet er durch italienische Baumeister ein gewaltiges Palais mit ausgedehnten Nebengebäuden, das von den Zeitgenossen gebührend bestaunt wird; die Loggia auf der Gartenseite ist dem Vorbild, der Loggia dei Lanzi in Florenz, nachempfunden. Wallenstein repräsentiert hier und in seiner Residenzstadt Jitschin mit fürstlichem Hofstaat.

Mehrere Vorstöße König Christians IV. werden zurückgewiesen. Wallenstein bringt Mansfeld am 25. April 1626 an der Dessauer Brücke eine Niederlage bei, wodurch dessen Fußvolk fast völlig vernichtet wird, kann aber nicht verhindern, daß der Abenteurer mit seiner Reiterei durch das neutrale Brandenburg nach Mähren gelangt, wohin ihm Wallenstein folgt. Da jedoch Gabriel Bethlen bei Wallensteins Ankunft nach Ungarn zurückweicht und wenig später

Wallenstein stellt eine kaiserliche Armee auf

Niederlage Mansfelds; Tillys Sieg bei Lutter

15

mit dem Kaiser den Frieden von Preßburg (20. Dezember 1626) eingeht, verläßt Mansfeld seine Truppen, um in Venedig neue Geldmittel zu erwirken; unweit von Sarajewo stirbt er am 30. November an einem Blutsturz, aufrecht stehend im Harnisch. Schon vorher hat der Tod den erst 27jährigen Herzog Christian von Braunschweig ereilt, der in die Dienste seines Onkels Christian IV. getreten war. Die durch einige Regimenter Wallensteins verstärkte Armee Tillys besiegt die dänische Hauptarmee unter des Königs persönlicher Führung am 27. August 1626 bei Lutter am Barenberge nordwestlich von Goslar; *80* die Folge ist eine zeitweilige Auflösung der dänischen Streitmacht.

Wallenstein Herzog von Mecklenburg; Frieden von Lübeck

Ein zunächst sehr bedrohlicher großer Bauernaufstand in Oberösterreich, das unter bayerischer Verwaltung steht, dauert von Mai bis November 1626 und muß in mehreren erbitterten Schlachten durch den ligistischen General Graf von Pappenheim (1594–1632) niedergeworfen werden. Die Vernichtung der Reste des Mansfeldschen Heeres in Schlesien beschäftigt Wallenstein bis in den Juli 1627; er zieht dann nach Mecklenburg, dessen Herzöge sich dem König von Dänemark angeschlossen haben, während Tilly die westelbischen Gebiete unterwirft. Beide Feldherren stoßen weiter bis nach Holstein und Jütland vor. Die dänische Macht bricht zusammen. Der Kaiser belehnt Wallenstein im Februar 1628 mit dem Herzogtum *80* Mecklenburg, was viele Fürsten verstimmt, weil sie den Emporkömmling beneiden, und ernennt ihn auch zum »General des baltischen und ozeanischen Meeres«. Doch fehlt ihm eine Flotte, ohne die man Christian IV. auf seinen Inseln nicht beikommen kann. Auch behauptet sich die Stadt Stralsund mit dänischer und schwedischer *81* Unterstützung gegen Wallenstein, was dessen Ansehen schädigt. Einen Landungsversuch der Dänen bei Wolgast wehrt er ab und bietet danach einen maßvollen Frieden an, der auch nach längeren Verhandlungen am 22. Mai 1629 in Lübeck zustande kommt. König Christian IV. erhält alle Besitzungen zurück und leistet künftig auf jede Einmischung in Deutschland Verzicht; von nun an bleibt er neutral und der kaiserlichen Seite eher wohlgesinnt.

Erbfolgekrieg um Mantua

Gegen Wallensteins Willen greift der Kaiser in den Mantuanischen Erbfolgekrieg ein und setzt Truppen nach Oberitalien in Marsch, die 1630 Mantua erobern und plündern. Das führt zur Entfremdung zwischen Ferdinand II. und der päpstlichen Kurie, weshalb Papst Urban VIII. (reg. 1623–1644) aus dem Hause Barberini Anlehnung an Frankreich sucht, wo seit 1624 der Kardinal Armand du Plessis *83* de Richelieu (1585–1642) die Richtung der Politik bestimmt. Am 19. Juni 1631 wird der für Frankreich günstige Frieden von Cherasco geschlossen, weil sich Kaiser Ferdinand II. unter dem Druck des schwedischen Vormarsches genötigt sieht, dem arg bedrängten Tilly in Norddeutschland Verstärkungen zukommen zu lassen. Im Gegensatz zu diesem Vertrag läßt sich Richelieu wenig später in einer Geheimvereinbarung mit dem Herzog Victor Amadeus von Savoyen die Festung Pinerolo als Einfallstor nach Italien abtreten.

Restitutionsedikt und Absetzung Wallensteins

Noch vor dem Friedensschluß mit Dänemark erläßt Kaiser Ferdinand II. am 6. März 1629 sein verhängnisvolles »Restitutionsedikt«, mit dem er die langwierigen Streitfragen um die Auslegung des Augsburger Religionsfriedens endgültig autoritativ entscheiden will. Das folgenschwere Dokument ist zwar in Abstimmung mit den drei geistlichen Kurfürsten von Mainz, Köln und Trier und in vollem Einverständnis mit dem bayerischen Kurfürsten Maximilian entstanden, denen die Entwürfe zur Begutachtung vorgelegen haben, aber ohne vorherige Befragung des Reichstages. Darin wird jede Entfremdung von katholischem Kirchengut nach dem Stichjahr 1552 für unrechtmäßig erklärt; damit würden rund 500 Klöster und Konvente an die alten Orden zurückfallen, was zu gewaltigen Besitzveränderungen etwa in Niedersachsen oder im Herzogtum Württemberg führen muß. Die Erzbistümer Bremen und Magdeburg sowie zwölf reichsunmittelbare Bistümer sollen künftig wiederhergestellt werden und die Anhänger Calvins nicht im bisherigen Religionsfrieden inbegriffen sein. Das Edikt versetzt die Protestanten in Panik und vergiftet des Kaisers Verhältnis auch zu den Fürsten, die bisher – wie der Kurfürst von Sachsen – loyal zu ihm gestanden haben. Vergeblich hat der realistische Wallenstein, dessen riesige Armee allein die jetzige Vormachtstellung Ferdinands II. garantiert, abgeraten und sich geweigert, Truppen für die Durchsetzung des Edikts zur Verfügung zu stellen. Selbst in Rom und Madrid diskutiert man zwiespältig über die Maßnahme, zu der der fromme Kaiser und der Kurfürst Maximilian durch ihre Beichtväter aus dem Jesuitenorden bestimmt worden sind, und spricht ihr einen rein religiösen Charakter ab. Kurfürst Maximilian ist bestrebt, seine Verantwortung für das Edikt möglichst zu verschweigen, obwohl er lange ein Verfechter dieser expansionistischen katholischen Politik bleibt und nicht einmal dann Konzessionen vorschlägt, als Kursachsen sich dem Schwedenkönig anschließen will. Das Edikt wird vielfach als ein erster Schritt auf dem Weg in den kaiserlichen Absolutismus gedeutet.

Nun tritt am 3. Juli 1630 in Regensburg der lang geplante Kurfürstentag zusammen, der die Hauptprobleme der Politik beraten soll. Alle Kurfürsten setzen unter Führung Kurbayerns den Kaiser unter Druck, Wallenstein zu entlassen. Sein steiler Aufstieg, seine Überheblichkeit und Mißachtung der Fürsten haben Haß und Abneigung hervorgerufen. Ferdinand II., dessen Finanzen durch den Krieg in Oberitalien erschöpft sind, vermag die Wahl seines ältesten Sohnes

Das verhängnisvolle Restitutionsedikt

289

268

200

Regensburger Kurfürstentag und Absetzung Wallensteins

17

zum Römischen König nicht durchzusetzen und muß in allen Punkten nachgeben; so versäumt er die Chance, mit Hilfe seines Feldherrn wirkliche Monarchengewalt auszuüben und fügt sich widerstrebend in die geforderte Reduktion der großen kaiserlichen Armee, über die heftige Klagen laut werden, auf nur noch 40 000 Mann. Der in Memmingen weilende Wallenstein zieht sich grollend auf seine böhmischen Güter zurück, offenbar bereits von Krankheit gezeichnet. Seine am 13. August publizierte Absetzung führt zu bösen Verfallserscheinungen im Heer, da sein Kontributionssystem zusammenbricht. Viele Offiziere quittieren nun den Dienst, sein Prager Bankier Hans de Witte begeht verzweifelt Selbstmord. Erst am 8. November erhält Graf Tilly ohne Wallensteins weitreichende Vollmachten zusätzlich das Kommando über eine demoralisierte Streitmacht, von der bald nicht wenige Söldner zu den Schweden überlaufen. Auch die Ligatruppen werden auf 20 000 Mann vermindert, denn in Regensburg wird die Landung eines neuen Gegners im Norden kaum zur Kenntnis genommen. Die Fürsten sind der irrigen Ansicht, dem Schwedenkönig gehe es hauptsächlich um die Wiedereinsetzung der abgesetzten Herzöge von Mecklenburg, mit der sie sympathisieren.

110

Die schwedische Invasion

Landung Gustav Adolfs von Schweden in Pommern

Am 6. Juli 1630 geht bei Peenemünde vor der pommerschen Küste König Gustav II. Adolf (1594, reg. 1611–1632) von Schweden mit 13 000 Mann an Land, um in den Krieg zugunsten der Protestanten einzugreifen. Er stößt zunächst auf keinerlei Widerstand, so daß er in aller Ruhe seine Operationsbasis für den Feldzug ausbauen kann; seine enge Anlehnung an Frankreich, wo der Kardinal Richelieu als Leiter der Staatsgeschäfte längst zielstrebig auf die Schwächung der Habsburger hinarbeitet, verschafft ihm durch den Bündnisvertrag von Bärwalde (23. Januar 1631) jährlich eine Million Livres oder 400 000 Reichstaler französischer Hilfsgelder und versetzt ihn damit in die Lage, den Offensivkrieg »zur Restitution der unterdrückten Reichsstände« ins Reich zu tragen. Bis Jahresende hat der König seine Armee schon auf 40 000 Mann gebracht, da die gefangenen kaiserlichen Söldner ihr einverleibt werden; sie bezieht Winterquartiere in Pommern und der Mark Brandenburg. Im Frühjahr 1631 treibt er die Kaiserlichen vor sich her und bemächtigt sich am 13. April der befestigten Stadt Frankfurt an der Oder, wo er acht Regimenter überwältigt, die von den im deutschen Nordosten stehenden Truppen noch übrig geblieben sind. »In seinen Augen ein Verfechter des Protestantismus, in den Augen Richelieus ein willkommenes Werkzeug gegen das Haus Österreich, war er, nüchtern gesehen, einfach ein

82 87

85

Vorkämpfer für die schwedische Expansion auf deutschem Boden«
(C. V. Wedgwood).

Als Nachfolger Wallensteins muß Graf Tilly den Schweden allein
entgegentreten, kommt aber sogleich in Nachschubschwierigkeiten,
weil der abgesetzte Feldherr alle bisher üblichen Lieferungen aus seinen böhmischen und mecklenburgischen Besitzungen einstellt und
lieber das Getreide aus den dortigen Magazinen nach Hamburg verkauft; das ist jene »Heeressabotage«, die man später Wallenstein vor-
geworfen hat. Weil Tillys Söldner bald unter Proviantmangel leiden,
setzt er seine Hoffnung auf die schnelle Bezwingung der reichen
Stadt Magdeburg, die sich schon sehr früh Gustav Adolf angeschlossen hat und mit Vorräten gut versehen ist. Ihre Verteidigung leitet
Gustavs Hofmarschall Dietrich von Falkenberg, ein gebürtiger Westfale, der »die Künste des Söldnerführers und des Agitators« beherrscht. Die Belagerer stehen unter dem Befehl des energischen
86 Grafen Pappenheim, der soeben die doppelte Würde eines kaiserlichen und kurbayerischen Feldmarschalls erhalten hat. Am 20. Mai
1631 dringen frühmorgens die Sturmtruppen Pappenheims ein, sofort beginnt eine unbarmherzige Plünderung durch die siegestrunke-
nen Söldner, die in den nassen Belagerungsgräben schlimme Entbeh-
rungen ausgestanden haben. An mehreren Stellen der Stadt bricht
ohne Tillys Verschulden Feuer aus, das nicht mehr gelöscht werden
kann; Magdeburg brennt fast vollständig ab, in Häusern und Kellern
finden gegen 15 000 Menschen den Tod. Alle Nahrungsmittel werden ein Raub der Flammen, so daß Tillys Sieg durch den Brand sinn-
los geworden ist. Mit der Katastrophe beschäftigen sich fast 300
90 Flugblätter und Plakatdrucke, die der schwedisch-protestantischen
Propaganda beste Gelegenheit bieten, den Grimm gegen Tillys Kriegs-
führung auf einen Höhepunkt zu treiben. Unter dem Eindruck dieses
fürchterlichen Massakers schließt sich der Kurfürst Johann Georg
von Sachsen dem Schwedenkönig an, mit dem als erster Fürst schon
der Landgraf Wilhelm von Hessen-Kassel (1602–1637) ein »beständi-
ges und unauflösliches Bündnis« geschlossen hat. Auch der Brandenburger Kurfürst Georg Wilhelm räumt widerstrebend seinem unge-
liebten schwedischen Schwager die Festungen Küstrin und Spandau
ein. Vier Tage nach dem Untergang Magdeburgs fleht Tilly Wallenstein vergeblich um Lebensmittel für seine Soldaten an. Auf seiner
verzweifelten Suche nach Verpflegung und Quartieren für seine
hungernde Armee sieht sich Tilly genötigt, in Sachsen einzurücken,
wo er die Städte Merseburg und Leipzig einnimmt.

Bisher ist Gustav Adolf einer Feldschlacht ausgewichen, doch nach
einer gemeinsamen Truppenbesichtigung mit dem sächsischen Kur-
88 fürsten kommen beide überein, Tilly bei Breitenfeld unweit von Leipzig eine entscheidende Schlacht zu liefern. Sie sind ihrem Gegner erheblich überlegen: 40 000 Mann gegen 31 000 Kaiserliche und Ligi-

*Eroberung und
Brand der Stadt
Magdeburg*

*Entscheidungs-
schlacht bei
Breitenfeld*

19

sten. Außerdem verfügen sie über wesentlich stärkere Artillerie im Verhältnis drei zu eins. Am 17. September 1631 marschieren Schweden und Sachsen parallel zu Tillys Front auf. Von der Teilnehmerzahl her dürfte Breitenfeld mit über 70 000 Kombattanten die größte Schlacht des ganzen Krieges gewesen sein; die beiderseitigen Frontlinien sind über vier Kilometer lang. Der Kampf wird gegen zwei Uhr nachmittags mit einem Angriff des rechten Flügels der Armee Tillys eröffnet, der die Sachsen zum Weichen und zur Flucht zwingt, dann aber von den Schweden in der Flanke gefaßt wird. Bei Sonnenuntergang bricht Tillys Zentrum im schwedischen Artilleriefeuer zusammen. Gustav Adolf hat mehrere Kavallerieangriffe Pappenheims abgeschlagen und seine wirksamen Regimentsgeschütze auf kurze Distanz eingesetzt, um die überlegene Feuerkraft seiner Kanonen zur Geltung zu bringen. Tillys Veteranen werden aufgerieben; er büßt über hundert Fahnen und Standarten ein, verliert die gesamte Artillerie und läßt etwa 7600 Tote auf dem Schlachtfeld, wovon die meisten durch das Geschützfeuer umgekommen sind. Mit knapper Not 89 entrinnt der alte Feldherr der Gefangennahme, doch kann von einer wilden Flucht der kaiserlich-ligistischen Armee nicht die Rede sein. Immerhin ist mit dieser Schlacht das bisherige katholische Übergewicht im Reich dahin, die Niederlage wirkt um so betäubender, je weniger man sie nach der Kette über zehnjähriger Erfolge Tillys erwartet hat. Mit einem Schlage ist das bisher belächelte Schweden – ein armes Agrarland mit nur einer Million Einwohner – zur führenden Militärmacht Europas aufgestiegen. Sein selbstbewußter König 92 diktiert fortan das Gesetz des Handelns.

Die Schweden am Main, die Sachsen in Prag

Gustav Adolf, von den deutschen Protestanten als Retter und »Löwe aus Mitternacht« enthusiastisch gefeiert, marschiert nun nicht, wie man erwartet, auf Wien, sondern entschließt sich, sein Heer in die geistlichen Gebiete am Main – die sogenannte »Pfaffengasse« – 91 zu führen, weil er meint, aus den reichen Bistümern und großen Städten wüchsen dem Feind seine Kräfte zu. Er besetzt Erfurt, Würzburg, Aschaffenburg, Frankfurt am Main und Mainz. Mit dem Recht des Eroberers zwingt er die meisten protestantischen Fürsten und Reichsstädte in die schwedische Koalition, denn Neutralität bleibt für ihn ein »unbekannter Begriff«. Die geistlichen Gebiete betrachtet der König als herrenloses Gut, ihre Neuverteilung als Mittel zur Umgestaltung des Reiches. Die Sachsen, denen sich böhmische Exulanten unter Graf Thurn zugesellen, ziehen nach Böhmen und nehmen am 15. November die Stadt Prag in Besitz, deren kaiserliche Besatzung rechtzeitig die Flucht ergriffen hat. Gustav Adolf, der sich als Nachfahre »gotischer Ahnen« fühlt, sammelt bis Jahresende beinahe 93 80 000 Streiter unter seinen Fahnen. Er feiert das Weihnachtsfest im eroberten Mainz, dessen Kunstschätze er nach Schweden bringen 96 läßt. Seine politischen Pläne, die sich mit seinen Erfolgen wandeln, sind schwer zu klären; vermutlich schwebt ihm ein protestantisches Kaisertum vor, ein Bündnissystem der evangelischen Reichsstände unter schwedischer Führung mit ihm als »Protector Germaniae«.

Wallensteins zweites Generalat

Angesichts der schwedischen Erfolge, die sogar den Kardinal Richelieu in Verlegenheit setzen, der vergeblich den »König der Schweden, Goten und Vandalen« zur Schonung Bayerns und der katholischen Liga anhalten möchte, muß sich Ferdinand II. in höchster Not an seinen abgesetzten Feldherrn Wallenstein wenden, der aber nur unter demütigenden Zugeständnissen des Kaisers die Aufstellung einer neuen Armee übernimmt. Er erhält die völlig unabhängige Kommandogewalt, selbständige Entscheidung über alle künftigen Kriegsoperationen und seine Schadloshaltung für die Kriegskosten sogar aus den kaiserlichen Erblanden. Wallensteins Werbungen verlaufen derart erfolgreich, daß »etwas Magisches in dem Schauspiel dieses Winters Anfang 1632 liegt« (H. Diwald) und das neue Heer Offiziere und Soldaten aus fast allen Ländern Europas anzieht. Im April zählt es bereits über 70 000 Mann. Unter seinen Obristen finden sich viele Träger berühmter Namen, die selbst hohe Summen aufwenden, um ihre Regimenter zu Fuß und zu Roß schnell einsatzbereit zu machen.

Rückberufung Wallensteins

Während ein kleinerer Teil der alten Ligaarmee unter dem Befehl Pappenheims im Nordwesten des Reiches den schwedischen Nachschub empfindlich stört, verläßt der Schwedenkönig Anfang März seine Winterquartiere, um mit der Hauptmacht in Bayern einzufallen. Gegen Tilly, dessen Truppen sich Kurfürst Maximilian persönlich angeschlossen hat, erzwingt Gustav Adolf bei Rain am Lech am 15. April den Flußübergang; dabei erhält der alte Ligafeldherr von einer Stückkugel eine schwere Verwundung, der er wenig später in Ingolstadt erliegt. Nun steht Bayern den Feinden offen, seine Städte müssen hohe Kriegssteuern zahlen. Das flache Land wird planmäßig verwüstet, hat doch der König geschrieben, er wolle es mit Sengen und Brennen verderben. Der Residenz München wird eine Brandschatzung von 300 000 Talern auferlegt; nur die Hälfte kann gezahlt werden, für den Rest werden 42 Geiseln gestellt, die erst drei Jahre später nach der Nördlinger Schlacht freikommen.

Tillys Tod; Gustav Adolf in München

Mit einem Teil seiner Streitkräfte ist der Kurfürst zur Armee Wallensteins gezogen, der inzwischen die Sachsen aus Böhmen herausmanövriert hat. Gustav Adolf ist gezwungen, sein Heer bei Nürnberg zu verschanzen; statt gegen seine mit 300 Kanonen bestückten Verschanzungen frontal anzurennen, bezieht Wallenstein südwestlich von Fürth ebenfalls ein großes, stark befestigtes Lager bei Zirndorf.

Sturm auf Wallensteins Lager bei Zirndorf

Es entwickelt sich ein sechswöchiger Stellungskrieg, bis die Umgebung kahlgefressen ist. Der König muß Wallensteins Befestigung an der »Alten Veste« ohne jeden Erfolg stürmen lassen und verliert den Nimbus der Unbesiegbarkeit. Seine stolze Armee ist jetzt durch blutige Verluste und Seuchen von 45 000 auf 27 000 Mann zusammengeschmolzen. Von über 17 000 Pferden sind noch 7000 übrig. Am 18. September zieht er mit dem Gros seiner Truppen nach Westen ab, wobei ihn Wallenstein nicht stört. Die Kaiserlichen marschieren in Eilmärschen nach Sachsen – ein meisterhafter operativer Zug Wallensteins, der sich strategisch seinem Gegenspieler überlegen zeigt. Sein Ziel ist Leipzig, das er im Oktober einnimmt.

96

Belagerung von Maastricht

Auf dem niederländischen Kriegsschauplatz hat sich inzwischen für die Spanier die Lage kritisch gestaltet. Prinz Friedrich Heinrich von Oranien, der Heerführer der Generalstaaten, erobert Venlo, Roermond und Sittard und beginnt am 10. Juni mit der Belagerung der wichtigen Festung Maastricht, die er durch eine gewaltige Zirkumvallationslinie einschließt; die spanischen Entsatztruppen richten wenig aus. Die Regentin der Spanischen Niederlande, die Infantin Isabella Clara Eugenia (1599–1633), bietet dem Feldmarschall Graf Pappenheim, dessen Ligaarmee auf etwa 10 000 Mann – vorwiegend durch Rekrutierungen in Westfalen – angewachsen ist, eine halbe Million Reichstaler, falls er dem bedrängten Platz zur Hilfe komme, der die Einfallspforte zum spanischen Luxemburg darstellt. Da Pappenheim zur Bezahlung seiner Soldateska dringend Geld benötigt, unternimmt er Mitte Juli seinen abenteuerlichen Zug nach Maastricht. Er bestürmt am 17. August das holländische Lager, wird dabei jedoch von den unfähigen Generälen der spanischen Flandernarmee nur lau unterstützt, so daß Maastricht am 22. August gegen ehrenvollen Abzug der Garnison kapitulieren muß. Obwohl Pappenheim in Westfalen und vor allem in Niedersachsen gegen Hessen und Schweden ganz beachtliche Erfolge erzielt, wird er von dem auf seinen Ruhm eifersüchtigen Wallenstein nach Sachsen beordert. Der Herzog will frühzeitig seine Winterquartiere beziehen und entläßt den Feldmarschall zur Besetzung von Halle, wird aber überraschend von Gustav Adolf am 16. November bei Lützen zur Annahme der Schlacht genötigt. In größter Eile wird Pappenheim durch ausgesandte Meldereiter zur Hauptarmee zurückberufen.

97

99

100

Tod Gustav Adolfs und Pappenheims bei Lützen

In der Nacht haben beide Armeen bei Fackelschein ihre Aufstellung genommen. 20 000 Schweden stehen zu Beginn 16 000 Kaiserliche gegenüber, doch verzögert dichter Nebel den Angriff. Der König von Schweden erfleht angesichts seines Heeres den Segen Gottes für die protestantischen Waffen. Der erbitterte Kampf dauert etwa acht Stunden bis zum Anbruch der Dunkelheit. Pappenheim trifft mit seiner Reiterei gegen 12 Uhr mittags ein und wird bei der ersten Attacke tödlich verwundet, doch auch Gustav Adolf findet

103

203

101

durch kaiserliche Kürassiere im Handgemenge den Tod. Beider Tod wirkt sich ganz unterschiedlich aus. Der junge Herzog Bernhard von Sachsen-Weimar (1604–1639) führt den linken Schwedenflügel unter Aufpeitschung der Rachegefühle zum Angriff, während Pappenheims Reiter nach dem Fall ihres vergötterten Führers panikartig die Flucht ergreifen. Das kostet Wallenstein den Sieg, obwohl sich bei mehreren Gegenattacken der Reiterobrist Ottavio Piccolomini (1599–1656) besonders auszeichnet. Pappenheims Tod ist für die kaiserliche Seite ein herber Verlust, weil er nicht nur ein mitreißender Anführer, sondern auch ein befähigter Belagerungsspezialist war. Der zunächst geordnete Abzug der Kaiserlichen nach Böhmen entwickelt sich teilweise zur Flucht, ohne daß die Schweden, die den Tod ihres heldischen Monarchen betrauern, an eine Verfolgung denken können. Beide Parteien verlieren gegen 9000 Tote. Wallenstein läßt in Prag über Offiziere und Soldaten, die versagt haben, ein Kriegsgericht abhalten, das 17 Todesurteile ausspricht, die auf dem Altstädter Ring öffentlich vollstreckt werden; 28 Namen von Fahnenflüchtigen werden vom Henker an den Galgen geschlagen. Nach Ergreifung soll sofortiger Tod ihr Los sein. Vom üblichen Begnadigungsrecht macht der Feldherr diesmal keinerlei Gebrauch, was ihm Verdrossenheit im eigenen Lager einträgt. Doch belohnt er bewährte Kommandeure und Reiter durch »Gnadenketten« und Geschenke in einem Gesamtwert von 85 000 Gulden und verteilt sogar Adelspatente.

Da Gustav Adolfs Erbin Christine (1626–1684) erst sechs Jahre zählt, übernimmt ein adliger Regentschaftsrat die schwedischen Regierungsgeschäfte; Leiter der Politik wird der Reichskanzler Axel Oxenstjerna (1583–1654), der sich mit Hilfe einer recht großzügigen »Donationspolitik« ergebene Anhänger der schwedischen Partei sichert, doch nicht über die Autorität eines gekrönten Hauptes verfügt. Er beansprucht für sich selbst das Territorium des vertriebenen Mainzer Kurfürsten, sein Schwiegersohn Gustav Horn übernimmt das Gebiet des Deutschen Ordens um Mergentheim, der Herzog Bernhard von Weimar, der elfte Sohn eines thüringischen Duodezfürsten, bekommt aus den Fürstbistümern Bamberg und Würzburg ein »Herzogtum Franken«. Gustav Adolfs natürlicher Sohn Gustav Gustavsson (1614–1653), Graf von Vasaborg, empfängt das Bistum Osnabrück. Auch sonst werden die schwedischen Offiziere und manche protestantische Reichsritter freigebig mit Länderbesitz belohnt. Oxenstjerna ruft am 23. April 1633 den nach dem Tagungsort benannten »Heilbronner Bund« ins Leben, in dem die südwestdeutschen Stände zusammengefaßt sind, hat aber auch mit Gehorsamsverweigerungen einzelner Obristen zu kämpfen. Die religiöse Frage verliert ihre Bedeutung, nationale Interessen treten in den Vordergrund. Die militärischen Absichten geben der schwedischen Regent-

Oxenstjerna Leiter der schwedischen Politik

schaft in Deutschland immer mehr den Charakter einer willkürlichen Soldatenherrschaft mit ihren ganz alltäglichen Schrecken.

Wallensteins Untätigkeit erregt Mißtrauen In diesem Jahr 1633 spielen sich nur kleinere Kampfhandlungen ab, so in Niedersachsen, wo Pappenheims Nachfolger Graf Grons-feld (1598–1662) die Schlacht bei Hessisch-Oldendorf gegen Hessen, *192* Schweden und Lüneburger verliert. Doch Wallensteins in Böhmen reorganisierte Hauptmacht bleibt weitgehend untätig. Der Herzog verhandelt mit den Sachsen, aber auch mit einzelnen böhmischen Emigranten, was den Argwohn des Wiener Hofes erregt. Trotz wiederholter kaiserlicher Aufforderungen lehnt er jede Unterstützung für den bedrängten bayerischen Kurfürsten ab. Was mag er damit bezwecken, wenn er das Oberhaupt der tschechisch-protestantischen Habsburg-Gegner, den Grafen Thurn, sofort nach seiner Gefangennahme bei Steinau wieder freiläßt? Er verhindert jede aktive Kriegführung auf den anderen deutschen Kriegsschauplätzen, so daß am 14. November Regensburg verlorengeht, die Stadt der Reichstage, welche die Verbindung zwischen Bayern und Böhmen aufrechterhält. Man schreibt es den astrologischen Praktiken Wallensteins zu, daß er es versäumt, die Armee trotz ihrer zahlenmäßigen Überlegenheit einzusetzen. Die Unzufriedenheit mit seiner Führung erreicht ihren Höhepunkt. Seine Feinde verdächtigen ihn, nach der böhmischen Krone zu streben.

Ächtung Wallensteins Während Wallenstein in starker Überschätzung seines Einflusses auf die von ihm geschaffene Armee, deren Kommandeure ihm noch im Januar 1634 in Pilsen unbedingte Treue geloben, immer mehr *110* seine eigene Friedenspolitik verfolgt, aber durch seine Winkelzüge alles Vertrauen bei Sachsen und Schweden verspielt, entschließt sich Kaiser Ferdinand II. auf wachsenden Druck der Liga und Spaniens, ihm den Oberbefehl zu entziehen. Weil er es aber nicht wagen kann, den gefürchteten Feldherrn wie 1630 einfach abzuberufen, soll er gewaltsam abgesetzt, im Notfall sogar getötet werden. Am 24. Januar erläßt der Herrscher das zunächst geheime Absetzungspatent, der Generalleutnant Graf Gallas (1584–1647) wird vorläufig mit dem *121* Oberkommando betraut. Vertraulich werden mehrere hohe Offiziere, darunter der soeben beförderte Piccolomini, eingeweiht.

Wallensteins Ermordung in Eger Der schwer gichtkranke Herzog erfährt erst am 21. Februar in seinem Pilsener Hauptquartier, daß er zum geächteten Rebellen und Hochverräter erklärt ist. Über Nacht fallen seine Regimenter von ihm ab, ihm bleibt nur die Flucht und die Verbindung zum Feind. Sein Ziel ist die Stadt Eger, wohin er sich in einer Sänfte bringen läßt. Hier *111* will er die Schweden erwarten; nur tausend Mann sind ihm geblieben. Die Faszination, die seine Person bisher umgab, ist geschwunden. Zunächst werden in der Nacht zum 25. Februar einige seiner hochrangigen Anhänger, dann er selbst durch Dragoner des kaiser- *113* treuen Obristen Walter Butler ermordet. Zwar bleibt er bis zum Ende *115* eine furchtgebietende Gestalt, doch hat »sich das Schreckgespenst von Wallensteins Verrat als bloßer Angsttraum erwiesen« (C. V. Wedgwood). Seine großen Güter werden unter die loyal gebliebenen Generale verteilt oder veräußert. In seiner Kanzlei finden sich wider Erwarten keine eindeutigen Beweise für seinen Hochverrat, der als »Wallenstein-Frage« in Zukunft ein beliebtes Thema der historischen Forschung bleibt.

Zu entscheidenden Operationen, die im Reich die politische Situation verändern, kommt es erst im Sommer 1634, nachdem König Ferdinand von Ungarn, des Kaisers ältester Sohn, das oberste Armeekommando übernommen hat, in dem er durch Gallas und Piccolomini unterstützt wird. Regensburg wird am 26. Juli zurückerobert, die kaiserlichen Truppen belagern Nördlingen, das aus Prestigegründen von den Schweden nicht preisgegeben werden darf. Herzog Bernhard von Weimar und Feldmarschall Gustav Horn stellen sich mit rund 25 000 Mann zum Kampf; der Thronfolger befehligt nur 15 000, erwartet aber den Zuzug seines spanischen Vetters aus Oberitalien mit etwa der gleichen Anzahl kriegserfahrener Soldaten. Nach der Vereinigung mit den 16 000 Mann des Kardinalinfanten Don Fernando (1609–1641) entspinnt sich am 6. September die Entscheidungsschlacht bei Nördlingen, die nach erbittertem Ringen mit einer vernichtenden Niederlage der Schweden endet, die 10 000 bis 12 000 Tote auf dem Schlachtfeld lassen. Graf Horn gerät in Gefangenschaft, Herzog Bernhard entgeht ihr nur knapp. In Wien präsentiert man dem Kaiser 280 eroberte Fahnen und Standarten, weitere 50 schickt der Infant dem Bruder nach Madrid, bevor er sich nach Brüssel eskortieren läßt, wo er als Generalgouverneur der Niederlande die nächsten sieben Jahre amtiert. Der berühmte Maler Peter Paul Rubens organisiert die künstlerischen Festdekorationen für seinen pompösen Einzug in Antwerpen.

Stärker als Lützen ist Nördlingen ein Wendepunkt des Krieges. »Wir haben Breitenfeld vergolten«, ruft König Ferdinand aus, als er mit dem Kardinalinfanten unter dem tosenden Jubel seiner Soldaten über das Schlachtfeld reitet. Nur mit Trümmern seiner Armee flieht Herzog Bernhard ins Elsaß, die Vertreibung der Schweden vom deutschen Boden scheint nur noch eine Zeitfrage. Die Sieger beziehen ihre Winterquartiere in Württemberg und Franken. Kursachsen versteht sich bald zu einem tragfähigen Kompromiß, den »Pirnaer Traktaten« (24. November), und zeigt sich friedenswillig. Oxenstjerna hingegen bietet den Franzosen eine Teilung Deutschlands in eine französische und schwedische Interessensphäre an, da ihm klar ist, daß seine starke Stellung in Süddeutschland nicht länger zu halten sein wird.

Entscheidungs-
schlacht bei
Nördlingen

122
117

124
125

Kursachsen zeigt
sich friedenswillig

Der Frieden von Prag

Der Frieden von Prag findet im Reich Anklang

Am 30. Mai 1635 wird in Prag der Frieden zwischen dem Kaiser, der katholischen Liga und Kursachsen geschlossen, dem bald fast alle Reichsstände beitreten. Als »Normaljahr« für die Regelung der politischen Verhältnisse wird die Zeit vor Gustav Adolfs Landung bestimmt, als »Normaltag« für den religiös-kirchlichen Besitzstand der 12. November 1627 festgelegt. Was also damals katholisch oder evangelisch gewesen ist, soll auch künftig so bleiben; damit ist der Verzicht auf die Durchführung des Restitutionsedikts verbunden. Kurbayern behält die Kurwürde, doch werden die Liga und der »Heilbronner Bund« formell aufgelöst. Auch bei den Protestanten findet die Parole eines nationalen Friedens, der schon in manchem auf den kommenden Frieden von 1648 vorausweist, zunehmend Anklang. Die fremden Mächte sollen unverzüglich vom Reichsboden entfernt werden, eine Welle von echtem Reichspatriotismus wird erkennbar. Nur der calvinistische Landgraf Wilhelm von Hessen-Kassel, der Teile Westfalens besetzt hält, schließt sich im Vertrag von Wesel eng an Frankreich an, das schon am 27. Oktober 1635 den Herzog Bernhard von Weimar verpflichtet hat, eine Feldarmee von 18 000 Mann zu unterhalten, wofür ihm der französische König Ludwig XIII. die österreichische Landgrafschaft Elsaß, die ihm gar nicht gehört, und jährlich vier Millionen Livres Hilfsgelder zusagt. So wird Bernhard »ein zweiter Mansfeld, nur verklärt durch einen Schimmer aufrichtigen protestantischen Glaubenseifers« (Moriz Ritter), gilt nun aber seinen Gegnern als Verräter an Kaiser und Reich. Als Söldnerführer versteht er, die Truppen an sich zu fesseln und duldet ihre Erpressungen und aus Not verübten Räubereien.

Kriegseintritt Frankreichs an der Seite Schwedens

Mit der offiziellen Kriegserklärung Frankreichs an Spanien, die nun am 19. Mai 1635 in Brüssel erfolgt – ein Angriffsbündnis Richelieus mit den Vereinigten Generalstaaten ist ihr bereits vorausgegangen – tritt der Krieg in eine neue Phase; das katholische Frankreich unter der Leitung eines Kardinals zahlt dem protestantischen Schweden nicht nur Hilfsgelder, um es am Separatfrieden zu hindern, sondern greift auch mit Waffengewalt ein, um eine solche Kapitulation künftig abzuwenden. Oxenstjerna wird im August 1635 von seinen meuternden Söldnern zeitweise festgesetzt und muß ihnen versprechen, die Satisfaktion der Truppen und Amnestie der schwedischen Anhänger zu Bestandteilen jedes künftigen Friedensvertrages zu machen. Richelieu wartet mit der formellen Kriegserklärung an den Kaiser noch so lange, bis im März 1636 der französisch-schwedische Beistandspakt erneuert worden ist. Der Krieg zwischen dem Hause Habsburg und seinen Gegnern hat aufgehört, ein Streit zwischen verfeindeten Religionsparteien zu sein und wird jetzt zum Kampf der fremden Nationen um das europäische Gleichgewicht, das Frank-

119

120

120

reich, den Generalstaaten der Niederlande und Schweden durch Spaniens beherrschende Stellung noch immer bedroht scheint. Die Feldzüge in Deutschland, wo der schleichende Autoritätsverfall der kleineren Reichsfürsten weitergeht, führen zu immer größerer Verwüstung. Die führenden Staatsmänner des Auslandes sehen im Reich hauptsächlich einen geeigneten Kriegsschauplatz zur Austragung ihrer Differenzen.

Der französisch-schwedische Krieg

Frankreich tritt mit unverbrauchten Kräften und gefüllten Kassen in den Krieg ein und ist daher in der Lage, an mehreren Fronten gleichzeitig zu operieren, während die verbündeten Kaiserlichen und Spanier zunehmend unter Geldmangel leiden, zumal 1628 eine spanische Silberflotte durch holländische Schiffe in der Bai von Matanzas gekapert worden ist. Allerdings verfügt Kardinal Richelieu, der mit einem Apparat tyrannischer Unterdrückung die latente Opposition der großen Adelsgeschlechter Frankreichs niederhält, zunächst weder über erfahrene Heerführer noch kampferprobte Verbände, so daß die Verluste seiner Streitkräfte anfangs verheerend sind und der Feldzug von 1635 völlig mißlingt. Die Kriegführung im Westen steht

Feldzüge in Lothringen und Burgund

121 vor allem im Zeichen der bayerischen Reiterei unter Jan von Werth (um 1591–1652), einem rheinischen Bauernsohn, der zum Führer der Ligakavallerie aufgestiegen ist und in Lothringen den Franzosen Abbruch tut, während Graf Gallas seinen bei Nördlingen erworbenen Ruhm mit der Schmach eines dem Trunk ergebenen »Heerverderbers« vertauscht und Ende November 1635 seine durch Hunger und Pest fast auf die Hälfte reduzierte Armee aus der Freigrafschaft Burgund abführen muß. Trotz ständiger Mißerfolge behält Gallas lange das Vertrauen des Kaisers. Die Planlosigkeit der kaiserlichen Operationen unter unfähigen Generälen bleibt ein Kennzeichen der nächsten Jahre.

123 Eine große spanische Armee unter dem Kardinalinfanten Fernando und dem Prinzen Thomas von Savoyen (1596–1656), verstärkt durch elf bayerische Regimenter unter Werth, fällt im Sommer 1636 in Nordfrankreich ein und erringt spektakuläre Erfolge. Die Grenzstädte werden erobert, die Somme überschritten, Werths Reiterei fouragiert bis unter die Mauern von Compiègne und Pontoise; die Festung Corbie, nur 140 km von Paris entfernt, fällt nach kurzer Belagerung. In Paris bricht Panik aus, man sagt bei Hofe bereits den Sturz Richelieus voraus, der für einige Tage die Nerven verliert. Dann aber müssen die Verbündeten unter dem Druck einer durch zahlreiche Freiwillige gebildeten neuen königlichen Armee zurückweichen, führen jedoch reiche Beute mit sich fort. Hätte gleichzeitig

Der Einfall in die Picardie

die von Spanien geplante Invasion des Languedoc stattgefunden – sie wurde aber verschoben – wäre Frankreich möglicherweise zu einer schmählichen Kapitulation gezwungen worden (G. Parker). Im Vergleich zum »Jahr von Corbie« sind die späteren Vorstöße nach Frankreich nur noch halbherzige Versuche; der großangelegte Einfall in die Picardie bleibt eine Episode, so sehr er damals die Aufmerksamkeit der Zeitgenossen erregt hat. Werth erringt durch ihn große Volkstümlichkeit, besonders im heimischen Rheinland, wo noch heute sein Andenken lebendig ist.

Banérs Schwedensieg bei Wittstock

Im Norden sind die geschwächten Schweden unter dem Feldmarschall Johan Banér (1596–1641) zunächst an die Küste zurückgewichen, können aber nach Verstärkung aus der Heimat am 4. Oktober 1636 bei Wittstock in Brandenburg ein sächsisch-kaiserliches Heer schlagen und sich in Mitteldeutschland festsetzen. Fortan spielt sich der Krieg auf zwei getrennten Kriegsschauplätzen ab, dem mitteldeutschen und dem südwestdeutschen. Schweden führt den Kampf mit überwiegend deutschen Söldnern, wie denn im letzten Kriegsjahrzehnt unter 75 000 Mann nur 5000 gebürtige Schweden und Finnen unter schwedischen Feldzeichen fechten. Schotten und Engländer werden im heimischen Bürgerkrieg benötigt und sind auf dem Festland kaum noch vertreten, doch sind irische Söldner sowohl bei den Kaiserlichen wie bei den Franzosen zu finden. Um ihre Anwerbung ist besonders Piccolomini bemüht.

Auf Ferdinand II. folgt sein Sohn Ferdinand III.

Auf einem Kurfürstentag in Regensburg wird im Dezember 1636 König Ferdinand von Ungarn einstimmig zum Römischen König gewählt und folgt seinem Vater am 8. Februar 1637 unangefochten als Kaiser nach. Er gilt als berechenbarer und zum Ausgleich geneigter Herrscher, doch blockt die gegnerische Koalition alle Friedensregelungen ab, die nicht eine Restitution der Kurpfalz und Hessen-Kassels sowie hohe Kriegsentschädigungen beinhalten. Als gefährlichster Feind erweist sich der Herzog Bernhard von Sachsen-Weimar, dessen Festsetzung auf dem rechten Rheinufer bei Wittenweier 1637 Jan von Werth noch knapp verhindern kann. Werth gerät jedoch im nächsten Jahr in einem unbedeutenden Gefecht bei Rheinfelden in die Gefangenschaft Bernhards und wird auf Wunsch des französischen Königs nach Vincennes gebracht; zwar wird er in Frankreich respektvoll behandelt und erhält sogar Zutritt bei Hofe, wo ihn Ludwig XIII. empfängt, kann aber erst im Frühjahr 1642 gegen den bei Nördlingen gefangenen schwedischen Feldmarschall Gustav Horn ausgetauscht werden.

126

120

Tod Bernhards von Weimar

Bernhard von Weimar erobert am 17. Dezember 1638 die wichtige Schlüsselfestung Breisach, stirbt aber im Alter von nur 35 Jahren an einer pestartigen Krankheit, vermutlich den schwarzen Blattern. Seine Regimenter bilden künftig eine eigene Armee im Solde Frankreichs, das die Obristen mit hohen Summen gewonnen hat. Nach

28

130   dem Tode Banérs übernimmt Lennart Torstensson (1601–1651), Gustav Adolfs ehemaliger Artillerieführer, das Kommando der Schwedenarmee und trägt auf dem alten Schlachtfeld von Breitenfeld am 2. November 1642 einen Sieg über die Kaiserlichen unter dem Erz-
131   herzog Leopold Wilhelm (1614–1662) von Österreich davon, der freilich nicht von entscheidender Bedeutung ist, obwohl die kaiserlichen Truppen viel von ihrer früheren Schlagkraft verloren haben und sich nach Böhmen zurückziehen müssen. Es wird immer schwieriger, in den verarmten und ausgesogenen Landstrichen die auf schlechten Wegen durchziehenden Heere mit Proviant oder Nachschub zu versorgen.

Auf Richelieu folgt Mazarin

    Der bayerische Kurfürst Maximilian I. versucht mehrfach, mit Frankreich Friedensverhandlungen anzuknüpfen, das nach dem Tod des Kardinals Richelieu (3. Dezember 1642) und dem fast gleichzeitigen Ende König Ludwigs XIII. Veränderungen der politischen Leitung erfährt. Die Regentschaft für den erst vierjährigen Nachfolger – den kleinen Ludwig XIV. – geht auf die dem spanischen Königshaus angehörige Königinmutter Anne d'Autriche über, die den gebürtigen
133   Italiener Kardinal Jules Mazarin (1602–1661) regieren läßt, der die französische Machtpolitik seines Vorgängers weiterführt. Kurfürst Maximilian stellt den strategisch begabten Lothringer Franz von Mercy (um 1590–1645) an die Spitze seiner kleinen, aber disziplinierten Armee, einen General, von dem die französischen Heerführer sagen, er handle immer so überlegt, als habe er ihrem Kriegsrat beigewohnt. Als Reiterführer steht ihm Werth zur Seite, der seit seinem Austausch den Franzosen »mit der alten unverwüstlichen Lebenskraft und rastlosen Verwegenheit« begegnet (L. v. Ranke). Beide über-
151   rumpeln im Verein mit dem Herzog Karl von Lothringen am 24. November 1643 die sorglos in ihren Winterquartieren lagernde französi-
132   sche Armee unter dem Generalleutnant Josias Rantzau bei Tuttlingen und nehmen das gesamte Fußvolk in Stärke von 7000 Mann gefangen. Nur die Kavallerie rettet sich durch eilige Flucht zum Rhein.

Schlachten bei Rocroi und Freiburg i. B.; Dänemark besiegt

    Mazarin entsendet im Sommer 1644 zwei getrennte Heere unter
139   dem jungen Herzog Louis d'Enghien (1621–1685), dem später so ge-
144   nannten »großen Condé«, und dem Vicomte de Turenne (1611–1675) nach Deutschland. Vergeblich schickt der bayerische Kurfürst, der längst nicht mehr an einen siegreichen Kriegsausgang glaubt, Unterhändler nach Paris. Er zögert nicht, auch seinem Schwager Ferdinand III. seine schlimmen Befürchtungen mitzuteilen; ist doch am 19. Mai 1643 die berühmte spanische Infanterie, der Kern der Flandernarmee, bei Rocroi von den Franzosen vernichtet worden. Kaiser und Reich sind der vollen Belastung durch einen Zweifrontenkrieg ausgesetzt. Zwar können die Bayern unter Mercy und Werth in einer dreitägigen Schlacht um Freiburg i. B. (3.–5. August 1644) sich gegenüber beiden Armeen behaupten und den Franzosen blutige Ver-

luste beibringen, doch unterliegt es keinem Zweifel, daß Frankreich ständig neue Regimenter mobilisieren kann, um den Krieg in die bayerisch-österreichischen Kernlande zu tragen. Die Schweden führen überraschend einen erfolgreichen Präventivschlag gegen das benachbarte Königreich Dänemark. Torstensson rückt ohne Kriegserklärung in Holstein ein und erweist sich auch einem kaiserlichen Hilfsheer unter Gallas gegenüber als strategisch so überlegen, daß dessen Truppenteile auf dem Rückzug fast vollständig aufgerieben werden. Das geschwächte Dänemark muß einen Waffenstillstand erbitten und büßt nach empfindlichen Niederlagen auch zur See im Frieden von Brömsebro 1645 die Inseln Gotland und Ösel, Halland und die norwegischen Landschaften Jämtland und Härjedalen ein. Damit wird Schweden zur führenden Macht im Ostseeraum.

Die Wende des Krieges

Torstensson schlägt die Kaiserlichen bei Jankau

Noch im Winter hat Kaiser Ferdinand III. gegen den Einbruch der Schweden um Prag ein neues Heer gesammelt, das nach dem Zuzug bayerischer Hilfstruppen am 6. März 1645 bei Jankau, etwa 60 Kilometer südöstlich der Hauptstadt, gegen Torstensson die Schlacht annimmt. Anfänglich dringt Werths bayerische Reiterei auf dem linken Flügel bis ins schwedische Troßlager vor, doch werden im Laufe der fast ganztägigen Schlacht – sie dauert von 8 bis 16 Uhr – die Kaiserlichen vernichtend geschlagen; sie verlieren rund 4000 Tote und etwa gleichviel Gefangene, darunter fast alle höheren Offiziere. Der Kaiser flüchtet nach Graz, die Schweden besetzen in wenigen Wochen Mähren und Österreich bis an die Donau. Dann aber muß Torstensson nach fünfmonatiger vergeblicher Belagerung von Brünn, das sich unter dem Kommando des Hugenotten Louis de Souches verzweifelt verteidigt, seine durch Seuchen dezimierten Streitkräfte zurückführen, an eine Besetzung Wiens ist nicht mehr zu denken. Auch der mit den Schweden seit 1643 verbündete Fürst Georg Rákóczy von Siebenbürgen muß auf Befehl seines türkischen Oberlehnsherrn, der den lange geplanten Krieg gegen die Republik Venedig eröffnen will, seine Armee aus Ungarn zurückziehen und demnächst mit dem Kaiser den Frieden von Linz (16. Dezember 1645) abschließen.

Schlacht bei Alerheim

Etwa zur gleichen Zeit bringen Mercy und Werth dem Marschall Turenne bei Herbsthausen unweit Mergentheim am 5. Mai 1645 eine schwere Schlappe bei. Seine Verluste allein an Gefangenen betragen ein Drittel der französischen Armee, die bis nach Hessen verfolgt wird. Zur Vergeltung vereinigen sich nun die Truppen Enghiens und Turennes in Stärke von 17 000 bis 18 000 Mann, um in Bayern einzufallen. Mercy, ein Meister in der taktischen Geländeausnutzung,

hat sich in günstiger Stellung beim Dorf Alerheim unweit von Nörd-
lingen verschanzt und stellt sich am 3. August den Franzosen zur
Schlacht. Jan von Werth überrennt in einer wuchtigen Attacke den
rechten Flügel der Franzosen unter dem Herzog von Gramont, der in
Gefangenschaft gerät. Dann aber findet der Feldmarschall Mercy im
Dorf Alerheim, wo es zum Häuserkampf kommt, durch Kopfschuß
den Tod. Durch seinen Ausfall entsteht bei den Bayern Verwirrung.
Sie brechen den Kampf vorzeitig ab, so daß sich die Franzosen den
Sieg zuschreiben, doch fehlt ihnen angesichts ihrer hohen Verluste
zum beabsichtigten Einmarsch in Bayern die Kraft. Zur Abwehr der
Gefahr hat der Kurfürst bereits religiöse Bußübungen und Kirchenge-
bete angeordnet. Der Angriffsgeist seiner Truppen ist mit Alerheim
erschöpft, es bleibt die letzte große Schlacht, die sie den Franzosen
geliefert haben.

Die Niederlage bei Jankau hat den Kaiser konzessionsbereiter ge- *Ermattung aller*
macht. Bereits im Juli 1641 hat der Kurfürst Friedrich Wilhelm von *Parteien*
Brandenburg mit Schweden ein Separatabkommen getroffen, ihm
folgt im August 1645 der sächsische Kurfürst Johann Georg. Die
Bundesgenossenschaft zwischen dem Kaiser und Kurbayern lockert
sich weiter, die geistlichen Fürsten der ehemaligen Liga spielen militärisch kaum noch eine Rolle. Die Ermattung aller Parteien gibt daher
den Feldzügen der beiden letzten Kriegsjahre das Gepräge. Größere
Marschbewegungen können nur schwer ausgeführt werden, das
Aufbringen der Verpflegung wird zum Hauptproblem der Führung.
Allein die berittenen Verbände sind im Zeitalter des Pferdes in der
Lage, schnell das Terrain zu wechseln, die Trosse schwellen so an,
daß sie die drei- bis vierfache Kopfzahl der fechtenden Truppe aus-
machen, weil sich die verarmten Einwohner aus Not den durchziehenden Soldaten anschließen. Auch bilden sich Banden von Ver-
sprengten und Marodeuren, die sich um keine Befehle mehr küm-
mern und auf eigene Faust nach Beute suchen.

Die engen Beziehungen der spanischen Habsburger zur deutschen *Erschöpfung*
Verwandtschaft haben bisher Spanien die Möglichkeit geboten, den *der spanischen*
Verbindungsweg zwischen Oberitalien, Burgund und den südlichen *Weltmacht*
Niederlanden zu sichern. Nach der Nördlinger Schlacht hat König
Philipp IV. seinem kaiserlichen Schwager umfangreiche Hilfe zukommen lassen. Er zahlt jährlich Subsidien im Wert von rund
500 000 Talern und bindet einen großen Teil der französischen
Streitkräfte in Italien, Flandern und an den Grenzen. Doch die Monarchie befindet sich im Niedergang. Olivares hat in seiner weitge-
spannten Außenpolitik den Blick für das Erreichbare verloren. Der
früh gealterte Kardinalinfant führt bis zu seinem Tod 1641 den verlustreichen Krieg gegen die Generalstaaten weiter, die 1637 das
zwölf Jahre zuvor an Spinola verlorene Breda zurückerobern. Außerdem muß Spanien ständig Kontingente für die Verteidigung der

überseeischen Gebiete in Südamerika abstellen, wo die Holländer sich seit 1630 in den Besitz der brasilianischen Nordprovinz Pernambuco gebracht haben. Einen glänzenden Seesieg erringt ihr Vizeadmiral Maarten Harpertszoon Tromp (1597–1653) am 21. Oktober 1639 vor den Downs an der Küste von Kent. Eine große spanische Flotte von siebenundsiebzig Schiffen, die Soldaten und Nachschub nach den Niederlanden bringen soll, wird zum Kampf in englischen Gewässern gestellt und angegriffen. Tromp versenkt oder kapert siebzig Schiffe, gegen 15 000 Spanier finden den Tod. Diese Seeschlacht nimmt daher in der maritimen Geschichte der Generalstaaten etwa den gleichen Rang ein wie die Vernichtung der Armada Philipps II. in der englischen. Sie bedeutet das vorläufige Ende der spanischen Seemacht. Eine zweite königliche Flotte, die Pernambuco entsetzen soll, trifft wenige Monate später vor Recife dasselbe Geschick.

141

143

145

146

Erhebungen in Katalonien und Portugal

Portugal ist seit 1580 mit Spanien durch Personalunion verbunden, doch hat sich die spanische Monarchie im Lande durch Mißgriffe unbeliebt gemacht, vor allem auch, weil sie das portugiesische Kolonialreich nicht mehr gegen die fortwährenden Angriffe schützen kann. Im Mai 1640 erhebt sich die Provinz Katalonien und erhält sofort französische Unterstützung, im Dezember folgt die Revolution in Lissabon mit der Erhebung des ersten Königs aus dem Hause Braganza. Ludwig XIII. kann 1642 den Titel eines Grafen von Barcelona und Roussillon annehmen. Spanien ist nicht in der Lage, diese Abfallsbewegungen schnell niederzuwerfen, zumal französische Truppen zur Unterstützung der Katalanen die Pyrenäen überschritten haben. Das hat sehr schwere Rückwirkungen auf das Ansehen der Krone; Olivares wird vor allem unter dem Einfluß der Königin Elisabeth, einer Schwester Ludwigs XIII., gestürzt. Sein Abgang versinnbildlicht den Verzicht auf Spaniens bisherige Weltmachtpolitik. Nachdem sich die Stadt Trier, das Elsaß und Lothringen in der Gewalt der Franzosen befinden und holländische Flotten die Nordsee und den Ärmelkanal beherrschen, wird es Spaniens Regierung unmöglich, noch Verstärkungen für die Flandernarmee abzusenden – die »spanische Straße« ist blockiert. Nun gehen Gravelingen 1644, Hulst 1645 und die starke Seefestung Dünkirchen 1646 verloren. Es folgen weitere, nur noch mit Mühe gedämpfte Aufstände in Sizilien und Neapel. Am Ende dieser Entwicklung, die freilich von einer letzten kulturellen Blüte (sogenanntes »Goldenes Zeitalter« der spanischen Literatur und Kunst) begleitet wird, steht das Ausscheiden Spaniens aus der Reihe der Großmächte, ein folgenschwerer Abstieg, der dann im Jahre 1659 durch den Pyrenäenfrieden besiegelt wird.

Ulmer Waffenstillstand und Kriegsende

148 Ende 1645 hat den gichtkranken Torstensson der General Karl Gustav Wrangel (1613–1676) als Oberbefehlshaber abgelöst; er wird als »stolz, grausam und unbeliebt« charakterisiert, ist aber ein fähiger Armeeführer, der die kaiserlichen Truppen unter dem militärisch nur mittelmäßig begabten Erzherzog Leopold Wilhelm aus ihren Quartieren verdrängt und sich im August 1646 mit Turenne vereinigt. Beide brechen in Bayern ein, das seit Gustav Adolfs Zeit keinen Feind im Lande gesehen hat und nun bis zur Isar verwüstet wird. Der verzweifelte Kurfürst schließt am 14. März 1647 in Ulm einen Waffenstillstand ab, der seine Truppen zur strikten Neutralität verpflichtet. Der Erzherzog legt sein Oberkommando nieder und geht als Generalgouverneur in die Spanischen Niederlande, damit ein letztes Mal die alte Beziehung zum blutsverwandten Madrider Königshaus erneuernd. An die Spitze der kaiserlichen Armee tritt nach dem Tod des unfähigen Gallas Ende April 1647 ein Calvinist, der frühere hessische Generalleutnant Peter Melander (1585–1648), jetzt Graf von Holzappel, der im Krieg ein großes Vermögen zusammengerafft hat. Er übernimmt sein Amt nur unter der Bedingung absoluter Unabhängigkeit von den Befehlen des Hofkriegsrates und erringt zunächst einige Erfolge gegen die Schweden Wrangels, die bis nach Hessen und Westfalen zurückweichen müssen. Noch einmal schöpft man am Kaiserhof neuen Mut.

Einfall der Schweden und Franzosen in Bayern

Kardinal Mazarin verlangt, daß Marschall Turenne seine im Elsaß überwinternden Truppen nach Flandern in Marsch setzt. Damit sind aber die alten Reiter der ehemaligen weimarschen Armee, noch elf Regimenter stark, unzufrieden. Sie kündigen ihren französischen Vorgesetzten den Gehorsam auf, wählen selbst einen Befehlshaber und erklären, künftig nur noch einem »gebornen teutschen General« folgen zu wollen. Trotz lockender Angebote aller Parteien – auch des

Die »Meuterei der Weimaraner«

150 Kaisers Generäle bemühen sich um sie – ziehen sie schließlich zum Korps des schwedischen Generals Hans Christoph Königsmarck (1600–1663), der zum Mißvergnügen Turennes aus ihnen vier neue Regimenter der Krone Schweden formiert, obwohl Königin Christine ihn zur Vorsicht mahnt und die französischen Gesandten in Münster dagegen scharfen Protest einlegen.

In seiner Isolierung stellt Kaiser Ferdinand III. den höheren bayerischen Offizieren Abberufungsbefehle zu, um sie an ihre Verpflichtung zu erinnern, ihm als Reichsoberhaupt zu gehorchen und sich mit seiner Armee zu verbinden. Der Reiterführer Jan von Werth und

Übertritt der Generäle Werth und Sporck zum Kaiser

204 sein bester Freund, der General Johann Sporck (1607–1679), versuchen im Juli 1647 ihre Regimenter dem Kaiser zuzuführen, werden dann aber vom Kurfürsten Maximilian geächtet und müssen mit wenigen Anhängern nach Böhmen flüchten, wo der Kaiser sie ehrenvoll

aufnimmt und sie durch Güterschenkungen für ihre Verluste entschädigt. Wenig später verbündet sich der Kurfürst, dessen Friedenserwartungen sich nicht erfüllt haben, erneut mit dem Kaiser. Die letzte Feldarmee, die für dessen Sache kämpft, wird am 17. Mai 1648 von Wrangel und Turenne bei Zusmarshausen in der Nähe von [149] Augsburg geschlagen, wobei der Generalleutnant Melander eine tödliche Verwundung erhält. Der Feldmarschall Graf Gronsfeld vermag [150] mit den Bayern den Einbruch der Feinde nicht zu hindern, die sich plündernd und brennend im offenen Land verteilen und die Städte brandschatzen. Der empörte Kurfürst läßt ihn daher in Haft nehmen und vor ein Kriegsgericht stellen.

Einfall der Schweden in Böhmen Melanders Nachfolger Piccolomini, den der spanische König wegen seiner Erfolge in Flandern zum Herzog von Amalfi erhoben hat, [210] reist aus den Niederlanden heran, möchte aber das restliche Heer seines Monarchen nicht mehr durch eine Schlacht aufs Spiel setzen und bezieht bei Vilshofen ein befestigtes Lager. Bayern hat unerhört unter der Unmenschlichkeit des totalen Krieges gelitten, was vor allem der systematischen Plünderung durch Wrangel zuzuschreiben ist. Schwedische Streitkräfte unter dem General Königsmarck fallen in Böhmen ein und erobern am 26. Juli 1648 den Hradschin und die [153] Prager Kleinseite, wo sie riesige Beute vorfinden, die nach ihren eigenen Schätzungen einen Wert von sieben Millionen Reichstalern ausmacht. Aber die katholische Gegenreformation hat bei der neuen Generation offenbar Erfolg gehabt, denn die Prager Bürger, Mönche und Studenten leisten erbitterten Widerstand und halten ihre Verteidigung länger als drei Monate bis zum Friedensschluß durch. Auf dem niederländischen Kriegsschauplatz wird eine neuformierte spanische Armee unter dem Erzherzog Leopold Wilhelm am 20. August 1648 bei Lens besiegt und büßt ihre Artillerie und die Kriegskasse ein. Kaiser Ferdinand III. sieht jetzt ein, daß für das Haus Habsburg der Krieg verloren ist und er auch im eigenen Interesse möglichst schnell Frieden machen muß; er kann es sich nicht länger leisten, den Kampf nur wegen des verbündeten Königs von Spanien fortzusetzen. Die bereits vorher ausgehandelten Friedensverträge mit Frankreich und Schweden werden daher am 24. Oktober 1648 in Münster [307] von den kaiserlichen Gesandten unterzeichnet.

Abrüstung der Streitkräfte Piccolomini übernimmt als Prinzipalgesandter bei den bis zum Juli 1651 währenden Nürnberger Friedensexekutionsverhandlungen die Abrüstung der Armee. Für Schweden führt diese Aufgabe der Pfalzgraf Karl Gustav von Zweibrücken (1622–1660), ein Vetter der Kö- [236] nigin Christine und demnächst ihr Nachfolger, erfolgreich durch, nachdem seine Truppen die erste Rate ihrer Entschädigung von insgesamt fünf Millionen Talern erhalten haben. Doch auch während der ersten zwei Jahre nach der erfolgten Vertragsunterzeichnung in Münster scheint eine Fortdauer der Feindseligkeiten noch immer möglich, kommt es noch zu Meutereien und Plünderungen durch entlassene Söldner, denen es unfaßbar erscheint, daß man sie nicht mehr benötigt. Der vordem kurbayerische General Herzog Ulrich von Württemberg (1617–1671), ein jüngerer Bruder des regierenden Herzogs, marschiert im Juni 1649 mit abgedankten Soldaten in spanische Dienste nach Flandern, wo der Krieg gegen die Franzosen weitergeht; das verstößt gegen den Geist des Friedensvertrages, da sich in die dortigen Kampfhandlungen kein Vertragspartner einmischen soll. Erst im Mai 1654 zicht die letzte schwedische Besatzung aus Vechta im Niederstift Münster ab. Ein Jahr später rückt der neue König Karl X. Gustav mit seinen erprobten Truppen zur Eroberung Polens aus und erringt große Anfangserfolge. Einige der 1649/50 nicht aufgelösten kaiserlichen Regimenter werden für die künftige Verteidigung gegen die Türken an die ungarische Grenze verlegt. Überhaupt bilden die Veteranen des Dreißigjährigen Krieges nach 1648 den Kernbestand aller »stehenden Heere« der europäischen Großmächte. Krieg und Militärwesen gewinnen in der Folge im Zeichen des Absolutismus eine veränderte Dimension. Das Europa der »Höfe und Allianzen« (Heinz Schilling) nimmt seinen Anfang.

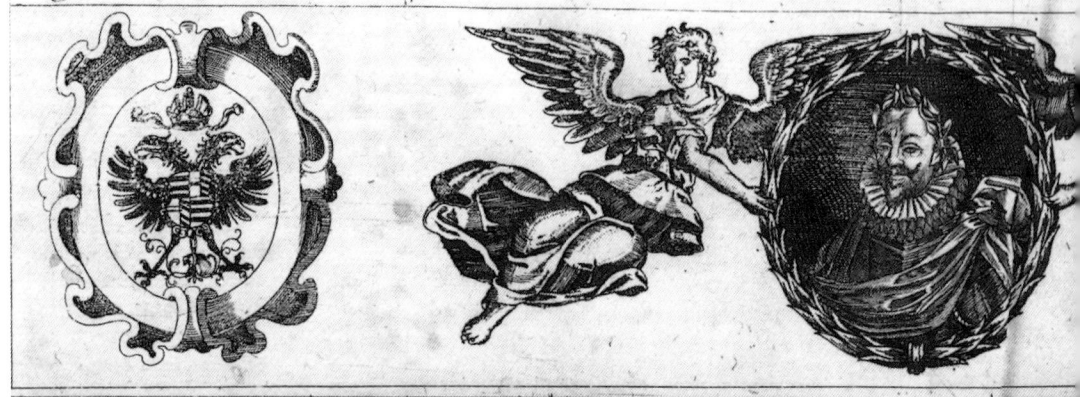

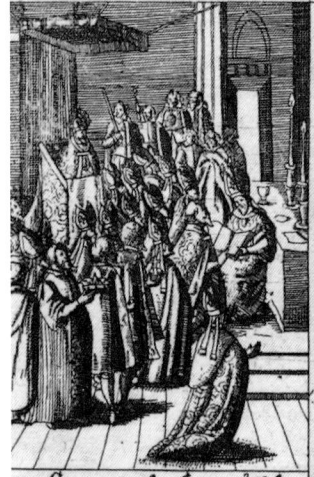

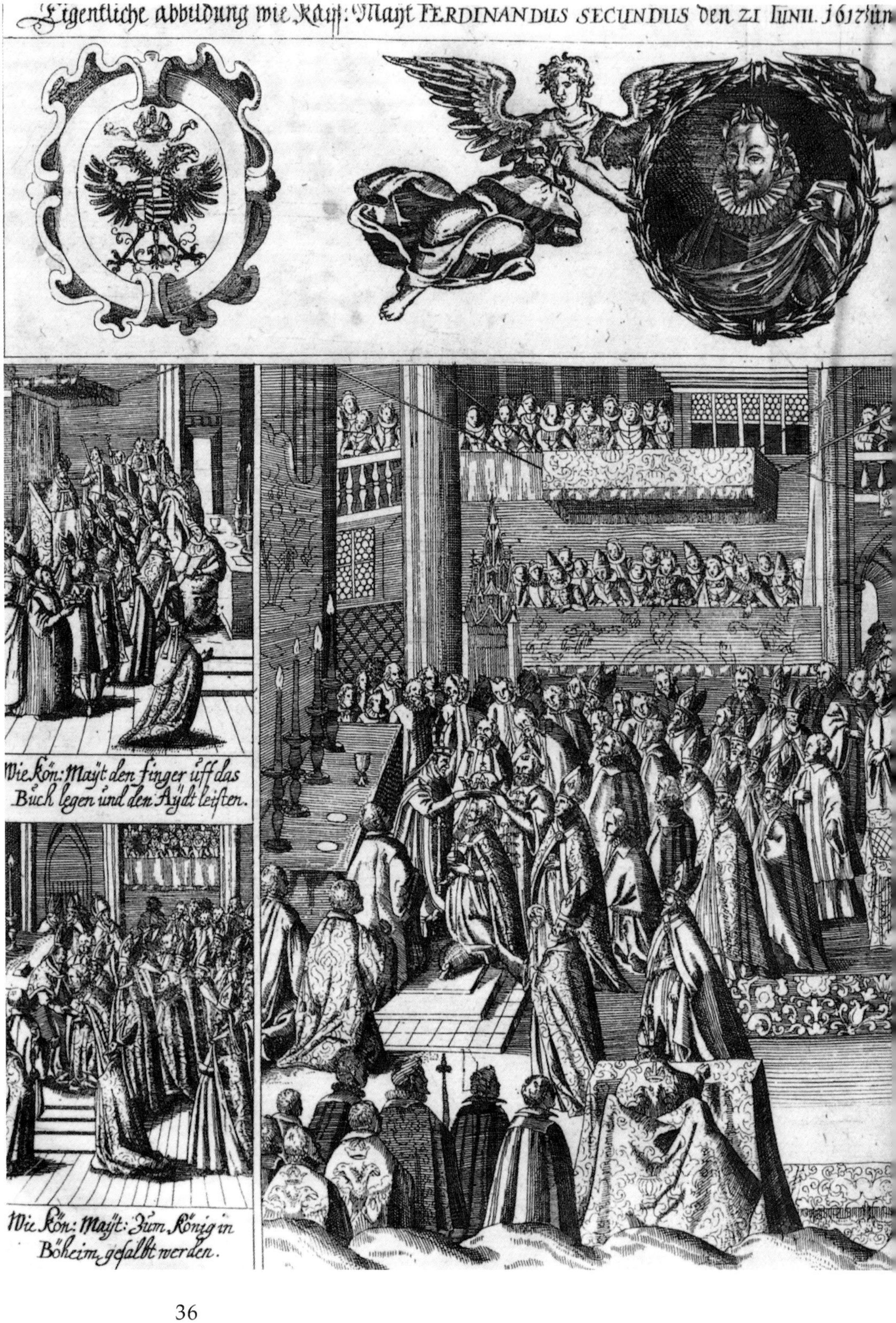
Eigentliche abbildung wie Kays: Mayt FERDINANDUS SECUNDUS den 21 IUNII. 1617
Wie Kön: Mayt den finger uff das Buch legen und den Aydt leisten.
Wie Kön: Mayt: Zum König in Böheim gesalbt werden.

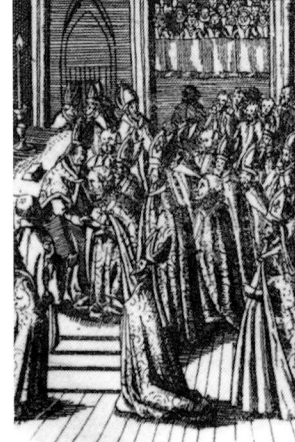

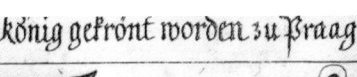
könig gekrönt worden zu Praag.

Wie Kön: Majt: das Königliche
Schwerdt empfahen.

Wie Kön: Majt: den Zepter und
Reichs Apffel empfahen.

FERDINANDUS. II.D.G. ROM. IMP. SEMP. AUG. GER. M.
HUNG. BOH. DAL. CR. SCL. etc. REX. ARCHID. AUST.
DUX BURG. ST. CAR. CARN. WIR. SUP. ET INF. SILES.
MARCH. MOR. ET. SUP. ET INF. LUS. CO. HABS. TYR. ET. GÖRTZ.

Krönung des Erzherzogs Ferdinand zum
König von Böhmen am 21. Juni 1617 in
Prag. Die Radierung von Georg Keller
(1568–1634) soll dokumentieren, daß der
spätere Kaiser unter Beachtung aller her-
kömmlichen Formalitäten von den böhmischen Ständen zum Herrscher angenommen worden ist. Geschildert werden daher
neben dem Krönungsvorgang (im Mittel-
feld) auch seine Eidesleistung, Salbung,
Annahme von Schwert, Zepter und Reichsapfel. Darüber halten Engel Ferdinands
Porträt; in den Ecken das kaiserliche (Doppeladler) und böhmische (Löwe) Wappen.
Es ist die letzte Krönung im Prager Veitsdom, die nach dem althergebrachten Zere-
moniell stattfindet.

Oben rechts ein Reiterbildnis Ferdinands
im Krönungsornat.

Der Prager Fenstersturz (Kupferstich von Matthäus Merian). Eine Gruppe böhmischer Adeliger stürzt am 23. Mai 1618 die kaiserlichen Statthalter Martinitz und Slawata mit ihrem Sekretär Fabricius aus den Fenstern der Prager Burg. Das ist das Signal für den Aufstand der protestantischen Stände und leitet eine tragische Epoche der europäischen Geschichte ein.

Den Hergang des Attentats schildert das Gemälde des tschechischen Malers Vaclav Brožik (1851–1901). Im Vordergrund Graf Thurn, der Führer der radikalen Adelsopposition, die am Vortag die Ermordung der Statthalter beschlossen hat. Er deutet mit befehlender Geste zum Fenster hin.

FIDES

SPES

CHARITAS

40

Heinrich Matthias Graf von Thurn (Kupferstich von W. Delff). Mit einer böhmischen Armee bedroht Thurn zweimal die Hauptstadt Wien und ist der eigentliche Anführer der Adelsrevolte. Nach der Niederlage flieht er 1621 nach Siebenbürgen und Konstantinopel, wo er vergeblich das Eingreifen des Sultans in den Krieg betreibt; er wird in Abwesenheit vom Kaiser zum Tode verurteilt und tritt in die Dienste Gustav Adolfs von Schweden. Wallenstein kann ihn 1633 in Schlesien gefangennehmen, läßt ihn aber nach der Auslieferung einiger Festungen wieder frei; er stirbt 1640 in Estland.

Die Ereignisse in Böhmen stoßen auf reges Interesse der Öffentlichkeit, wie diese Relation vom Jahre 1619 andeutet. Der Hauptumschlagplatz für Nachrichten ist die Reichsstadt Nürnberg, von wo gedruckte »Zeitungen« (Nachrichten) vertrieben werden.

◁ Votivbild, das Wilhelm Slawata, eines der drei Opfer, zu Ehren der Mutter Gottes malen läßt, weil er die Rettung einem Wunder zuschreibt. Er wird nach dem kaiserlichen Sieg 1628 zum Großkanzler von Böhmen ernannt und stirbt achtzigjährig erst 1652, erlebt also noch das Kriegsende.

Die naive Malerei stellt dar, wie auf Veranlassung der Madonna (Charitas) drei Engel Tücher ausspannen, um die drei schwarzgekleideten Herren, die brennende Kerzen als Glaubenszeichen in den Händen halten, sanft aus der Luft aufzufangen und vor Schaden zu bewahren. Neben der geöffneten Grube mit den Totenköpfen links mit Kruzifix eine Verkörperung des Glaubens (Fides), rechts mit Monstranz eine der Hoffnung (Spes). Im Hintergrund vor der Ansicht des Hradschin links eine sehr kleine Wiedergabe des Fenstersturzes.

RELATION

deßen/

Waß sich in Böhmen/

Österreich/ Hollandt/ vnd andern Ortern mehr/ denckwürdiges im itzlauffenden Februarii begeben.

Insonderheit/

Was in itzigem Böhemischen Kriegßwesen dieser Zeit fürgelauffen.

Vnd sohsten Wochentlich von Nürnberg avisirt

Nachgedruckt Im Jahr Christi

M. DC. XIX.

Warhaffte Beschreibung
Der Kayserlichen Krönung Ferdinandi/
seines Namens deß andern/ zu Franckfurt am
Main im Jahr 1619. den 9. Herbstmonat
beschehen.

Vm dies Inaugurationi destinatus illuxisset, FERDINANDVS Rex Roman. & Imperator Electus, è palatio suo comitantibus viris Illustribus, Comitibus, Baronibus, aliisq; ex ordine Equestri quáplurimis, sub vmbella, quá Sex è Senatoribus portarunt, ad ædem D. Barthol. sacram deductus est, vbi solemni ritu cæremoniaq; Inauguratio fuit celebrata. Inde super ponte extructo, rub roq; panno exornato, Cæsar in grediens, Curiam ascendit, ex quo loco aurei, argenteiq; nummi magno numero in vulgus sparsi. Illustris præterea Dn. à Pappenheim auenam dimensus, populo ad prædam dedit. Bos insuper pro more assatus (ferculis aliquot prius ex illo instructis, Sacræq; Cæl. Majest. appositis) direptioni relictus. Ex fonte deniq; affabrè extructo, Vinum largiter emanans, ad duarum horarum spaciú haurientibus propinatum. His rebus omnibus ritè peractis, Cæsar regio habitu, Equo insidens, ad palatium, vnde exierat, festiuo cum applausu reductus est. Electores Ecclesiastici habitu Electorali induti, Legati verò à tribus Electoribus Protestantibus missi, nigro, eodemq; communi erant vestiti, quos inter Saxo Gladium, Heidelbergensis Pomum Imperij, Brandenburgicus aureum Sceptrum Equis invecti, manibus prætenderunt. Coronidem Inaugurationi imposuit Epulum Regisco luxu instructum, & in vesperamvsq; hilariter & Pacificè productum. Deus ter opt. ter Max. Imperatorem Ferdinandum Ecclesiæ suæ Bonoq; Publico quamdiutissimè seruet & tueatur.

Ls der tag der Kayserlichen Krönung erschienen/ ist Ferdinandus erwöhlter Römischer König vnd Kayser/ von seinem Pallast mit sehr vilen Graffen/ Freyherrn vnd andern Herren deß Ritterstands vnder einem Himmel/ welchen 6. deß Raths getragen/ in die Kirchen S. Bartholomei begleitet worden/ in welchem die Krönung/ mit grosser Solennitet beschehen. Nach folgender Krönung/ ist Ihr Kays: Majest: auff einer Bruggen mit rodem Tuch bedeckt/ mit ebenmässiger herrligkeit auff das Rhathauß geführt/ allda man guldene vnd silbere Müntz vnder das Volck außgeworffen. Der Herr von Pappenheimb hat den außgemessnen Haberpreiß geben. Aber das hat man einen gebratnen Ochsen (daruon zuvor etliche Trachten Ihr Kays: Majest: für getragen) dem Volck zum Raub verlassen/ vnnd auff zwo stund lang Wein auß einem künstlichen Bronnen lassen fliessen. Nach disem allem/ ist Ihr Kays: Majest: in irem Königlichen Habit/ von den Churfürsten widerumb in den Pallast auff den Pferden begleittet worden. Die Geistliche Churfürsten erscheineten in ihrem Churfürstlichen Habit. Der abwesenden Protestierten Churfürsten Legaten aber/ Ritten in schwartzer vnnd gemeiner Kleydung. Der Sächsisch Legat trug das Schwert. Der Heydelbergisch den Reichsapffel. Der Brandenburgisch das guldene Scepter. Diser gantze Act ist mit einem sehr Königlichen Panckct biß auff den Abendt gantz frölich vnd friedlich beschlossen worden.

Gott der Allmächtig erhalte vnd beschütze vil Jahrlang vnsern Kayser Ferdinandum in Fried/ Einigkeit/ vnd Auffnemung der Christlichen Kirchen/ Amen.

Getruckt zu Augspurg/ bey Lucas Schultes. In verlegung Daniel Mannasser Kupfferstechers.

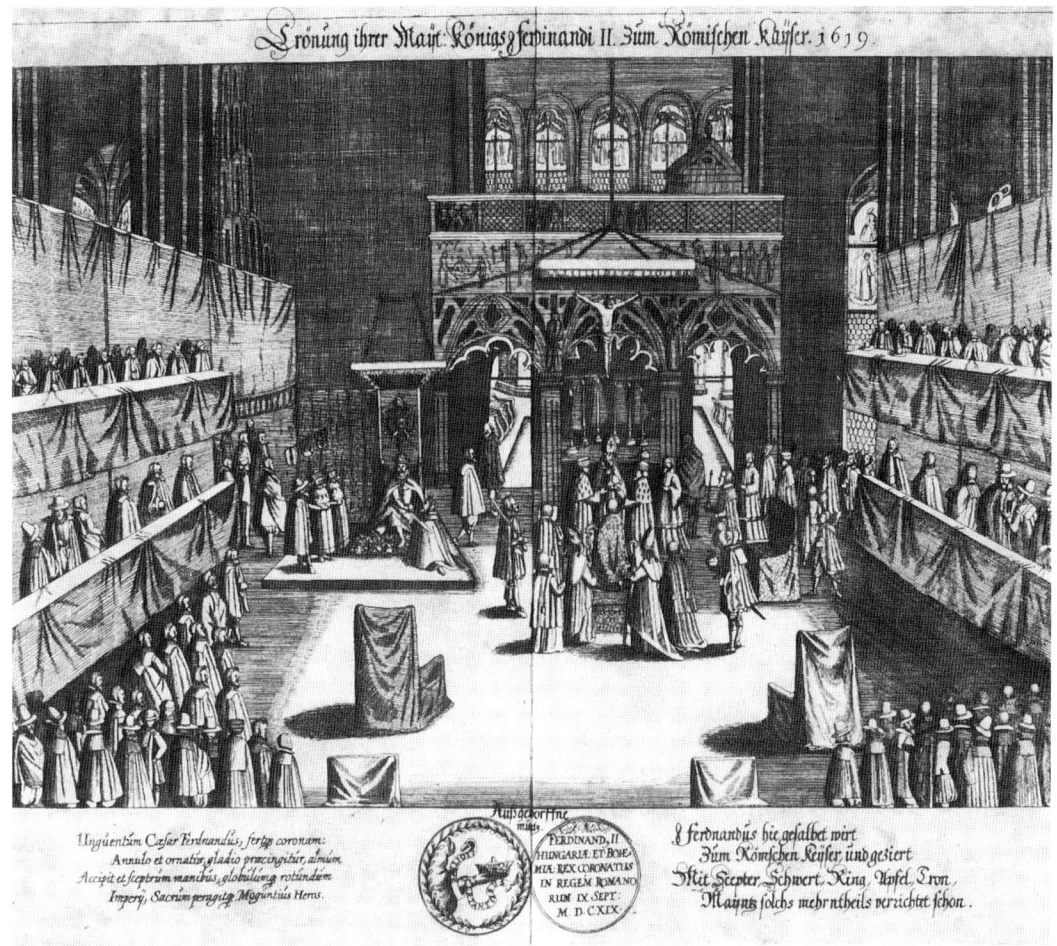

Unguentum Cæsar Ferdinandus, fertqs coronam:
Annulo et ornatur gladio præcingitur, almum
Accipit et sceptrum manibus, globulumqs rotundum
Imperij, Sacrum peragitqs Moguntius Herus.

FERDINAND, II
HUNGARIÆ ET BOHE-
MIÆ REX CORONATUS
IN REGEM ROMANO-
RUM IX SEPT:
M. D. CXIX.

§ Ferdnandus hie gesalbet wirt
Zum Römschen Keyser, und gesiert
Mit Scepter, Schwert, Ring, Apfel, Cron,
Maintz solchs mehrntheils verrichtet schon.

Krönung Ferdinands II. zum Kaiser (Kupferstich, 1627). In der rechten Bildhälfte wird der kniende Ferdinand in der Frankfurter St.-Bartholomäus-Kirche am 9. September 1619 vom Mainzer Erzbischof gekrönt. In der linken Hälfte empfängt der neue Herrscher die Huldigung. Der Bildtext lautet: »Ferdnandus hie gesalbet wirt / zum Römschen Keyser und geziert / mit Scepter, Schwert, Ring, Apfel, Cron / Mayntz solchs mehrntheils verrichtet schon.« In der Mitte unten Abbildung der an die Zuschauer ausgeworfenen Münzen.

◁ Flugblatt zur Kaiserkrönung, gedruckt 1619 in Augsburg. Nicht der Wirklichkeit entsprechend wird auf dieser Beschreibung der Erwählte im Kreis der ihm huldigenden sieben (!) Kurfürsten dargestellt. Nach der Krönung werden Gold- und Silbermünzen unter das Volk vor dem Rathaus ausgeteilt, ein am Rost gebratener Ochse dem Verzehr dargeboten, und zwei Stunden fließt Wein aus einem künstlichen Brunnen, bevor am Abend ein Bankett den Tag »gantz frölich und friedlich« beschließt.

Wie Kön: Wür: den Aidt zur krönung leisten.

Wie Kön: W: die Unction vom Administratore empfihen.

Wie Ihr Kön W: der Königl: Ring angethan, vnd das Königliche Schwert vberantwortet wirdt.

Administ. Archiepisc: Pragensis thut Krönung: vnd glückwünschung prestig.

FRIDERICVS·ELICTVS·BOHEMIÆ·REX·S·R·IMP·ELECTOR·PALATINVS·RHENI· ETC.

CONCORDIA DANT DEO I· ANTONIO I·

Silbern

FRIDE-RICVS·ELE-BOHEMIÆ·REX·CORONA·TVR·DIE·4·NOV·ANN·1619

1. Ihr Königliche Würden.
2. Die Königin, Iunge herrschafft, v. Francezimer.
3. Königliche session.
4. Ludwig Pfaltzgraue bey Rhein.
5. Christian Fürst zu Anhalt.
6. Henrich Wentzel Hertzog zu Münsterberg.

Eigentliche Contrafactur aller vnderschiedlichen A wie der Durchleuchtigste vnd Grosmächtige fün vnd Herr, Herr friederich der 5. Pfaltzgraue bey Rhein, Churfürst, Hertzog in Bayren, etc: Den 4 Nov: Ao: 1619. Zum König in Bö- he im ist gekrönt worden.

44

V: den Königlichen scepter vnd den
eichs Apfel empfahet.

Wie Kön: W: die Herren Stende glück wünschen, vn
mit anrührung der Kron den Eyd leisten.

Wie von Kön: W: etliche Herren zu Ritter geschlagen
werden.

ELISABETHA · D · EL · CI · A · BOHE · REGINA · MAGNA · BRITAN · PRINC · PALAT · RHENI · ELECT

us Friederich Hertzog zu Würtenberg.
ian Fürst zu Anhalt der Jünger.
Carol Hertzog zu Sachsen Lauenburg.
ist: Archiepiscopatus Pragensis.
j Prager Statt abgeordnete vnd andere.
V: Räht vnd diener von Heidelberg.

Bildnus   Müntz.

COROꞏ
NATꞏ BOꞏ
HEꞏ REXꞏ
4. NOV:
1619.

E. Kiefer f.

Am 14. November 1619 wird in der Wenzelskapelle der Prager Burg Kurfürst Friedrich V. von der Pfalz von den böhmischen Ständen zum König angenommen. Er wird gesalbt, mit dem königlichen Habit bekleidet und empfängt im Kreis der Direktoren und Würdenträger die Krone durch den protestantischen Administrator des Erzbistums Prag. Die Magnaten leisten ihm den Huldigungseid, indem sie seine Krone berühren. Nur vereinzelte deutsche Fürsten sind bei der Zeremonie anwesend, weil fast alle die Krönung als Usurpation betrachten.

Die hochschwangere Kurfürstin Elisabeth Stuart, die am 18. Dezember den Pfalzgrafen Ruprecht zur Welt bringt, wird am 16. November gesondert gekrönt. Dieser neugeborene Sohn des Paares erhält den Titel eines Herzogs der Lausitz.

Abcontrafactur der grossen mächtigen vnd nie erhörten
Trummel der Ligæ,
So sie weit vndbreit rühren/Volck zu werben/vnd Teufflisch Geld auff die Hand geben.

ALs man verwichner Zeit ein * Glöcklein hören leuten/   *Th. Campanella.*
Wie Spani-Oesterreich vnd Pabst auff ihre Seiten
  Die letzte Monarchi solt bringen vberall/
  Recht wie Frantz Rabelais geklügelt solchen Fall:
Da ward/ als im Triumph/ solcher Beherrschungs Wagen
Aus India geführt vnd vber Meer getragen/
  Weit vnd breit angebett/bis er im Niderland
  Zerbrochen hat ein Rad/vnd lange müssig stand.
Weil nun die Tyranney nicht weiter wolt fortgehen/
Auch man Betrug vnd List kein Glauben wolt gestehen
  Beym Nider Deutschen Volck/wandt man sich in das Reich
  Zu vns Hoch Deutschen her/die man recht hinterschleich.
Da ward die grosse Glock bald vber vns gegossen   *V. Campana magna.*
Von sincerirter Speis vnd andern Narren Possen:
  Die Glocke klang so hell/vnd bracht Devotion
  Bey Frommen eine weil/ bald drauff Rebellion.
Bis letzt der Klöppel fiel in Sachsen aus der Glocken/
Darüber alle Mönch vnd Pfaffen so erschrocken/
  Daß sie nach Erffurt zu gelauffen/ vnd vom Krantz
  Ein ander borgten ab/verlohren doch die Schantz.
Da halff sie ferner nicht kein leiten noch kein deuten/
Die andern Glocken all her gaben gute Beuten/
  Man fragte nun nicht mehr nach Lermen vnd nach Sturm/
  Wann sie nach Türcken Art gleich schryen auff dem Thurm.
Die Glocken waren hin/man hatte Canonaden
Daraus gemacht/vnd die mit Kraut vnd Lot geladen/
  Die brumten heller je als aller Glocken Klang/
  Ja in Feldschlängelein die Pfaffen versang.
Sie giengen alle durch nach Indien zu ziehen/
Was solten sie vmbsonst sich in der Welt bemühen/
  Do sie kein Glauben han mit ihren Wunderwerck/
  Wie in der newen Welt/da man hat kein Gemerck.
Jedoch vermeinen sie noch erst ein Streich zu wagen/
Weil das erpreste Geld den Krieg schier solte tragen:
  An statt der grossen Glock/ans grossen Messers statt
  Hat man zur grossen Pauck erfunden einen Rath.

Die Trommel ist so gros/daß sie sich dem Weinfasse
Zu Heidelberg vergleicht; Der kommen nun zu passe
  Auff einmal hundert Mann/ der ziehen schier ein Schoa
  An einem Klöppel dar/gleich wie an einer Glock.
Die Pauck gibt solchen Hall/daß man sie weit kan hören
New Volck zu bringen auff/ damit mag sich könt wehren/
  Was sonst verlauffen ist/vnd hat kein Hertz noch Ruh/
  Das samlet sich nun hier/vnd laufft den Pfaffen zu.
An einem Feld Marschalch es ihnen aber fehlet/
Kein General sich schickt/ der sich zu letzt verhelet/
  Oder wird abgedanckt; Selbst wil seyn Principal
  Die Clerisey im Spiel/die thut es allzumal.
Drumb sie sich auffgemacht vnd han gebannt den Teuffel/
Der ihnen dienen solt/ vnd helffen aus dem Zweiffel/
  Ob der mit ihr Armee sie möcht helffen ichts/
  Nach dem kein Mensch noch Herr gewonnen hette nichts.
Sie bieten ihm drauff an zum Sold all ihre Schätze/
Zu vberreden ihn brauchen sie manche Sätze.
  Er fragt was sey für Müntz? von Contribution
  Antworten sie/ vnd von des Pabsts Devotion.
Darauff er replicirt: Das hab ich zu erwerben
Vnd samlen heissen mit/das kan mir nicht absterben:
  Was sonst mit ligen auch von euch ist mal quast/
  Damit richt man nichts aus/wird bald seyn mal perdi.
Sie dupliciren noch: Mus es denn gehen wieder
Wo es ist kommen her/ so fallen wir hier nieder
  Vor dich/vnd bitten sehr/hilff ons aus dieser Noth/
  Denn es ist hohe Zeit/sonst sind wir alle tod.
Wir schencken alls dir/was wir han/ zu dem Solde/
Leib/ Ehr/Gut/Blut vnd Muth/mit allem Geld vnd Golde;
  Ist alles dis schon dein/ zur Hülff sey doch bereit/
  Wir wollen dienen dir jetzt vnd in Ewigkeit.
Hierdurch sich letzlich hat der Teuffel lan behandeln/
Vnd sich durch solchen Preis zum Feld Marschalch verwandeln/
  Nun ist stets Lerm. Doch lebt des Teuffels Meister noch/
  Der wird der grossen Pauck auch machen ein gros Loch.

46

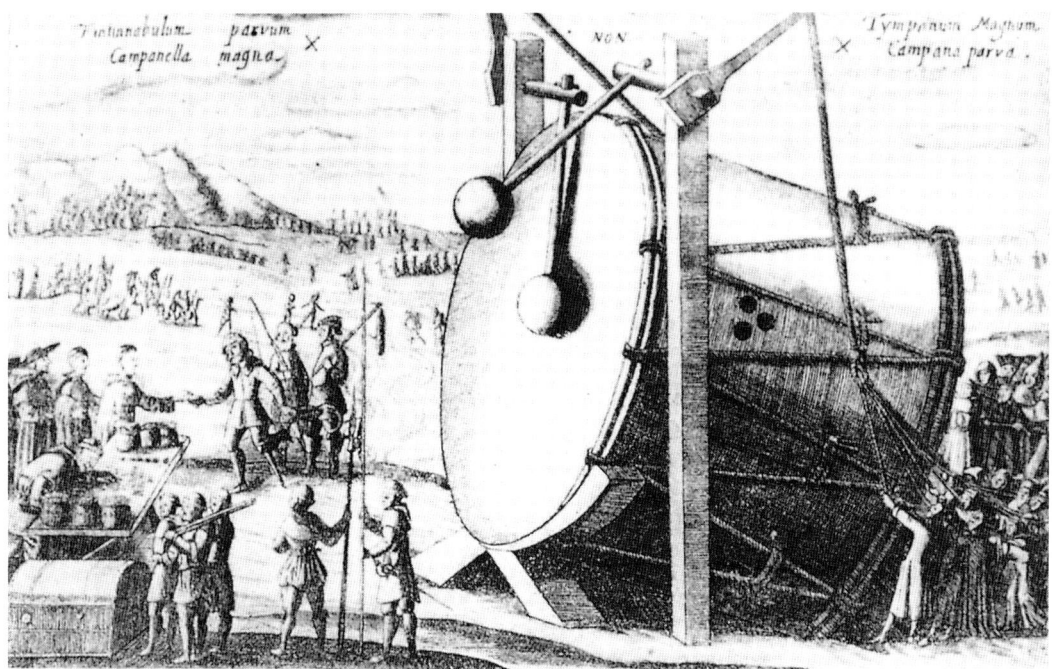

Tintinabulum. parvum
Campanella magna.   ×   NON   ×   Tympanum Magnum.
Campana parva.

◁ Die große »Trummel der Ligae«, ein Propaganda-Flugblatt mit antikatholischem Text. Mönche und Pfaffen werben mit einer riesengroßen Trommel Kriegsvolk an und ernennen den Teufel selbst zu ihrem Feldmarschall.

Dasselbe Motiv wird als Karikatur auf einer Radierung aus der Zeit um 1631/32 verwendet, die offenbar nach der Breitenfelder Schlacht entstanden ist und die Fortdauer solcher Animositäten bezeugt. Die überdimensionale Trommel soll die Anwerbung als lächerliche Aufschneiderei hinstellen.

GABRIEL BETHLEN D. G. PRINCEPS TRANS
SYLVANIÆ, PART. REGNI HUNGARIÆ DOMINUS,
ET SICULORUM COMES,&c.

Fürst Gabriel Bethlen von Siebenbürgen (1580–1629) wird als Befreier Ungarns gepriesen. Das Flugblatt von 1619 zeigt den Vasallen des Türkensultans in ungarischer Tracht; er wird auch als Graf der Szekler (»Siculorum comes«) bezeichnet. Allgemein gilt er als ein unzuverlässiger Bundesgenosse. 1625 heiratet er mit großer Prachtentfaltung in Kaschau die 18jährige Prinzessin Katharina von Brandenburg, Tochter des Kurfürsten Georg Wilhelm und der Elisabeth Charlotte von der Pfalz, deren Schwester Marie Eleonore seit 1620 mit dem Schwedenkönig Gustav Adolf vermählt ist.

Generalleutnant Johann Tserclaes von Tilly, der Heerführer der Katholischen Liga. Er entstammt einem Brabanter Adelsgeschlecht; seine Mutter ist eine von Schierstaedt aus ursprünglich magdeburgischer Familie. Tilly ist während der Türkenkriege in habsburgischen Diensten bereits 1605 zum Feldmarschall aufgestiegen und eine von persönlicher Religiosität geprägte Ausnahmeerscheinung unter den Feldherren seiner Zeit, wenn auch kein »Heiliger im Harnisch«, als den ihn bayerische Schriftsteller gern bezeichnet haben.

48

Der vertriebenen Jesuiter auß den Königreichen Böheimb vnnd Hungern vorgenommene
Wallfahrt zu den Heiligen Raspino vnd Pono/nach Amsterdam ins Zuchthauß.

Spottbild auf die Vertreibung der Jesuiten aus Böhmen und Ungarn im Jahre 1619. Namentlich genannte Jesuiten sollen gemäß dem Text nach Amsterdam ins Zuchthaus gebracht werden. Einige Geistliche sterben unter der Folter und werden 1995 von Papst Johannes Paul II. heiliggesprochen: der mährische Pfarrer Dr. Johann Sarkander (1576–1620), der kroatische Domherr Marcus Crisinus und die Jesuiten Grodziecki und Pongracz, die in Kaschau von der Soldateska des Fürsten Bethlen umgebracht worden sind.

49

Das Flugblatt feiert die »glorwürdige, herrliche und ritterliche Victori«, die der bayerische Herzog Maximilian vor Prag erhalten hat – wie ein rechter Judas Makkabäus. Hervorgehoben wird die reiche Kriegsbeute, so des Pfalzgrafen und seiner Gemahlin »gantze Guardaroba«. Der erbeutete Kanzleiwagen versorgt die bayerische Publizistik für lange Zeit mit brisantem Enthüllungsmaterial, weil viele Parteigänger der böhmischen Aufständischen kompromittiert werden.

◁ Seite 50/51:

Schlacht am Weißen Berge vor Prag (8. November 1620). Figurenreiches Schlachtgemälde (Maße 149 x 226 cm) von Peter Snayers (1592–1667), die Landschaft vermutlich von Jan Brueghel.
Die Ligatruppen kommandiert Tilly, die kaiserlichen Regimenter der Graf Bucquoy. Herzog Maximilian von Bayern hat seine Armee ins Feld begleitet. Die böhmischen Streitkräfte, deren Moral durch ständige Rückzüge bereits gelitten hat, stehen unter dem Befehl des Fürsten Christian von Anhalt-Bernburg und werden nach zweistündigem Kampf in die Flucht geschlagen. Sie versuchen nicht, ihre Hauptstadt Prag (rechts im Hintergrund) zu verteidigen, sondern lösen sich auf. Über dem Kampfgetümmel schwebt »Fama«, die den Kriegsruhm der Sieger ausbläst.
Das Schlachtfeld ist von Westen, aus der Perspektive der angreifenden Katholiken gesehen. »Fast ganz Europa kämpfte in dieser Schlacht am Weißen Berge mit: Wallonen, Deutsche, Spanier, Italiener und Polen auf der kaiserlichen Seite, Tschechen, Deutsche, Ungarn und Holländer auf der Seite der Protestanten« (H. Sturmberger).

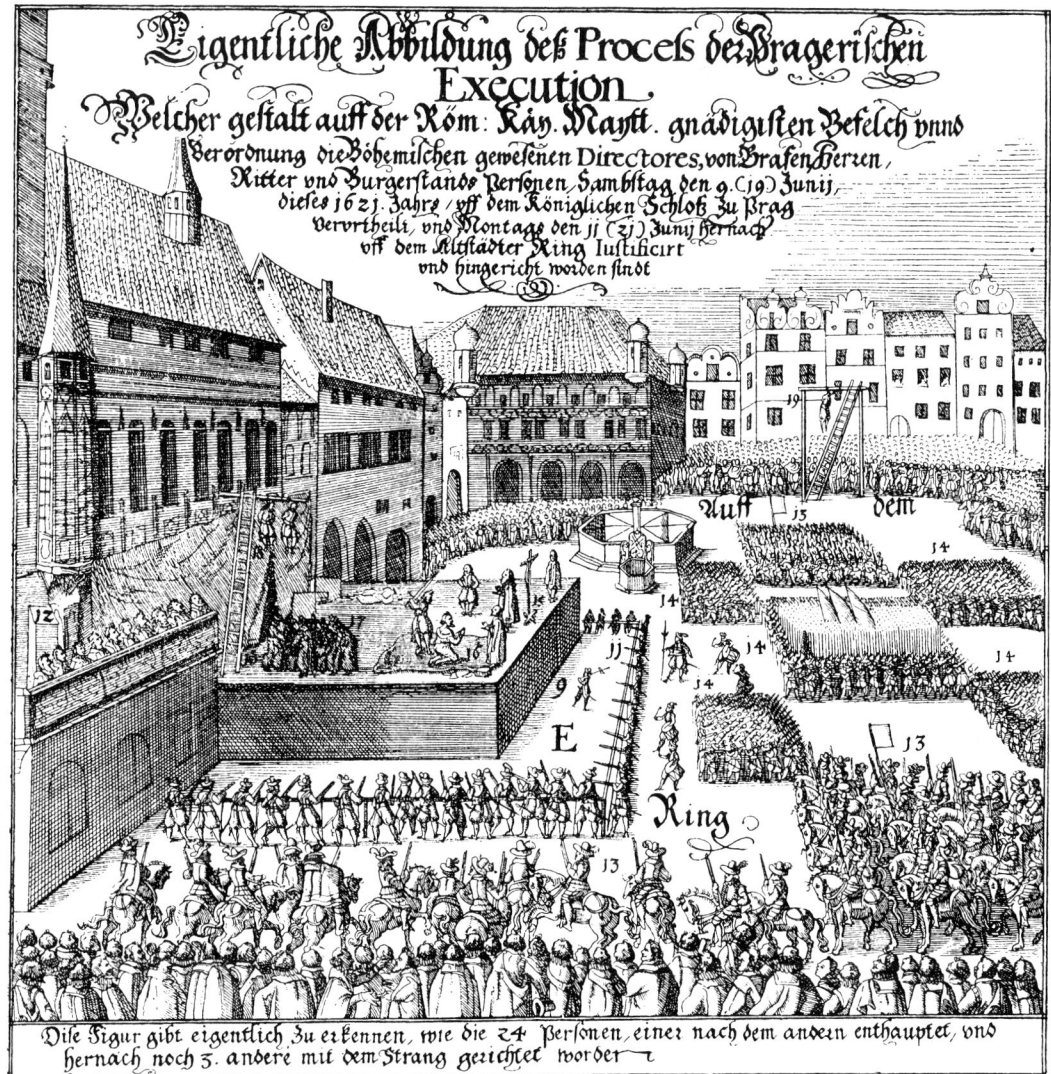

Das »Prager Blutgericht« über 27 verurteilte Anführer des böhmischen Aufstandes, die auf dem Altstädter Ring am 21. Juni 1621 unter Aufsicht des Statthalters Fürst Karl von Liechtenstein hingerichtet werden. Um einem möglichen Aufruhr der Bürgerschaft vorzubeugen, sperrt ein Regiment zu Fuß unter dem Kommando des Obristen Wallenstein den Richtplatz weiträumig ab. Zwölf Köpfe der Exekutierten werden auf dem Prager Brückenturm zur Abschreckung aufgesteckt.

Die Hinrichtung wird feierlich vollzogen, gleichsam als gesellschaftliche Zeremonie, da den Adeligen alle ihrem Stand gebührenden Förmlichkeiten, wie Geleit und Beistand ihrer eigenen Diener, zugestanden werden. Der Scharfrichter darf nicht Hand an sie legen, ausgenommen den »letzten Streich«. Die Köpfe am Brückenturm werden erst zehn Jahre später beim Einmarsch der Sachsen entfernt.

Der in tschechischer Sprache abgefaßte »Majestätsbrief« Kaiser Rudolfs II., den Ferdinand II. nach dem Sieg am Weißen Berge durch einen Schnitt mit einer Schere für ungültig erklärt. Im »Majestätsbrief« vom 9. Juli 1609 hat Rudolf den böhmischen Ständen, Adel, Bürger und Bauern, Religionsfreiheit zugestanden. Die Protestanten dürfen in Prag ein eigenes Konsistorium einrichten und Geistliche ordinieren, die deutsch oder tschechisch predigen, und die Universität neu eröffnen. Der dem machtlosen Kaiser unter Druck abgetrotzte Majestätsbrief ist am 20. August auch auf das böhmische Kronland Schlesien ausgedehnt worden.

Nach der verlorenen Schlacht flüchtet der »Winterkönig« Friedrich V. von der Pfalz über Breslau und Berlin in die Niederlande nach Den Haag zu seinen oranischen Verwandten. Das Gemälde von Adriaen Pietersz. van de Venne (1589–1662) zeigt ihn mit seiner Gemahlin Elisabeth Stuart auf der Jagd. Er stirbt am 29. November 1632 in Mainz im Alter von nur 36 Jahren. Bis heute ist ungeklärt, wo er seine letzte Ruhestätte gefunden hat.

Eigentliche Abbildung deß Winter Königs / wie er durch

seine Räth daß Reich / darauß er neulich mit grosser Niderlag vertriben worden / widerumb erobern könne / vnd was für grosse Hülff er / nach laut der gemainen Zeittungen / zugewarten hab.

1.	2.	3.	4.	5.
Der krönte Adler hie außweist / Wie der Kayser mit recht abreist / Vom Haubt deß Pfalzgrafs Friderich / Die Cron so er anmasset sich. Die Fürsten in dem Reich gerreu / Den Adler ziern mit Federn neu. Vmbhengen jm dz Garrier band / Drauff steht / wers vbel meint hab Schand.	Daß Haidelberger Faß gar groß / Vorzeit voll Wein jezt bodenloß / Dz mag der Winterkönig sparn / Dz er drauf mit seim Aff mög farn Er sizt darauff / sehr schwach vnd tranckt / Vom Böhmischen Biergetranck. Sein Wagen nir mehr dewen kon Wirfft herauß Länder / Stätt vnd Cron,	Drey Gspan vö seine freunde reut In führn vn samblen jm ein steur. Vmb Hülff von Gelt thon sie auffblasen / Doch ziehens ab mit langer nasen Seind seine Räth so jhn verführt. Die Predicanten mit Geheul / Fliegen darvon wie Kautz vnnd Eul.	Noch hat er aber grossen Trost / Dann täglich komen frische Post. Ein schlesing Esel / bringt gut sold / Wol vir vn zwenzig Tonen gold. Vil tausent man in England geschwind Berait / die warten nur auf wind. Es lassen jhn die Staden nit / Bethlen kombt / bringt Türcken mit.	Wann diß nit kleckt / so hat er doch / Vil Freund die jhme helffen noch / Ohn zweiffel / schweden vn denne marck / (starck. Schicken jhm Gelt vn Kriegsleut Man kan jhn kög ins aplád machē Da ist läg winter / merck die sache. Engwischen sein kneche an zohrüg schmal / Suechen Herberg im Hofpital.

Satirisches Flugblatt auf die Flucht des »Winterkönigs«, das in mehreren Fassungen – sogar italienisch, französisch, lateinisch und niederländisch – überliefert ist. Links rupft ihm der kaiserliche Doppeladler vor einem geöffneten Zelt die Krone vom Kopf, rechts sitzt der Pfalzgraf auf dem »Heidelberger Faß«, das von seinen Räten ins Hospital gezogen wird. »Die Predicanten mit Geheul fliegen darvon wie Kautz und Eul.«

Radierung über die »Müntzbeschickung der Kipper und Wipper«, die zu einer großen Geldentwertung führt, wobei die »Kipper« (sie beschneiden wertvolle Münzen) und »Wipper« (sie wiegen als Geldhändler das Edelmetall betrügerisch ab) als »Teuffels Frucht« verstanden werden. Die allegorischen Tugenden flüchten, die Gerechtigkeit entweicht. Besonders die Unterschichten werden durch die Geldverschlechterung betroffen, weil sie die minderwertigen Münzen wohl oder übel annehmen müssen.

Müntzbeschickung der Kipper vnd Wipper.

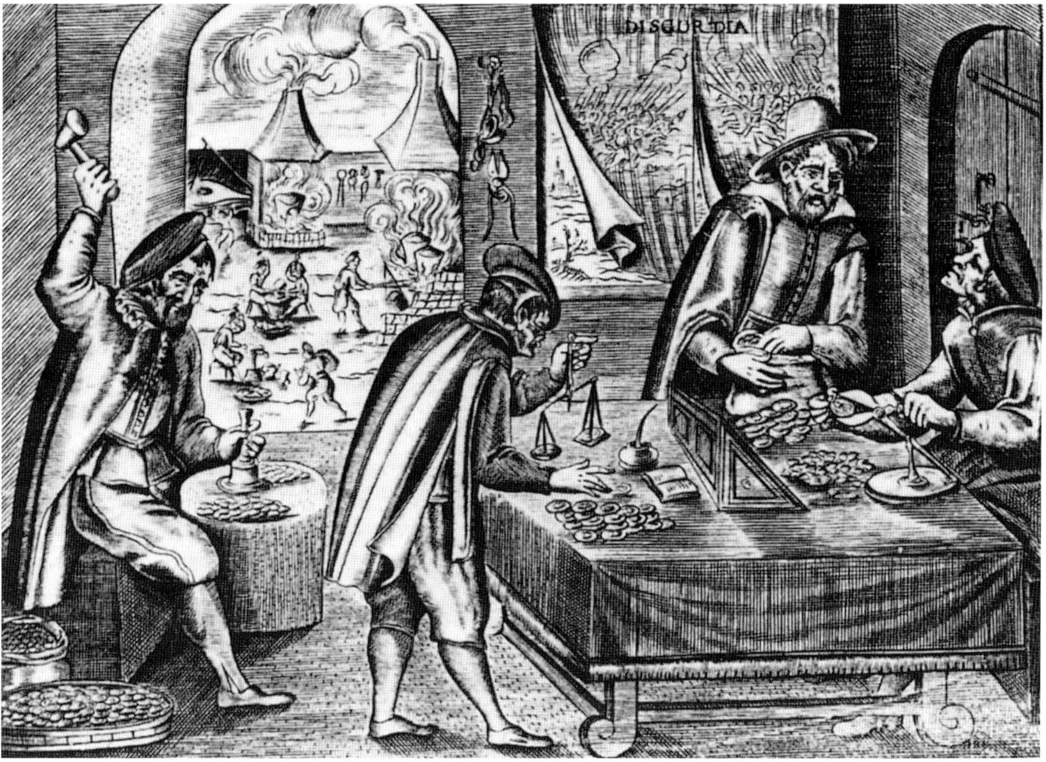

Ein Flugblatt aus Augsburg verurteilt den »gottlosen Geldhandel« zwischen Juden und Christen, weil er zur Dauerinflation führt. Da ihnen viele Berufe verschlossen bleiben, verlegen sich manche Juden auf Wuchergeschäfte, werden deswegen aber maßlos angefeindet.

Trawrige Klag/
Ober den erbärmlichen Abschied/deß wolbekandten Herrn Credits/welcher
heutigs Tags schier an allen Orten tod gefunden wird.

Ober Wunder/was in kurtzer Frist/
In aller Welt geschehen ist:
Credit der beste Mann ist todt/
ligt dort im Sarck/das bringt groß Not/
Wilts in Exempeln recht verstahn/
So schaw obgesetzte Stücklein an.

Einer kompt zum Becken.

B. Ein lieber Beck/borg mir drey Brod/
Ich leid jetzund groß Hungersnohte/
Auff guten Glaub vnd gute Trew/
Zahl ich dich bald/trag nur kein Schew.
B. Wann du Geld hast/so hab ich Brod/
Sonst acht ich wenig deiner Nohte.
Schaw dort Credit ligt in dem Sarck/
Vnd gilt nichts mehr auff'm Beckenmarck.

Zum Kantengiesser.

C. Ein Meister nehmet kein Verdruß/
Macht mir zwo Kant von guten Guß/
Das Geld will ich euch geben schier/
Auff gutem Glauben/glaubet mir.
K. Auff Glauben/glaubs/geb ich nicht viel/
Der beste Glaub der macht kein Ziel/
Mein/schaw dorthin/Credit ist todt/
Das bringe vns all in grosse Noht/

Zum Schuhmacher.

D. Ein new par Schuh die hät ich gern/
Die Zahlung soll bald bleiben fern.
Soll weiter seyn gesetzt kein Ziel/
Als daß ich's Geld bald bringen will.
S. Mein Leder hält viel baß den Stich/
Als dein Credit/geh hinter sich.
Drumb wilt du Schuh wie drey gefällt/
Credit ist todt/geb rauß das Geld.

Zum Schneider.

E. Gar sauber macht ihr mir das Kleid/
Wills anversichen allbereit.

Zu frieden ich euch gar bald stell/
So waar ich bin ein ehrlich Gsell.
S. Es hat jetzund nicht den Bescheid/
Zeuch auß vnd laß mir hie das Kleid.
Ich glaub/was ich in Händen hab/
Bey mir ist bloß Credit schabab.

Zum Kauffherren.

F. Habt ihr nicht Herr ein rot Scharlack/
Darium ich meinen Leib einpack/
Zum vollen Mantel auch zugleich/
Den ich fein brav herumb mich streich/
Das schreibt in ewer Gadenbuch/
Zu Danck will ich bezahlen zu g'nug.
K. Auff diß Credit von roht Scharlack/
Vertraw ich dir kein zwischen Sarck/
Mein Farb am Scharlack besser ist/
Als dein Credit/seyst wer du bist.

Zum Kirschner.

G. Doch wol ein guten Fuchsbalg han/
Die Zahlung soll nicht lang anstahn/
Der Herr mir das zutrawen soll/
Daß ich ihn mit Danck zahlen wol.
K. Ich gab einst ein vom Fuchs ein Balg/
Der deckt darnach damit den Schalck/
Dadurch er sein Credit gebroch/
Vnd mich betrog/das denck mir noch.
Credit der ist doch auß so gar/
Daß ich dir geb vom Fuchs kein Haar.

Zum Wirth.

H. Err Wirth bring't vns den besten Wein/
Vnd sorget nicht was zahlt soll seyn/
Wer wollen redlich zahlen auß/
Wann wir euch wider gehn zu Hauß.
W. Ihr durstig Brüder/Borg macht Sorg/
Auff den Credit ich niemand borg.

Credit der ist in Brunn gefall/
Da mögt ihr ihn nun suchen all.
Schmoroger gehn auff Borg zu Gast/
Bringst du kein Geld/zieh fort vnd fast.

Zum Goldarbeiter.

I. Ein sauber Ringlein wolt ich han/
Das zierlich löndt am Finger stahn/
Mein lieber Herr ein wenig borg/
Das Geld bring ich bald ohne Sorg.
G. Mein sauber Herr/für rotes Gold/
Bin ich Credit nie worden hold/
Wann nicht Credit wie Silber klingt/
Vmbsonst man mir diß Liedlein singt.

Zum Metzger auff der Gassen.

K. Ey/gebt mir her den Kopff vnd Kröß/
Es gibt für mich ein gut Gfräß:
Hab jetzt im Sack kein Geld bey mir/
In kurtzen Tagen schick ich's dir.
M. Zahlst du das nicht/du schlechter Tropff/
Vnd wilt doch essen Kröß vnd Kopff/
Weist du das nicht/Credit ist auß?
Geh fort/such dir ein andern Schmauß.

Krempen/Haffner/Oboser-kauffer/rc.

L. Ey Krempen hie/bey/Haffnern dort/
Vnd die Obs bringen durch die Port/
Bey den wirfst du ein schlecht Credit/
- Auch in Nußschalen finden nit:
Sih dort/die Alt in ihrer Kant/
Ach Jammer/kein Credit mehr fand.
So ist dann nun Credit gar auß/
Verloschen/verloren/zu Land vnd Hauß.

Zufinden in Nürnberg bey Paulus Fürst Kunsthändlern/rc.

58

Kaiser Ferdinand II. (nach Zeichnung von P. Soutman). Der 1578 in Graz geborene Erzherzog ist der Sohn einer Schwester Maximilians von Bayern. Die kleindeutsch eingestellten Historiker des 19. Jahrhunderts haben ihn vielfach unterschätzt und infolge seiner ausgeprägten Frömmigkeit negativ beurteilt. Eine positivere Bewertung ist von der modernen österreichischen Forschung ausgegangen. Er stirbt am 15. Februar 1637 in Wien; kurz vor seinem Tod hat er die Wahl seines gleichnamigen Sohnes zum römischen König noch erreicht.

Albrecht Wenzel Eusebius von Wallenstein, Herzog von Friedland, kaiserlicher Kriegsrat und Kämmerer, Kommandant von Prag und General (Kupferstich von H. Hondius um 1625). Der frühe Stich stellt Wallenstein im Alter von etwa 40 Jahren dar, nachdem er durch Ausnützung der gesunkenen Grundstückspreise nach dem Strafgericht über die böhmischen Rebellen und durch Münzspekulationen zu großem Reichtum gekommen ist.

◁ Der Kredit ist verstorben, niemand will mehr borgen! Alle Berufe stimmen das gleiche Klagelied an (Flugblatt des Kunsthändlers Paulus Fürst). Große Mengen minderwertigen Kupfergeldes bringen den Geldmarkt in Unordnung, was für die Wirtschaft negative Folgen hat und den Absatz stocken läßt. – Von dem Nürnberger »Bildermann« P. Fürst (1605–1666) sind nicht weniger als 369 solcher »fliegenden Blätter« bekannt.

ALBERTUS DEI GRATIA DUX FRIDLANDIÆ SACRÆ CÆSAREÆ MAIESTATIS CONSILIARIUS BELLICUS, CAMERARIUS, SUPREMUS COLONELLUS PRAGENSIS, ET EIUSDEM MILITIÆ GENERALIS.

59

Herzog Christian von Braunschweig-Wolfenbüttel, Administrator des Bistums Halberstadt, der »tolle Christian« (Gemälde von Paulus Moreelse, 1571–1638). Seine militärische Ausbildung erhält er als Rittmeister unter Prinz Moritz von Oranien um 1620; aus dieser Zeit stammt das Bild, dessen Wirkung auf dem Kontrast der schwarzen Rüstung zu dem Rot von Schärpe, Helmbusch, Tischtuch und Vorhang beruht. Der Söldnerführer, der die entthronte Böhmenkönigin Elisabeth Stuart verehrt, ist ein Neffe des Königs Christian IV. von Dänemark.

ERNESTVS COMES MANSFELDIÆ MARCHIO CASTELLI NOVI ET
BVTIGLIERÆ NOBILIS DN IN HELDRVNGEN DVX BELLICVS ET SVPREMVS
IN BOHEMIA REI TORMENTARIÆ PRÆFECTVS

Der Söldnerführer Ernst von Mansfeld hoch zu Roß als böhmischer Feldzeugmeister. Der illegitime Sohn des spanischen Statthalters von Luxemburg übernimmt 1618 als Artillerieführer ein Kommando in Böhmen, verfällt der Reichsacht und ist für die Ausschreitungen seiner Söldner im Elsaß und in Ostfriesland verantwortlich. Vor seinem Tod kehrt er zum alten Glauben zurück, beichtet und erhält die Absolution (H. Diwald). Er stirbt in seiner Rüstung stehend, von zwei Soldaten gestützt, in der Nacht zum 30. November 1626.

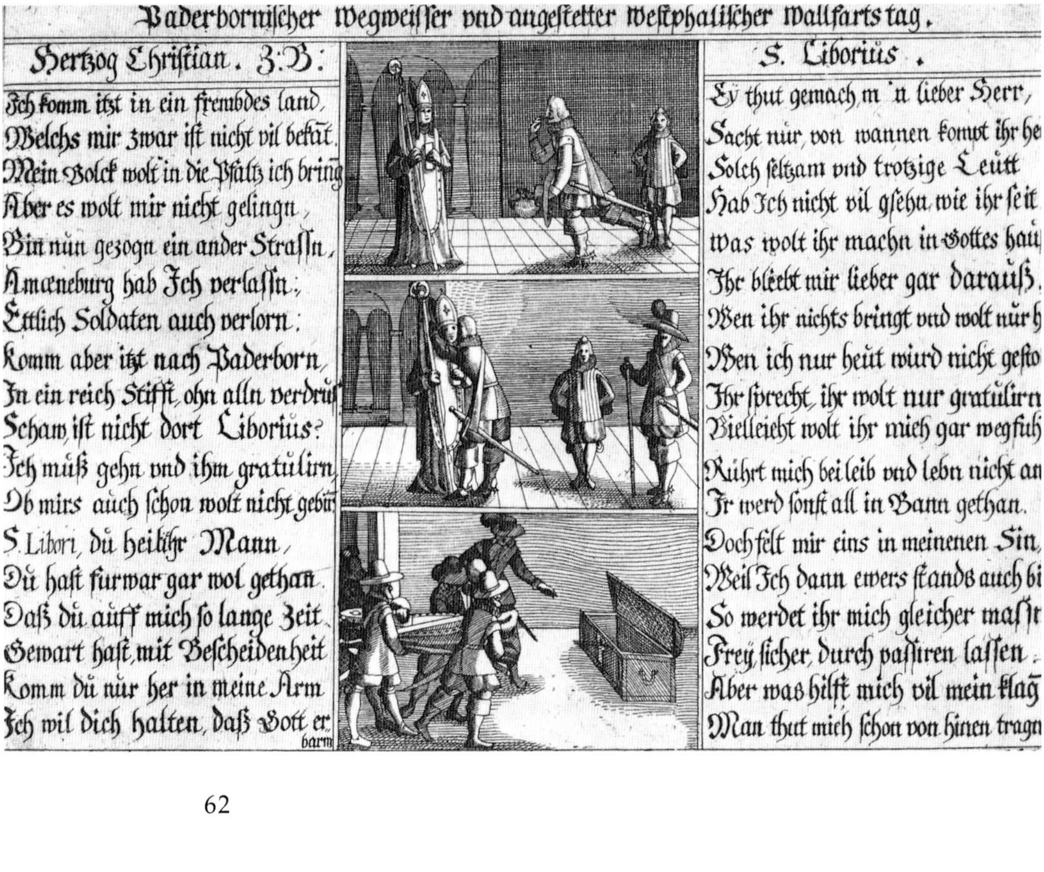

SANCTVS LIBORIVS

Roma

Fischer excudebat

1622 · TOVT · AVEC · DIEV ·

GOTTES FREVNDT DER PFAFFEN FEINDT

LYNEB: CHRISTIAN · HERTZ · V · BRAVNSCHW · 16..

Hier ver-eertmen Libory
ghebeden en gheldt

Hier ghemaeckt tot rijsdaelders
wert de Krijchslui gheeldt

Den Daelder ghemunt van Liborÿ verheven,
Wert u hier vertoont, kurieus naer t'leven.

Paderbornischer Wegweisser vnd angestelter Westphalischer Wallfarts tag.

Hertzog Christian. 3.B:

Ich komm itzt in ein frembdes land,
Welchs mir zwar ist nicht vil bekat,
Mein Volck wolt in die Pfaltz ich bring
Aber es wolt mir nicht gelingn,
Bin nun gezogn ein ander Strassn,
Amœneburg hab Ich verlassn:
Ettlich Soldaten auch verlorn:
Komm aber itzt nach Paderborn,
In ein reich Stifft ohn alln verdruß
Scham ist nicht dort Liborius?
Ich muß gehn vnd ihm gratuliren,
Ob mirs auch schon wolt nicht gebür
S. Libori, du heiliger Mann,
Du hast furwar gar wol gethan,
Daß du auff mich so lange Zeit,
Gewart hast mit Bescheidenheit
Komm du nur her in meine Arm
Ich wil dich halten, daß Gott erbarm

S. Liborius.

Ey thut gemach, m'n lieber Herr,
Sagt nur von wannen kompt ihr he
Solch seltzam vnd trotzige Leutt
Hab Ich nicht vil gsehn, wie ihr seit
Was wolt ihr machn in Gottes hau
Ihr bleibt mir lieber gar darauß.
Wen ihr nichts bringt vnd wolt nur h
Wen ich nur heut würd nicht gesto
Ihr sprecht, ihr wolt nur gratuliren
Vielleicht wolt ihr mich gar wegfüh
Rührt mich bei leib vnd lebn nicht an
Ir werd sonst all in Bann gethan.
Doch felt mir eins in meinen Sin,
Weil Ich dann ewers stands auch bi
So werdet ihr mich gleicher maßt
Frey sicher durch passiren lassen.
Aber was hilfft mich vil mein klag
Man thet mich schon von hinen tragn

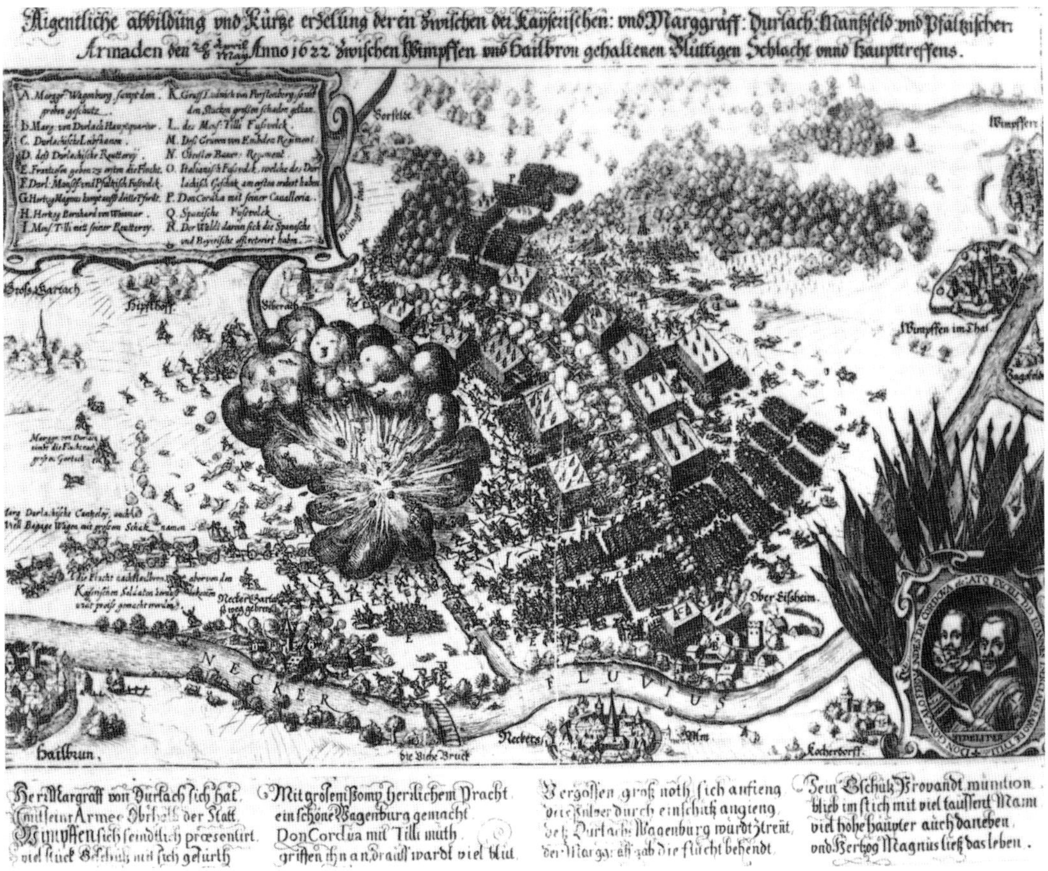

Sieg Tillys über den Markgrafen Georg Friedrich von Baden-Durlach zwischen Wimpfen und Heilbronn (6. Mai 1622). Die Wagenburg des Markgrafen, in dessen Heer der junge Bernhard von Sachsen-Weimar mitkämpft, wird durch eine Pulverexplosion gesprengt. Georg Friedrich nimmt später Kriegsdienste bei Dänemark und Schweden und stirbt 1638 im Straßburger Exil. Rechts unten die Bilder der siegreichen Heerführer Tilly und Gonzalo de Cordova.

◁ Niederländisches Spottblatt von Jan Claesz. Visscher d. J. (1586–1652) auf die Einschmelzung des Paderborner Domschatzes mit Abbildung der sogenannten »Pfaffenfeindt-Thaler« Christians, die aus dem Silberschrein des hl. Liborius geschlagen werden. Übrigens gibt der Herzog die Reliquien wieder zurück, die 1631 wegen der Kriegsgefahr nach Münster gebracht werden und bis 1650 dort bleiben.

◁ Das Flugblatt gibt in Form einer spöttischen Wechselrede zwischen Christian und dem Paderborner Bistumspatron Liborius den protestantischen Standpunkt wieder: »Paderbornischer Wegweiser und angestellter Westfälischer Wallfahrtstag.« Offenbar ist der Verfasser der Meinung, Christian habe eine Heiligenstatue aus Silber in die Münze geschickt.

Christian von Braunschweig versucht, sich mit den Truppen Mansfelds zu vereinigen, wird aber von Tilly an der Mainbrücke bei Höchst am 20. Juni 1622 geschlagen; er entkommt mit der Reiterei und seiner Kriegskasse zu Mansfeld, hat aber rund 2000 bis 3000 Mann seiner zusammengewürfelten Truppen verloren, unter denen beim Rückzug über die Brücke eine Panik ausgebrochen ist.

Aeigentliche Ab bildung von der Großen vnd blütigen Schlacht. so sich begeben. zw, ischen Graff Ernst von Mansfeld. vnd Her, tzog Christian von Braunschweig eines. vnd Don Cordua anders Teils. In welchem Trefen. sich ob gemelder Graff von Mans, feld. vnd Hertzog Christian. Ritterlichen durch geschlagen. geschehen 29 Augusti. A: 1622 zwischen Gembeloers. vnd Flory.

Mansfeld und Christian liefern dem spanischen General Cordova bei Fleurus am 29. August 1622 ein erbittertes Gefecht. Ohne ihr Geschütz und Gepäck erreichen beide mit berittenen Truppen den Durchbruch durch die spanischen Linien und erzwingen die Aufhebung der fast dreimonatigen Belagerung der Festung Bergen-op-Zoom. Der »tolle Christian« büßt durch einen Musketenschuß seinen linken Unterarm ein, den eine kunstvolle Prothese aus Silber ersetzen muß.

Des Spagnjaerts mo...
Verneert, vernielt, ...

Anno 1622.

66

eijr, fijn màcht, fijn trots, fijn room.
t, voor Bergen op den zoom. den 3.en octóber

Niederländisches Spottbild über die Aufhebung der Belagerung von Bergen-op-Zoom durch die spanische Armee, die ihre Stellungen überstürzt räumen muß, um nicht durch die Streitkräfte Mansfelds und Christians von Braunschweig von ihrer Ausgangsbasis abgeschnitten zu werden. Beim Abzug hat sie ihre Baracken in Rauch aufgehen lassen. Der Reiter links im Vordergrund soll den Feldherrn Ambrogio Spinola darstellen, dem sein Gegenspieler Moritz von Oranien eine bedeutende Schlappe beigebracht hat, wie die höhnische Beschriftung hervorhebt: »Des Spaniers tapferes Heer, seine Macht, sein Trotz, sein Ruhm – gedemütigt, zerstört, verjagt vor Bergen op Zoom.«

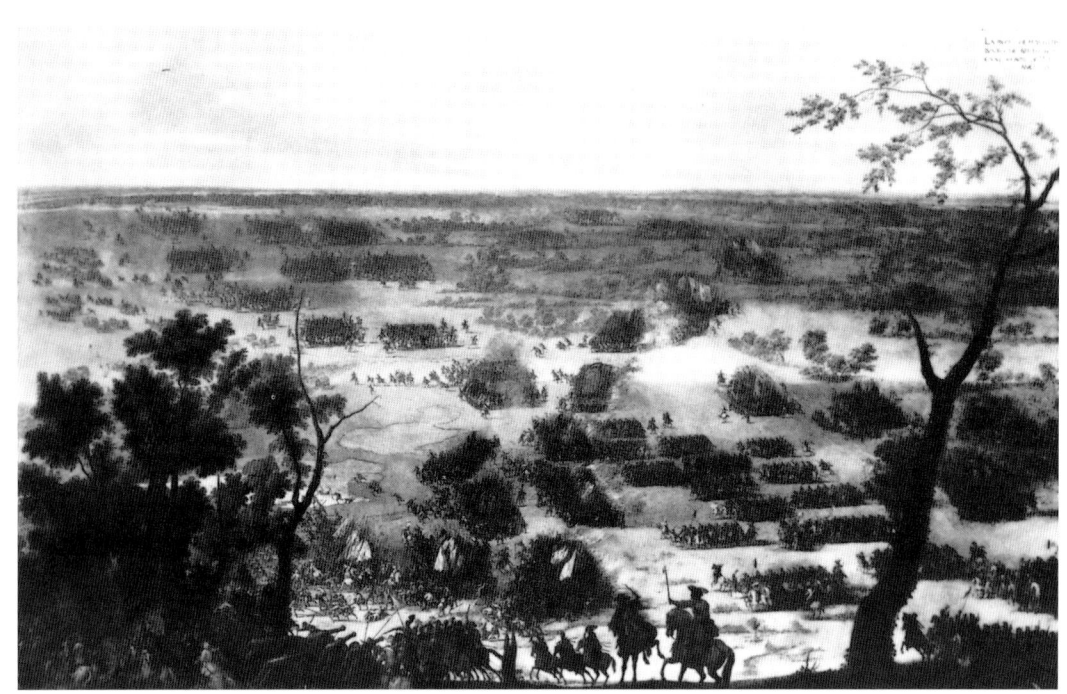

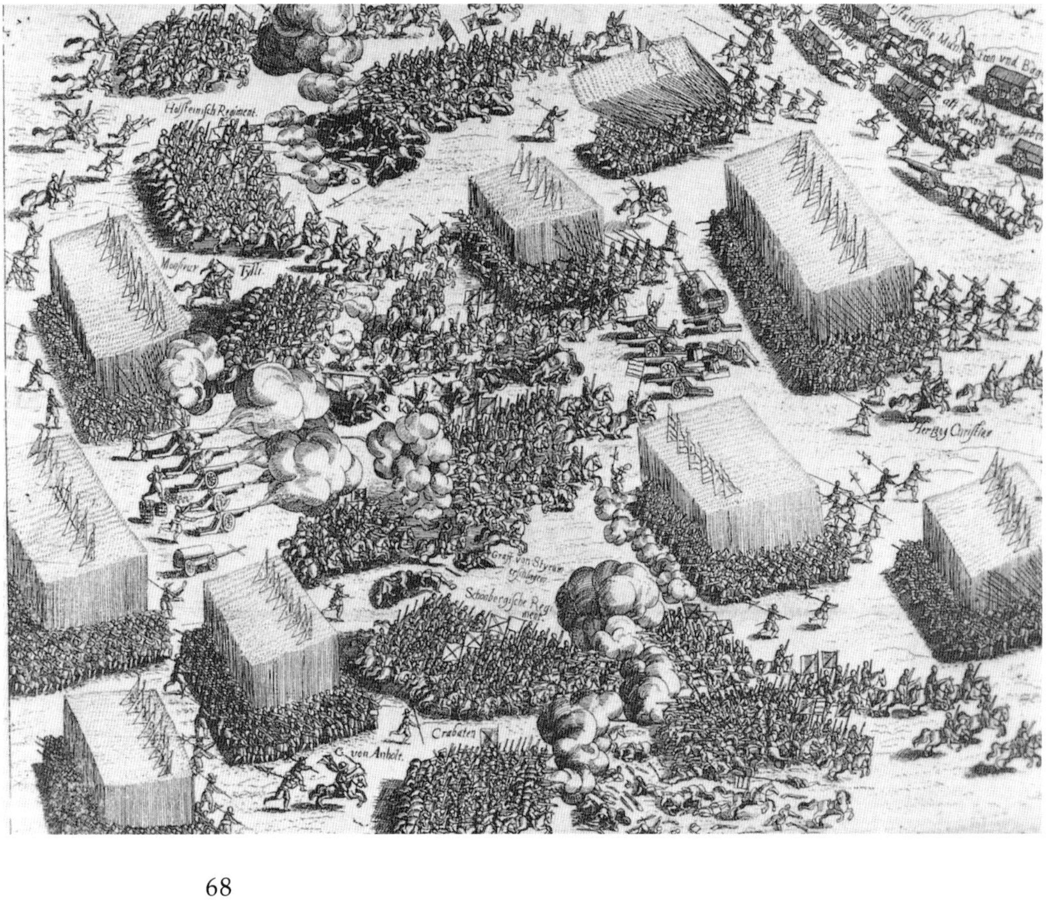

Holsteinisch Regiment.
Monsieur Tylli.
Graff von Styrum erschlagen
Schönbergische Regiment
Crabaten
G. von Anholt.
Hertzog Christian

Johann Jakob von Bronckhorst, Graf von Anholt (Stich von Lucas Kilian, 1579–1637), hat als General der Liga und Feldmarschall unter Tilly an dessen Siegen erheblichen Anteil, besonders am Ausgang der Schlacht bei Stadtlohn. Er unterwirft für den Kölner Kurfürsten Ferdinand die münsterländischen Stiftsstädte, die sich vergebens einer Einquartierung seiner Truppen widersetzt haben.

◁ Der flämische Hofmaler Peter Snayers, der in Brüssel tätig ist, gibt ein Panorama der Schlacht bei Stadtlohn, das vermutlich auf Augenzeugenberichten fußt. Er hat seine Ausbildung im Atelier des Sebastian Vrancx in Antwerpen erhalten. »Snayers Schlachtenbilder zeichnen sich durch große Zuverlässigkeit im Detail aus« (M. Junkelmann).

Der Kölner Kurfürst Ferdinand von Bayern (1577–1650) herrscht auch über die Bistümer Münster, Paderborn, Hildesheim und Lüttich. Als jüngerer Bruder des Kurfürsten Maximilian trägt er dessen Politik aus Überzeugung mit. Seine Territorien sind besonders durch Hessen-Kassel gefährdet, das sich früh Gustav Adolf anschließt und zur Belohnung Landerwerb aus den geistlichen Gebieten erwartet.
Ferdinand, der sich später rühmt, im Krieg für den Kaiser 50 Regimenter aufgestellt zu haben, behauptet den Besitz seiner Bistümer beim Friedensschluß (Gemälde des Hofmalers Gérard Douffet).

◁ Flugblatt über die Schlacht bei Stadtlohn am 6. August 1623, in der Herzog Christian entscheidend geschlagen wird und sich mit Mühe in die Niederlande rettet. Der verbliebene Rest seiner Armee – nur etwa 5500 Mann – tritt in den Dienst der Generalstaaten, die immer Soldtruppen benötigen. Tilly verfolgt ihn nicht, weil Maximilian von Bayern es verbietet, um die Neutralität mit der Republik nicht zu gefährden.

Kurfürst Maximilian von Bayern im kurfürstlichen Habit (Stich von Peter de Jode). Der
erste bayerische Kurfürst, der sein Land seit
1598 regiert, gehört zu den großen Gestalten
des Frühabsolutismus und ist im Krieg zwar
die wichtigste Stütze der kaiserlichen Macht,
gleichwohl ein eigenwilliger Gegner des
habsburgischen Zentralismus und den Spaniern abgeneigt. Als Offiziere seiner Ligaarmee bevorzugt er Wallonen und Lothringer,
die damals in scharfem Gegensatz zu Frankreich stehen.

Porträt des Gaspar de Guzmán, Graf von Olivares und Herzog von San Lucar de Barra-
meda (Ölskizze von Peter Paul Rubens).
Diese Grisaille ist Entwurf für einen Stich des
Paulus Pontius. Als Vorlage für das Gesicht
des »Conde-Duque« dient Rubens eine Zeichnung des spanischen Hofmalers Diego Velázquez (1599–1660), die dieser ihm auf Verlangen zugesandt hat.
Das Bildnis wird flankiert von zwei geflügel-
ten Genien, der linke mit Keule und dem Lö-
wenfell des Herakles, der rechte mit Lanze,
Medusenschild und Eule, den Attributen der
Minerva. Sie sind Symbole staatsmännischer
Stärke und Weisheit.

Porträt des Feldherrn Ambrogio Spinola von Rubens. Aus überlieferten Äußerungen geht hervor, daß Spinola und Rubens ihre beiderseitigen Talente hochgeschätzt haben. Im Januar 1628 wird Spinola, den der König zum Marqués de los Balbases erhoben hat, nach Spanien zurückbeordert. Keiner seiner Nachfolger erringt ähnliche Erfolge.

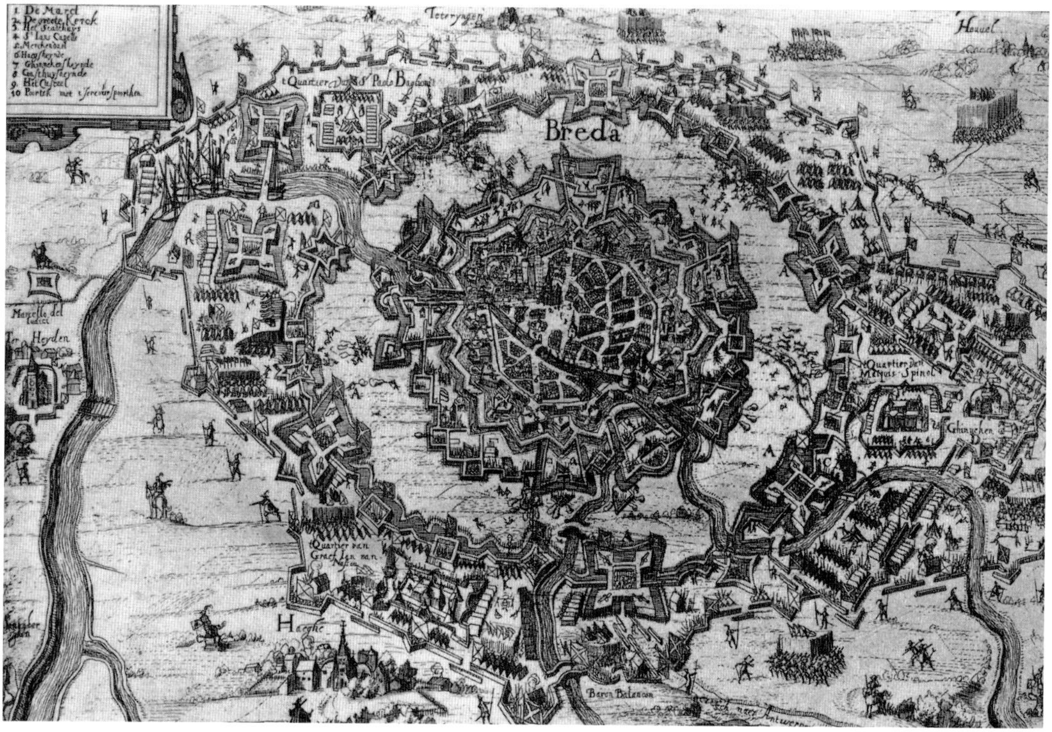

72

»Die Übergabe von Breda« an die Spanier unter Spinola (Gemälde von Diego Velázquez um 1642). Ambrogio Spinola geht auf den niederländischen Kommandanten Justin von Nassau zu und legt ihm verständnisvoll eine Hand auf die Schulter, als dieser ihm die Schlüssel der Festung übergibt – er vollzieht damit eine Geste ritterlicher Humanität.

☐ Vogelschau-Ansicht der Festung Breda, die von den Spaniern ringsum mit Verschanzungen und Batterien umzingelt ist. Belagerungen solcher Art machen umfangreiche Erdarbeiten notwendig, wozu Tausende von Bauern aufgeboten werden müssen, weil die Söldner nur widerwillig schanzen.
Diese Belagerung gilt als eine europäische Sehenswürdigkeit, zu deren Besichtigung sich fürstliche Besucher einfinden. Jacques Callot widmet der niederländischen Regentin Isabella eine aus sechs Platten bestehende Radierung. Seine Darstellung des Kriegsschauplatzes hat Diego Velázquez zur Orientierung für sein Gemälde der Übergabe Bredas gedient.

☐ »Niemals ist dem Ideal des »eques christianus« schöner, nie vornehmer gehuldigt worden . . . Die Übergabe von Breda ist das größte Geschichtsbild des christlichen Zeitalters« (Werner Hager).

73

König Christian IV. von Dänemark und Norwegen (1577–1648). Das Gemälde des Niederländers Peter Isaacsz in Frederiksborg zeigt den beliebten Monarchen als Feldherrn mit Krone und Kriegshelm. Er ist ein Rivale des Schwedenkönigs Gustav Adolf, kann aber die Ablösung der dänischen Vorherrschaft im Ostseeraum durch Schweden 1645 nicht verhindern.

ALBERTVS D.G.DVX FRIDLANDIÆ SAC:CÆS:MA:CONSILIARI,
BELLIC,CAMERARI,SVPREM,COLONELL,PRAGENSIS.ET
EIVSDEM MILITIÆ GENERALIS.

Albrecht von Wallenstein als Herzog von Friedland, Obrist von Prag und kaiserlicher Feldherr (Kupferstich). Als großer Pferdeliebhaber zieht er auf seinen Gütern ein riesiges Gestüt auf, das ganze Regimenter seiner Armee mit Remonten versorgen kann. Seit 1627 ist er auch im Besitz des Herzogtums Sagan.

Wallenstein prägt als Landesherr des Herzogtums Friedland seine eigenen Dukaten und Silbertaler. Seine Einnahmen aus Münzprägung, Handel, Bergbau, Bierbrauerei und Landwirtschaft seiner Besitzungen belaufen sich auf mehr als eine halbe Million Gulden jährlich.

![Palais Waldstein in Prag]

Palais Waldstein in Prag, erbaut in den Jahren 1624–1630 durch italienische Architekten (Andrea Spezza, G. Pironi). Seine Sala terrena mit drei Arkaden öffnet sich dem ausgedehnten Garten mit Bronzestatuen des niederländischen Bildhauers Adriaen de Vries († 1626). Die Originale entführt der Schwedengeneral Königsmarck 1648 nach Schweden (heute in Drottningholm). Dem Palastbau des Generalissimus wird ein Teil der Altstadt geopfert, 160 Häuser müssen niedergerissen werden.

Innenansicht des Wallenstein-Palastes. »Die für die Absichten des Bauherrn charakteristische ungewöhnliche Monumentalität bildet in den Ländern nördlich der Alpen eine Ausnahme und hebt durch ihre bemerkenswerte architektonische Qualität das Palais Waldstein zu einem Werk von europäischem Rang empor« (Erich Hubala). Die Deckengemälde stammen von Baccio del Bianco (1604–1660?). Das Palais bleibt bis 1945 im Besitz der Familie.

78

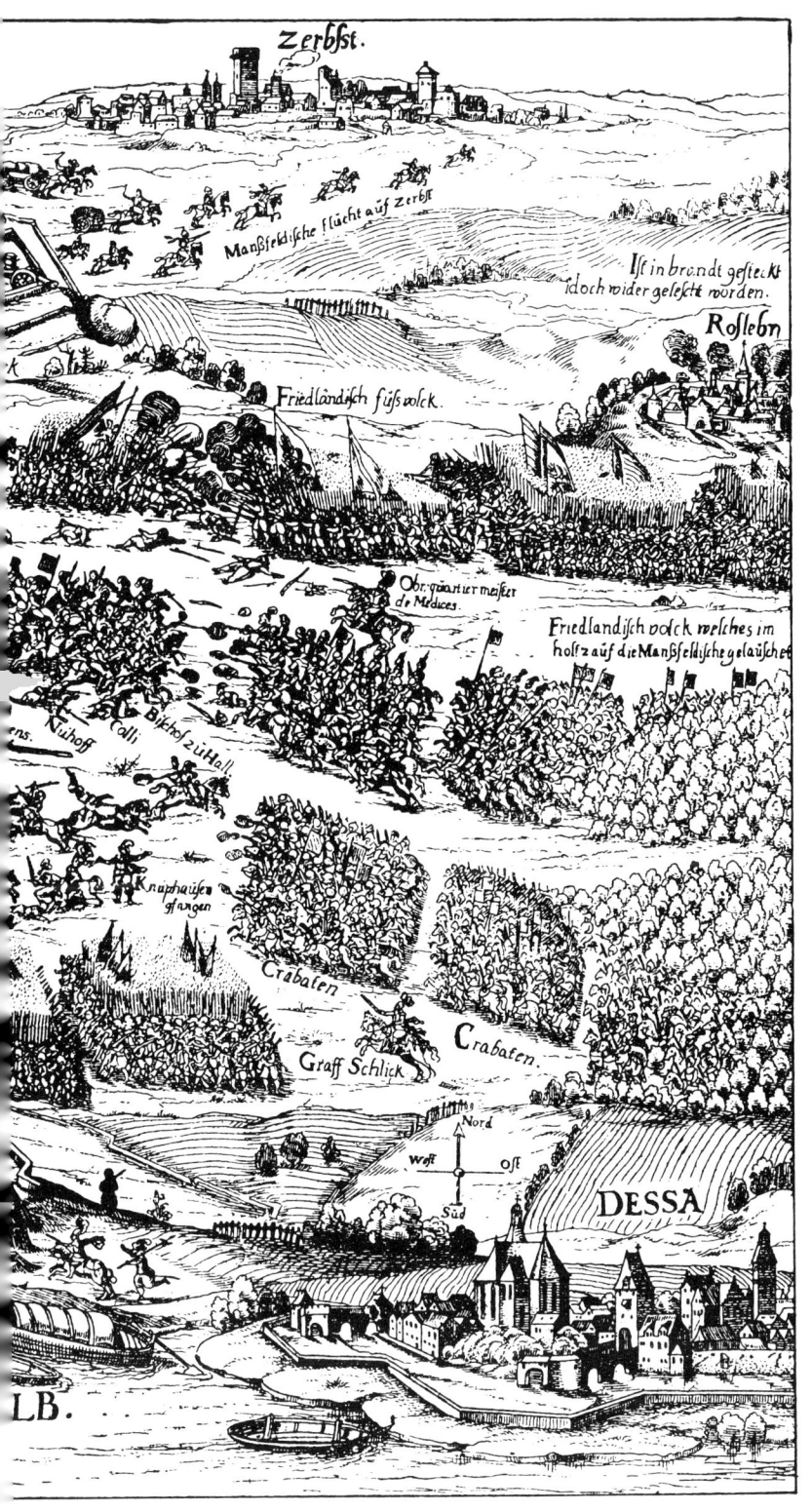

Zerbst.

Manßfeldische flücht auß Zerbst

Ist in brandt gesteckt idoch wider geleßt worden.

Roßlebn

Friedländisch fußvolck.

Obr. quartier meister de Medices.

Friedlandisch volck welches im holtz auß die Manßfeldische gelauschet

Nuhoff
Colli
Bischof zu Hall

Knuphaußen gfangen

Crabaten

Crabaten

Graff Schlick

Nord
West   Ost
Süd

DESSA

LB.

In der Schlacht an der Dessauer Brücke (25. April 1626) wird der Versuch Mansfelds, den Brückenkopf an der Elbe zu stürmen von Wallensteins Armee abgewiesen. Das Einzelblatt zeigt die verschiedenen Phasen des Kampfverlaufs, bei dem Mansfelds Reiter ihre Infanterie im Stich lassen, von der mehr als tausend Tote auf dem Schlachtfeld zurückbleiben.

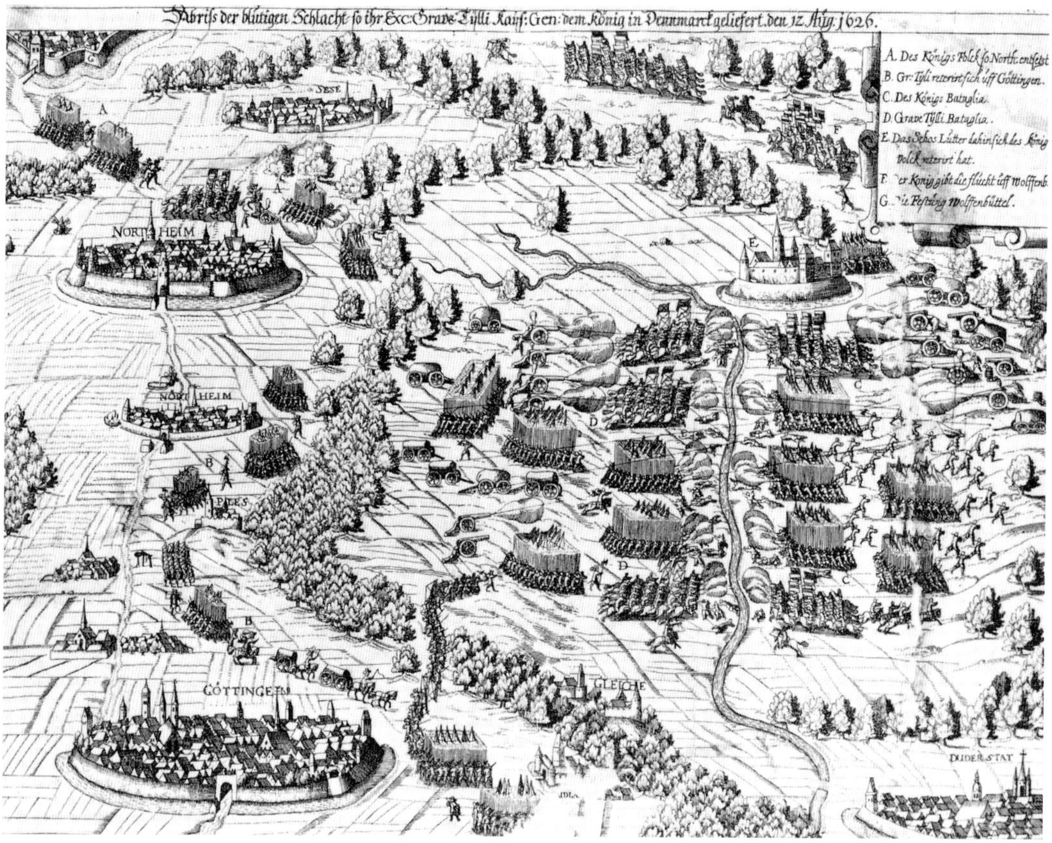

Abriß der blutigen Schlacht so Ihr Exc: Grave Tylli Kaiß: Gen: dem König in Dennmarck geliefert den 12 Aug. 1626.

A. Des Königs Volck so Nordh. entsteht
B. Gr: Tylli retzerirt sich uff Göttingen.
C. Des Königs Bataglia.
D. Grave Tylli Bataglia.
E. Dass Schos Lütter dahin sich des König Volck retzerirt hat.
F. er König gibt die flücht uff Wolffenb.
G. Die Festung Wolffenbüttel.

Tilly besiegt den Dänenkönig in der Schlacht bei Lutter am Barenberge am 27. August 1626 in nur zweistündigem Kampf, bei dem Christian IV. rund 2000 Gefangene und seine Artillerie einbüßt. Er muß alle Eroberungen in Niedersachsen aufgeben. Nach dem Flugblatt werden die gemeinen Soldaten des Feindes der Armee Tillys einverleibt, wie das damals üblich ist.

Medaille Wallensteins im Schmuck des ihm verliehenen Ordens vom Goldenen Vlies (1631). Er wird in der Umschrift als Herzog von Mecklenburg, Friedland und Sagan, Fürst der Wenden, bezeichnet.

80

Wallenstein vor der belagerten Stadt Stralsund (Stich von M. Merian). Schwedische und dänische Hilfstruppen zwingen ihn zur Aufgabe der Belagerung. Sein angeblicher Schwur »Stralsund muß herunter, und wenn es mit Ketten an den Himmel gefesselt wäre«, den der Feldherr getan haben soll, ist Legende und entstammt der antikaiserlichen Propaganda.

81

Landung der Schweden bei Peenemünde. König Gustav Adolf kniet betend am Strand, umgeben von seinen Obristen; im Hintergrund die schwedische Flotte (Gemäldeausschnitt).

Kardinal Richelieu (Gemälde von Philippe de Champaigne, 1602–1674). Der Schöpfer der absoluten Monarchie in Frankreich führt zwar gegen die Hugenotten im eigenen Land jahrelang Krieg, unterstützt aber außenpolitisch alle protestantischen Mächte im Kampf gegen das katholische Haus Habsburg. Innenpolitisch ist seine Regierung ein repressives und blutiges Regime. Allerdings hat der Kardinal den Gedanken eines allgemeinen Friedens unter Einbeziehung aller betroffenen Staaten entwickelt und damit den Begriff der kollektiven Sicherheitsgarantie vorweggenommen, wie ihn ähnlich der Friedenskongreß verwirklicht.

VIADRVS   M   FLUVIUS

FRANCOFVRTUM AD VIADRVM

Gustav Adolf erstürmt am 13. April 1631 die Stadt Frankfurt an der Oder (Stich von M. Merian). Die Stadt wird nach damaligem Kriegsrecht geplündert und die kaiserliche Besatzung gnadenlos niedergemacht. Opfer sind auch die protestantischen Bürger, die den König als Befreier von der kaiserlichen

Besatzung erwartet haben, denn die Disziplin kann erst am nächsten Morgen wiederhergestellt werden. Der Schotte Monro berichtet, daß es den Offizieren unmöglich war, sich durchzusetzen und die Söldner bei den Fahnen zu halten.

Gemälde der Belagerung von Magdeburg von Peter Meulener (1602–1654). Am 20. Mai 1631 wird die Stadt von den kaiserlich-ligistischen Truppen im Straßenkampf erobert und geht im Feuersturm unter, eine beispiellose Katastrophe für die Einwohner, aber auch die Armee des Grafen Tilly, die durch den Brand ihre Operationsbasis verliert.

Gottfried Heinrich Graf von Pappenheim (nach einer Grisaille van Dycks gestochen von C. Galle). Nach einer Aufzeichnung seines Nachfolgers Gronsfeld soll er gestanden haben, zwei Häuser am Wall bei der Erstürmung Magdeburgs in Brand gesetzt zu haben, doch ist unsicher, ob dadurch der Großbrand ausgelöst wurde. Auch der schwedische Hofmarschall Dietrich von Falkenberg kann in verzweifelter Lage selbst die Feuersbrunst veranlaßt haben.

Porträt des Königs im Schloß Skokloster; es dürfte sehr lebensecht sein. Matthäus Merian d. Ä. (1593–1650) porträtiert ihn im Winter 1631/32. Gustav Adolfs Hut befindet sich noch heute im Besitz der Grafen Hohenlohe auf Schloß Neuenstein, Württemberg.

Aufmarsch der schwedischen Armee zur Schlacht bei Breitenfeld, die mit einem großen Sieg über die kaiserlich-ligistischen Streitkräfte unter Graf Tilly endet. Motto der Ruhm verkündenden Fama: »Für teutsche freiheit wir nun streiten / Drumb thut uns das glück begleiten!« Rechts ein leichtes schwedisches Feldgeschütz, auf das einer der Begleiter des Königs – der Pfalzgraf Christian von Birkenfeld – hindeutet. Im Einsatz leichter Artillerie bleiben die Schweden den Kaiserlichen und Ligatruppen lange überlegen.

Schwedische Medaille mit Bildnis des Königs und symbolischer Darstellung des Sieges in der Schlacht bei Breitenfeld am 17. September 1631, in der Tillys Heer vernichtend geschlagen wird.

Spottbild auf den besiegten Generalleutnant Graf Tilly mit dem Rückzug der geschlagenen kaiserlichen Armee im Hintergrund vor dem König von Schweden und dem sächsischen Kurfürsten Johann Georg mit drohend gezogenen Schwertern (Kupferstich von 1632).

Tyllisch Glücke /

Darinnen dem Tylly aus seiner Handt Wahr-gesaget wird / was seine Sachen für einen Außgang gewinnen werden.

Z. Herr Tylly reicht mir ewre Hand /
Ich sag euch Wahr von ewer Schand.

T. Ey wo hab ich mich so verstoßen /
Daß ich geschlagen einen bloßen.

Z. Deß Babsts vnd ewer Pfaffen Glücke
Erzeiget euch manch schlimmes Stücke.

T. Ach ist es wahr / vnd nicht erlogen /
Daß mich der PfaffenGlück betrogen?

Z. Ja. Vnd noch mehr / die alte Magd
Hat hefftig vber euch geklagt.

T. Was wil sie sich noch viel beklagen?
Ihr schand vnd quahl thut sie außtragen.

Z. Ewr Hertz habt ihr darauff spendirt
Als ihr die alte Magd entführt.

T. Mein Hertz ist mir drumb nicht entfallen /
Ich steck in keiner Mäusefallen.

Z. Ein alter Bock taug sonst nicht viel /
Drumb habt ihr auch verderbt das Spiel.

T. Ein Alter kans in Buhler Sachen
Gar offt am allerbesten machen.

Z. Die alte Magd macht euch stock blindt /
Daß ihr Stadt vnd Landt angezündt.

T. Das Fewer vnd Schwerd ihr Leib vnd Leben
Mir auch in meine Händ gegeben.

Z. Ein Kriegsman ist gekommen an /
Der grimmig euch gefallen an.

T. Einmal gewichen vnd weggeflogen
Hat manches KriegesHeer betrogen.

Z. Ihr steckt jetzt mitten in dem Dreck /
Ein ander führt die Braut hinweg.

T. Sie wird sich besser noch bedencken.
Mir ihre Trew vnd Liebe schencken.

Z. O nein. Des Schweden Wehr vnd Hand
Jagt ewer Volck weg aus dem Land.

T. Ich wil noch einst die Schantze wagen /
Noch einmal mit dem Schweden schlagen.

z. Ewer Hand ist gantz vnd gar nicht gut /
Sie zeigt / ihr habt schlechten Muht.

T. Ey Muhts genug. Die Wasserhunde
Mir Ruhe lassen keine Stunde.

z. Wolan / so wagt es / wie ihr denckt.
EwerHand euch ewer Glück verschrenckt /

Marck / Pommern / Mecklenburg vnd Francken /
Sachsen / vnd Böhmen auch sich on wancken.

»Tyllisch Glücke / Darinnen dem Tylly aus seiner Handt Wahrgesaget wird / was seine Sachen für einen Außgang gewinnen werden.« Spottbild, das darstellt, wie Tilly sich von einer Zigeunerin aus der Hand lesen läßt. Mit der »alten Magd« ist die Stadt Magdeburg gemeint, die »Wasserhunde« sind die Schweden.

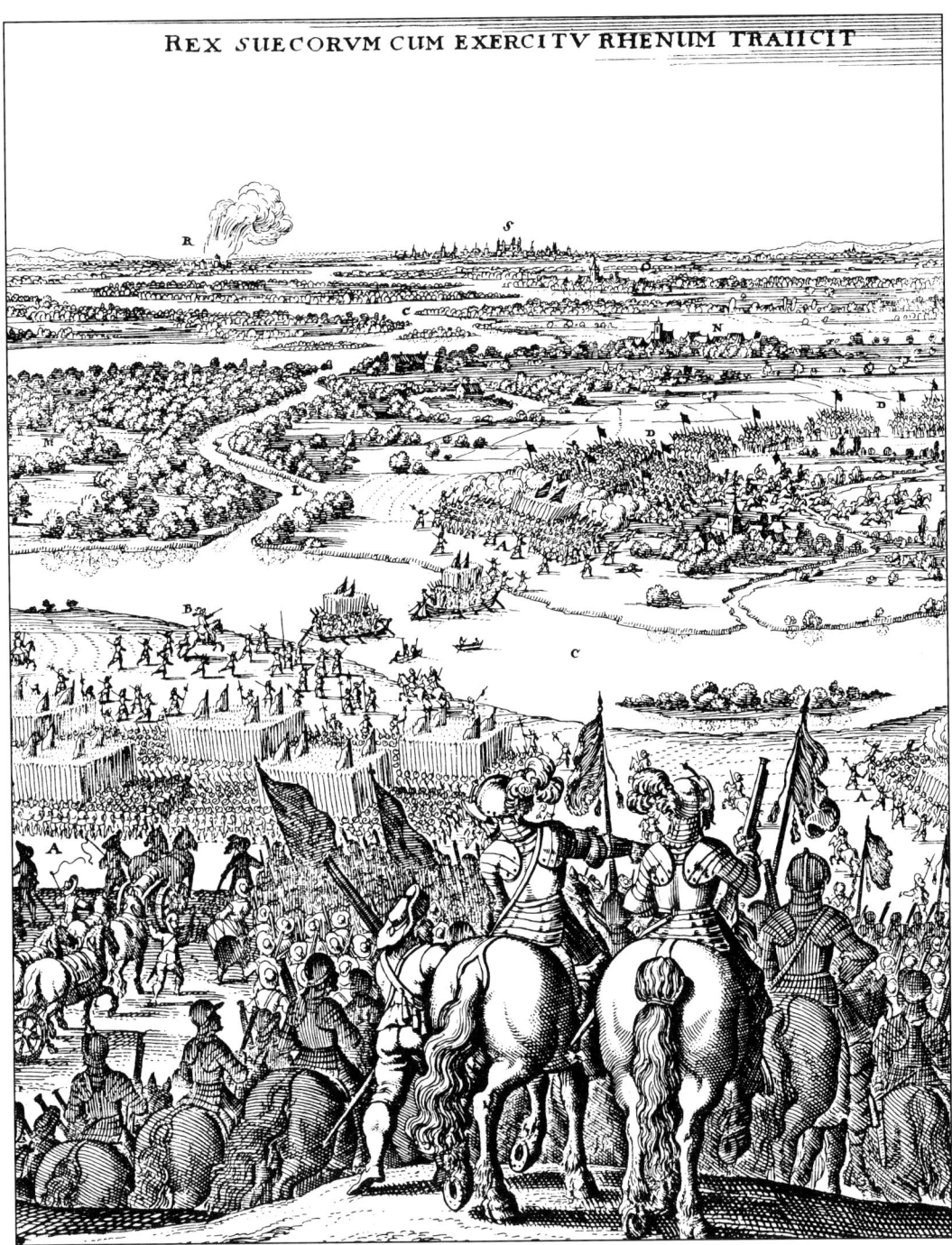

Der vielfach als Muster militärischer Operationen bewunderte Rheinübergang des schwedischen Königs bei Oppenheim am 17. Dezember 1631 (Ausschnitt). Eine spanische Truppe wird aus der Sternschanze vertrieben. Zum Gedächtnis läßt Gustav Adolf einen Obelisken errichten, der heute noch auf dem Hahnensand am Altrhein steht, an »der Stelle, von der die erste Landungswelle von 300 Soldaten . . . zum linken Rheinufer aufgebrochen war« (M. Junkelmann).

»Eygendliche Abbildung der vornemsten Oerter, Stätt, Vestungen und Päß, so in kurtzer Zeit auß der Gefängnuß und Trangsal deß Papstthumbs durch Gottes und der Gothen Macht sind erlediget worden.« Flugblatt mit den Stationen des schwedischen Siegeszuges bis zur Einnahme von Kreuznach (1. März 1632).

Links oben Gustav Adolf mit einem Löwen, der seine Pike in den Bauch des Papstes stößt, dessen Schwert und Schlüssel zerbrechen. Ein Jesuit sucht den wankenden Thron zu stützen, unter dem Geldsäcke zerplatzen. Dem Mund des Getroffenen entquillt die lange Liste der Orte – beginnend mit Stralsund –, die das »Papstthumb« hergeben muß. »Dieses Ausspucken ist ein geläufiger Bildtopos der Zeit für die militärisch erzwungene Herausgabe unrechtmäßig angeeigneter Güter.« Am Ende ist Platz für Aktualisierungen gelassen.

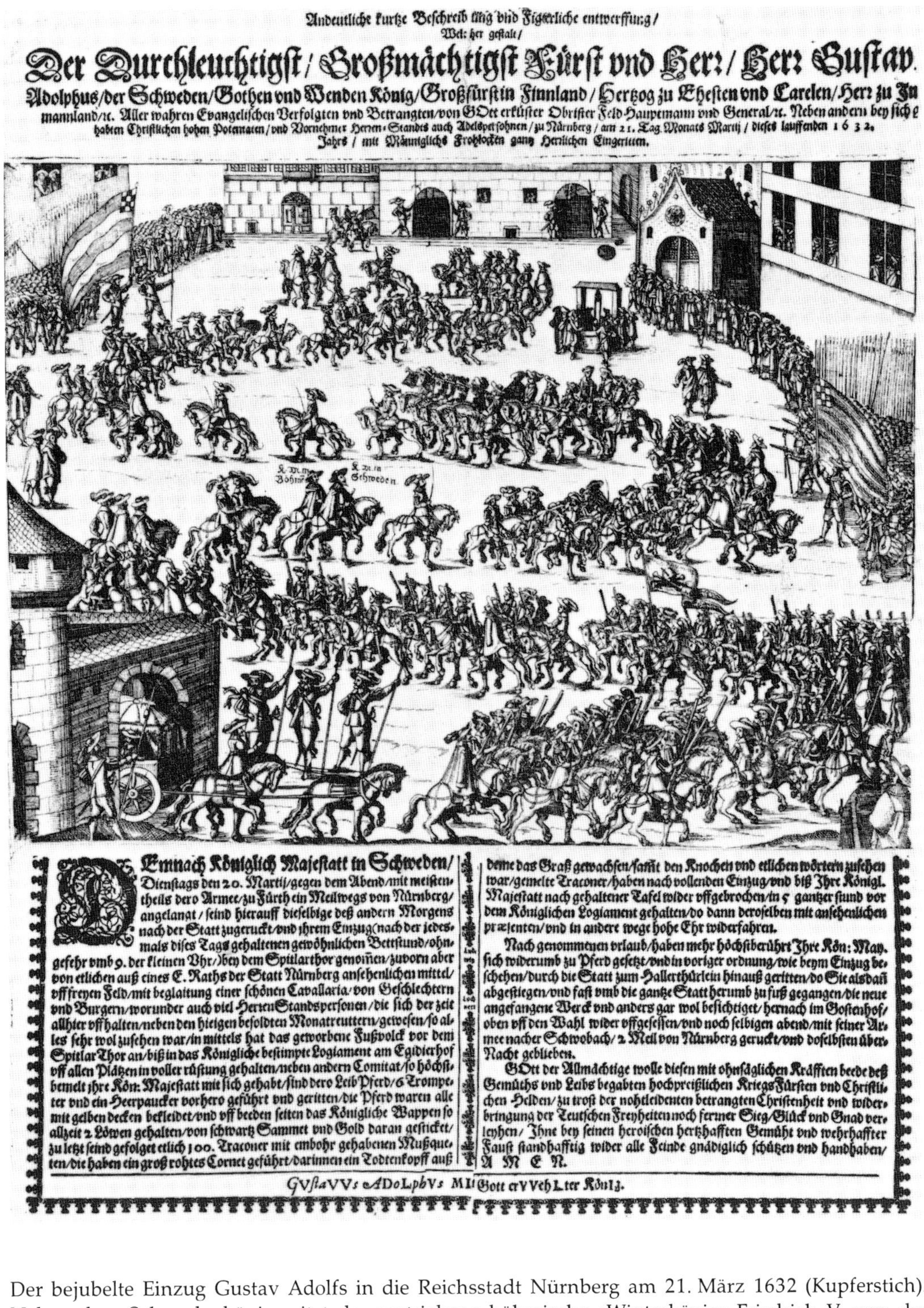

Andeutliche kurtze Beschreibung vnd Figürliche entwerffung/ Welcher gestalt/

Der Durchleuchtigst/ Großmächtigst Fürst vnd Herr/ Herr Gustav Adolphus/der Schweden/Gothen vnd Wenden König/Großfürst in Finnland/Hertzog zu Ehesten vnd Carelen/Herr zu Ingermannland/rc. Aller wahren Evangelischen Verfolgten vnd Betrangten/von GOtt erküster Obrister Feld-Hauptmann vnd General/rc. Neben andern bey sich gehabten Christlichen hohen Potentaten/vnd Vornehmer Herren-Standts auch Adelspersohnen/zu Nürnberg/ am 21. Tag Monats Martij/ dieses lauffenden 1632. Jahrs/ mit Männiglichs Frohlocken gantz Herrlichen Eingeritten.

DEmnach Königlich Majestatt in Schweden/ Dienstags den 20. Martij/gegen dem Abend/mit meistentheils dero Armee/zu Fürth ein Meilwegs von Nürnberg/ angelangt/ seind hierauff dieselbige deß andern Morgens nach der Statt zugeruckt/vnd jhrem Einzug (nach der jedesmals dises Tags gehaltenen gewöhnlichen Bettstund/ohngefehr vmb 9. der kleinen Vhr/) bey dem Spitlarthor genommen/zuvorn aber von etlichen auß eines E. Raths der Statt Nürnberg ansehenlichen mittel/ vff freyen Feld/mit beglaitung einer schönen Cavallaria/ von Geschlechtern vnd Burgern/worunder auch viel Herren Standspersonen/die sich der zeit allhier vffhalten/neben den hiesigen besoldten Monatreuttern/gewesen/so alles sehr wol zusehen war/in mittels hat das geworbene Fußvolck vor dem Spitlar Thor an/biß in das Königliche bestimpte Logiament am Egidierhof vff allen Plätzen in voller rüstung gehalten/neben andern Comitat/so höchstbemelt jhre Kön: Majestatt mit sich gehabt/sind dero Leib Pferd/6 Trompeter vnd ein Heerpaucker vorhero geführt vnd geritten/die Pferd waren alle mit gelben decken bekleidet/vnd vff beeden seiten das Königliche Wappen so allzeit 2 Löwen gehalten/von schwartz Sammet vnd Gold daran gesticket/ zu letzt seind gefolget etlich 100. Traconer mit embohr gehabenen Mußqueten/die haben ein groß rohtes Cornet geführt/darinnen ein Todtenkopff auß deme das Graß gewachsen/sampt den Knochen vnd etlichen wörtern zusehen war/gemelte Traconer/haben nach vollenden Einzug/vnd biß Jhre Königl. Majestatt nach gehaltener Tafel wider vffgebrochen/in 5 gantzer stund vor dem Königlichen Logiament gehalten/do dann deroselben mit ansehenlichen præsenten/vnd in andere wege hohe Ehr widerfahren.

Nach genommenen vrlaub/haben mehr höchstberührt Jhre Kön: May. sich widerumb zu Pferd gesetzt/vnd in voriger ordnung/wie beym Einzug beschehen/durch die Statt zum Hallerthürlein hinauß geritten/do Sie alsdann abgestiegen/vnd fast vmb die gantze Statt herumb zu fuß gegangen/die neue angefangene Werck vnd anders gar wol besichtiget/hernach im Gostenhof/ oben vff den Wahl wider vffgesessen/vnd noch selbigen abend/mit seiner Armee nacher Schwobach/2 Meil von Nürnberg geruckt/vnd doselbsten über Nacht geblieben.

GOtt der Allmächtige wolle diesen mit ohnsäglichen Kräfften beede deß Gemüths vnd Leibs begabten hochpreißlichen Kriegs Fürsten vnd Christlichen Helden/zu trost der nohtleidenten betrangten Christenheit vnd widerbringung der Teutschen Freyheiten noch ferner Sieg/Glück vnd Gnad verleyhen/ Jhne bey seinen heroischen hertzhafften Gemüht vnd wehrhaffter Faust standhafftig wider alle Feinde gnädiglich schützen vnd handhaben/ AMEN.

GVstaVVs ADoLphVs MIt Gott erVVehLter KönIg.

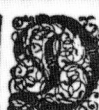

Der bejubelte Einzug Gustav Adolfs in die Reichsstadt Nürnberg am 21. März 1632 (Kupferstich). Neben dem Schwedenkönig reitet der vertriebene böhmische »Winterkönig« Friedrich V. von der Pfalz, der wie Gustav Adolf noch im gleichen Jahre stirbt.

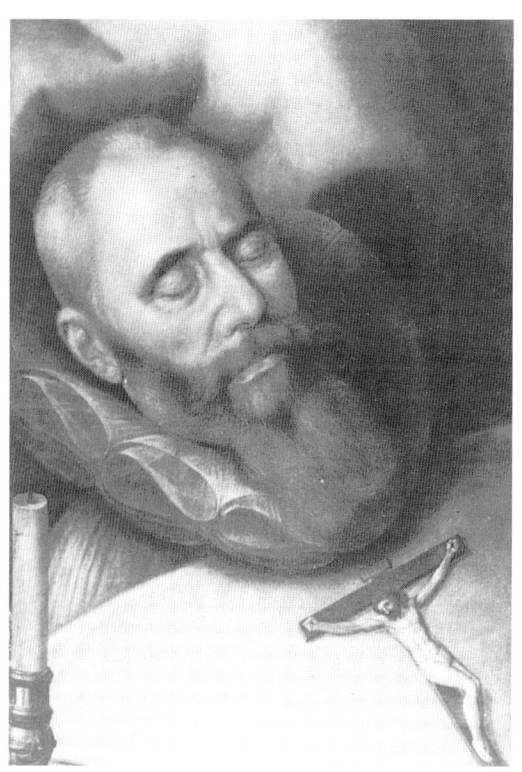

Graf Tilly auf dem Totenbett. Tilly stirbt im belagerten Ingolstadt am 30. April 1632 an den Folgen seiner schweren Verwundung bei Rain am Lech, wo er am 15. April den Flußübergang der Schweden zu verhindern suchte. Auf dem Sterbebett vermacht der Feldherr den Veteranen seiner wallonischen Regimenter ein Deputat von 60 000 Reichstalern.

Der schottische Söldneroffizier Robert Monro von der Schwedenarmee überliefert, was sein großer Gegner Gustav Adolf von ihm hält: »Er nannte ihn den ehrenwerten alten Tilly, dessen Taten in seinem Leben so ruhmvoll gewesen seien, daß sie nach seinem Tode zu unvergänglichen Denkmälern des Ruhmes würden und ihm ein ewiges Andenken sicherten, so daß sein Name mit der Zeit nicht verblassen würde. Und der König sagte, sein Wunsch sei es, ebenso tapfer nach dem Reiche Gottes zu streben.«

Diese »Zeitungen« aus Nürnberg, Frankfurt und Braunschweig befassen sich mit den Bedingungen, die Wallenstein, dem Herzog von Friedland, von dem kaiserlichen Unterhändler Eggenberg vor der Übernahme des zweiten Generalats 1632 angeblich gestellt sind. Tatsächlich bleiben seine Befugnisse jedoch geheim, weshalb sein »Verrat« im letzten Lebensjahr so umstritten ist.

Votivbild der Münchner Schwedengeiseln von 1635. Am 17. Mai 1632 zieht Gustav Adolf in München ein und verlangt von der Hauptstadt seines Gegners Maximilian von Bayern eine Kontribution von 300 000 Reichstalern. Die Einwohner können nur etwa die Hälfte aufbringen, für den Rest müssen sie 40 Geiseln stellen, je zur Hälfte Geistliche und Bürger. Sie bleiben fast drei Jahre im schwedischen Gewahrsam, ehe sie nach der Schlacht bei Nördlingen am 3. April 1635 zurückkehren können. Mit dem Votivbild und einer Wallfahrt zu einem Marienheiligtum statten sie ihren Dank ab. Alle überlebenden Geiseln sind abgebildet. Von zwei Geiseln sind uns authentische Berichte über ihre Gefangenschaft überliefert. Das Votivbild hängt heute rechts vom Hochaltar der Pfarrkirche München-Ramersdorf.

95

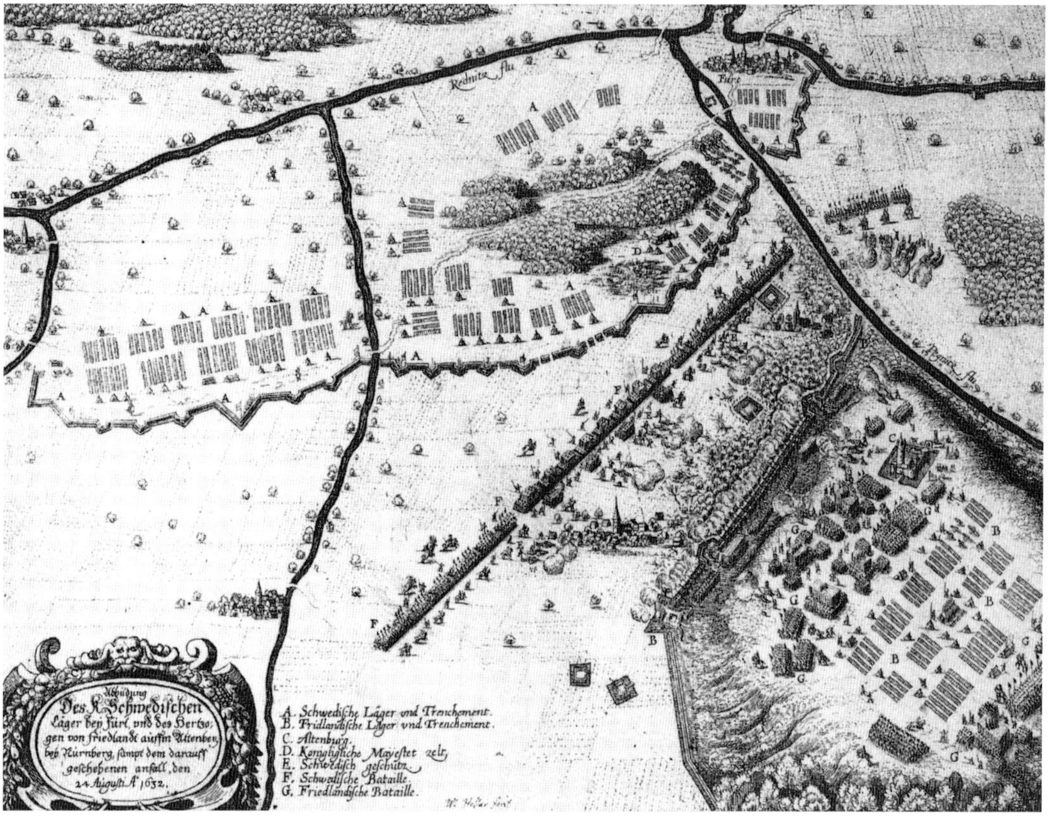

Gustav Adolf hat Nürnberg zum Hauptwaffenplatz seiner Armee gemacht. Wallenstein errichtet im Juli 1632 in der Nähe der Stadt südwestlich von Fürth bei Zirndorf ebenfalls ein befestigtes Lager, um dem Schwedenkönig den Nachschub abzuschneiden. Gustav Adolf greift die Kaiserlichen an, erleidet dabei aber eine Niederlage. Radierung Wenzel Hollars (1607–1677), dessen Signatur das seltene Blatt unten in der Mitte trägt.

Als Beispiel der schwedischen Kriegsbeute Gustav Adolfs ein Kopfreliquiar, das wohl aus einer süddeutschen Dom- oder Klosterkirche stammt und sich heute in Stockholm befindet. Nach der Einnahme Würzburgs schenkt der König die berühmte bischöfliche Bibliothek seiner Universität Uppsala. Er beruft sich auf sein Recht als Eroberer, auf das »jus belli«.

Prinz Friedrich Heinrich von Oranien (Gemälde von A. van Dyck). Der Halbbruder des Prinzen Moritz von Oranien († 1625) erweist sich als tüchtiger Feldherr im Krieg gegen die Spanier. Er nimmt 1632 nach kurzer Belagerung die Städte Venlo, Roermond, Sittard ein und steht – zur Entlastung Gustav Adolfs – am 10. Juni vor Maastricht, weshalb die bedrängte Infantin Isabella, die Regentin der Spanischen Niederlande, Pappenheims Hilfe anruft, der zur Bezahlung seiner neu geworbenen Söldner dringend finanzielle Unterstützung benötigt.

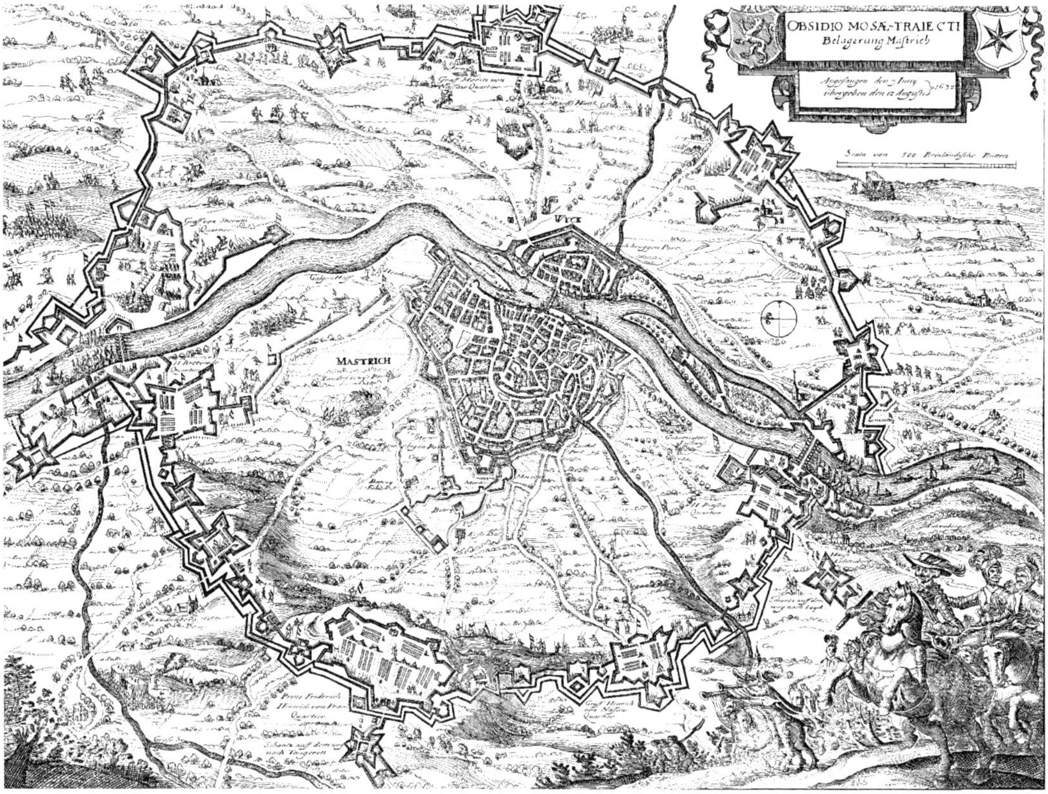

Kupferstich der Belagerung von Maastricht im
Jahre 1632. Auch hier ist die Stadt – ähnlich wie
Breda – von einem kunstvollen Belagerungsring
mit Bastionen, Laufgräben und Batterien umgeben und von jeder Versorgung abgeschnitten.

Die Infantin Isabella Clara Eugenia (1566–1633)
ist die begabte Lieblingstochter Philipps II. von
Spanien; seit dem Tod ihres Mannes, des Erzherzogs Albert von Österreich (1621), trägt sie das
Habit des Klarissenordens. Rubens, der als Diplomat lebenslang ihr treuer Diener bleibt, hat sie
um 1609 in ihrer Staatsrobe porträtiert.

Die Erzherzogin ist als humane Herrscherin bei
ihren belgischen Untertanen sehr beliebt. A. van
Dyck malt sie in ihrer Nonnentracht als Kla-
risse.

99

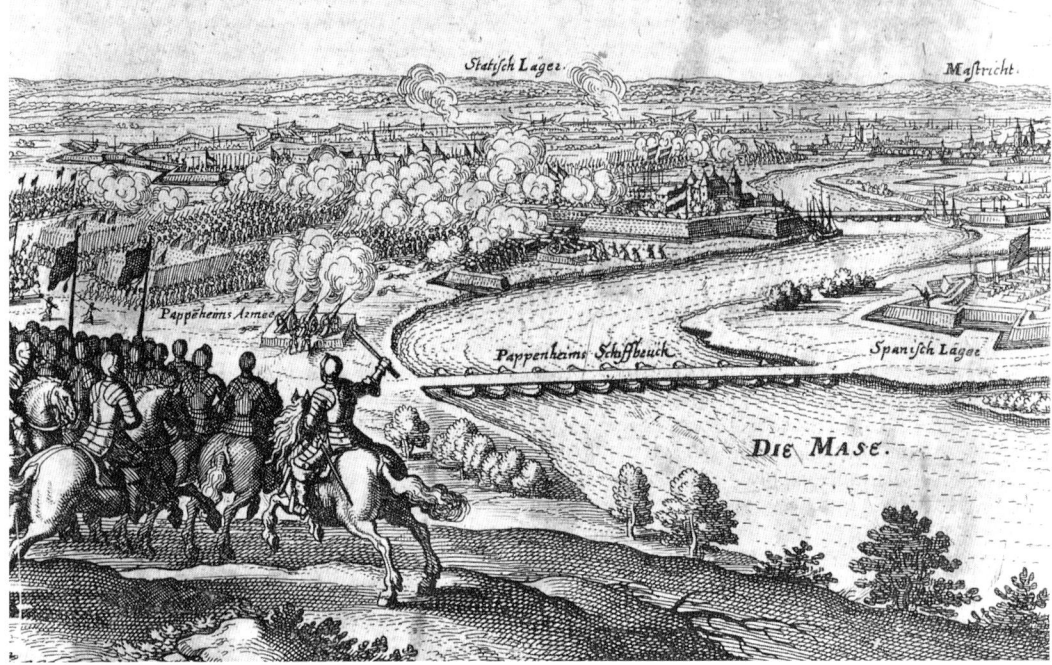

Auß dem Lager vor
Maſtricht/
Und wie es mit der Spaniſchen
vnd Pappenheimiſchen Armee beſchaf=
fen iſt/ biß auff den I. Augu=
ſti: 1632.

No: 7.

A nno M. DC. XXXII.

Die Belagerung von Maastricht durch die Niederländer dauert vom 10. Juni bis zum 22. August
1632; dann kapituliert die spanische Besatzung
unter milden Bedingungen. Der Kupferstich von
M. Merian schildert des »Grafen von Pappenheims Anfall auff das Stadtische Läger«, der
damals großes Aufsehen erregt hat.

Ein Zeitungsblatt vom August 1632, das über die
Beschaffenheit der spanischen und Pappenhei-
mischen Armee Auskunft geben will.

Eine Darstellung Pappenheims zu Pferd (Wenzel Hollar) zeigt ihn während des versuchten Sturm-
angriffs auf die niederländischen Verschanzungen, welche die Stadt Maastricht umschließen. Nach
vierstündigem Gefecht muß Pappenheim den Rückzug befehlen.

◁ S. 102/103: Im Auftrag Ottavio Piccolominis malt der flämische Maler Peter Snayers dieses großformatige Gemälde der Schlacht bei Lützen am 16. November 1632, in der sich Piccolomini durch mehrfache Kavallerieattacken besonders hervorgetan hat. Drei Pferde werden unter ihm getötet, siebenmal wird er von Kugeln gestreift. Im Endergebnis verläuft die blutige Schlacht unentschieden, doch behaupten die Schweden das Schlachtfeld.

104

Der Tod des Schwedenkönigs im Kampf mit kaiserlichen Reitern dürfte in diesem Gemälde von Jan Martsz. de Jonge (datiert 1636) annähernd wirklichkeitsgetreu geschildert sein. Den tödlichen Schuß gibt der kaiserliche Obristleutnant Moritz von Falkenberg ab, der wenig später selbst erschossen wird; des Königs goldene Kette erbeutet nach dem Zeugnis des Paderborner Bischofs Ferdinand von Fürstenberg Johann Schneberg aus Bökendorf (bei Höxter), der im Reiterregiment Götz dient.

»Aviso« über die blutige Schlacht bei Lützen, das vermutlich auf Augenzeugenberichte zurückgeht und aus Nürnberg stammt.

Modell für ein Denkmal Gustav Adolfs, entworfen vom Bildhauer Georg Schweigger aus Nürnberg 1633 für eine Gedächtniskapelle auf dem Schlachtfeld von Lützen. Die Ausführung unterbleibt aber infolge des Bündniswechsels des sächsischen Kurfürsten.

◁ Vergoldeter »Gnadenpfennig« der Königin-Witwe Marie Eleonore von Schweden mit der Profilansicht Gustav Adolfs. Solche Erinnerungsstücke werden an verdiente Diplomaten und Offiziere verliehen. Die Rückseite zeigt das gekrönte Wasa-Wappen.

Das ausgestopfte Streitroß des Königs, das er bei Lützen geritten hat; es stirbt wenige Wochen nach der Schlacht. Die Widerristhöhe beträgt nur 146 cm, es ist also nur ein kleines Pferd, das an dem korpulenten Monarchen schwer zu tragen hatte.

Ottavio Piccolomini zeichnet sich in der Lützener Schlacht an der Spitze seiner Kürassiere nach Pappenheims Ausfall aus, weshalb er von Wallenstein sofort zum Generalwachtmeister und vom Kaiser 1633 zum Feldmarschall befördert wird. Das Gemälde wird dem aus Münster gebürtigen Maler Jan Boeckhorst (1604–1668) zugeschrieben, der in Antwerpen im Umkreis von Rubens lebt.

Der Reichskanzler Axel Oxenstjerna, Freiherr zu Kymitho (Pastellzeichnung des französischen Hofmalers David Dumonstier, 1574–1646) ist der langjährige Leiter der schwedischen Politik, dessen Macht erst die junge Königin Christine nach Eintritt ihrer Volljährigkeit begrenzt. Das Bild des 52jährigen Kanzlers entsteht anläßlich eines Treffens mit Kardinal Richelieu in Paris am 4. Mai 1635 während einer halbstündigen Sitzung. Im Herbst 1645 verleiht ihm die Königin den Grafentitel.

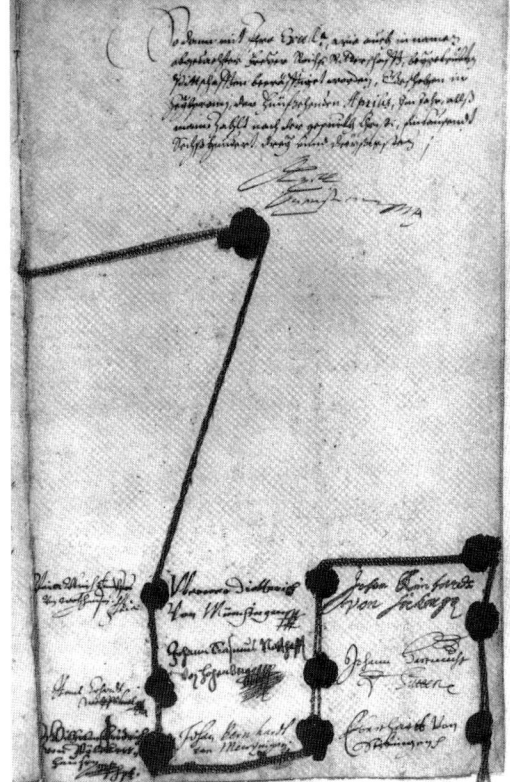

Der Heilbronner Vertrag vom 15./25. April 1633 mit der Unterschrift des Reichskanzlers und protestantischer süddeutscher Reichsstände. Er soll die Kontinuität der Politik im Sinne des gefallenen Schwedenkönigs sichern. Oxenstjerna wird Direktor des Bundes. Obige Urkunde gilt für die Reichsritterschaft.

Bildnis Wallensteins aus seinen letzten Lebensjahren (Kopie eines verschollenen Originals). Der »böhmische Condottiere« wird wegen seiner Launen von der Soldateska gefürchtet. Sein Geschick hat die Zeitgenossen und die Nachwelt fasziniert, bereits 1635 schreibt der Löwener Professor Nicolaus Vernulaeus sein Trauerspiel »Fritlandus«. Besonders Schillers Drama hat in Deutschland sein Andenken lebendig gehalten.

Wallensteins Zug nach Eger (Historiengemälde von Karl Theodor v. Piloty 1861). Der geächtete Herzog hat Verhandlungen mit Bernhard von Weimar angeknüpft und will sich mit dessen schwedischen Truppen vereinigen, nachdem nur Reste seiner Armee bei ihm ausgeharrt haben. Der hinter der Sänfte reitende Offizier stellt den Obristen Walter Butler dar, der in Eger den Mordbefehl aussprechen wird. Erkennbar ist auch Wallensteins Astrologe Seni.

Wallenstein versammelt Anfang 1634 seine Generäle und die Regimentskommandanten in seinem Hauptquartier Pilsen. Bei einem Bankett, das ihnen am 12. Januar der Feldmarschall Christian von Ilow gibt, unterzeichnen 49 Befehlshaber den »Ersten Pilsener Schluß«, in dem sie eidlich versprechen, beim Herzog getreulich auszuharren. Der Dresdner Historienmaler Julius Scholtz (1825–1893) malt 1862 in Anlehnung an Schillers Drama dieses personenreiche letzte »Gastmahl der Generale Wallensteins« im Rathaus zu Pilsen. Es gibt den Anstoß zum kaiserlichen Ächtungspatent.

Bei einem Bankett in der Kaiserburg zu Eger werden am Abend des 25. Februar 1634 Wallensteins Vertraute, der Feldmarschall von Ilow, die Grafen Trcka und Kinsky und der Sekretär Neumann, von den Dragonern des Obristen Butler getötet. Die turbulente Mordszene, die nur durch Fackeln und Deckenleuchte erhellt wird, hat der Italiener Pietro Paolini (1603–1681) noch im gleichen Jahr in einem Gemälde festgehalten, das deutlich an der Malerei Caravaggios orientiert ist.

»Apologia« oder Verteidigungsschrift der kaisertreuen Offiziere, »die aus wichtigen Gründen gezwungen waren, den Herzog von Friedland und dessen Anhänger in Eger zu töten«. Der Obrist Walter Butler, der Obristleutnant Gordon und der Obristwachtmeister (Major) Leslie empfangen vom Kaiser hohe Belohnungen für ihre Tat, die Ferdinand II. aus großer Verlegenheit befreit, schuldet er doch dem Feldherrn riesige Soldrückstände und Darlehen, so allein an Armeesold mindestens eine Million Gulden.

Die Ermordung Wallensteins in Eger nach zeitgenössischer Darstellung im »Theatrum Europaeum«. Der irische Dragonerhauptmann Deveroux vom Regiment Butler ersticht Wallenstein im Schlafgemach mit der Partisane, nachdem seine Anhänger bereits bei einem Bankett den Tod gefunden haben.

Ein anderer Kupferstich schildert den Tod des gefürchteten Feldherrn, der seine Mörder mit ausgebreiteten Armen erwartet. Deveroux schreit ihn an: »Du schlimmer, meineidiger, alter rebellischer Schelm!« und der Herzog reagiert mit dem Wort »Quartier«, d. h. mit der soldatischen Bitte um Gnade (Nicolaus Helvicus, Theatrum historiae universalis, Frankfurt 1641).

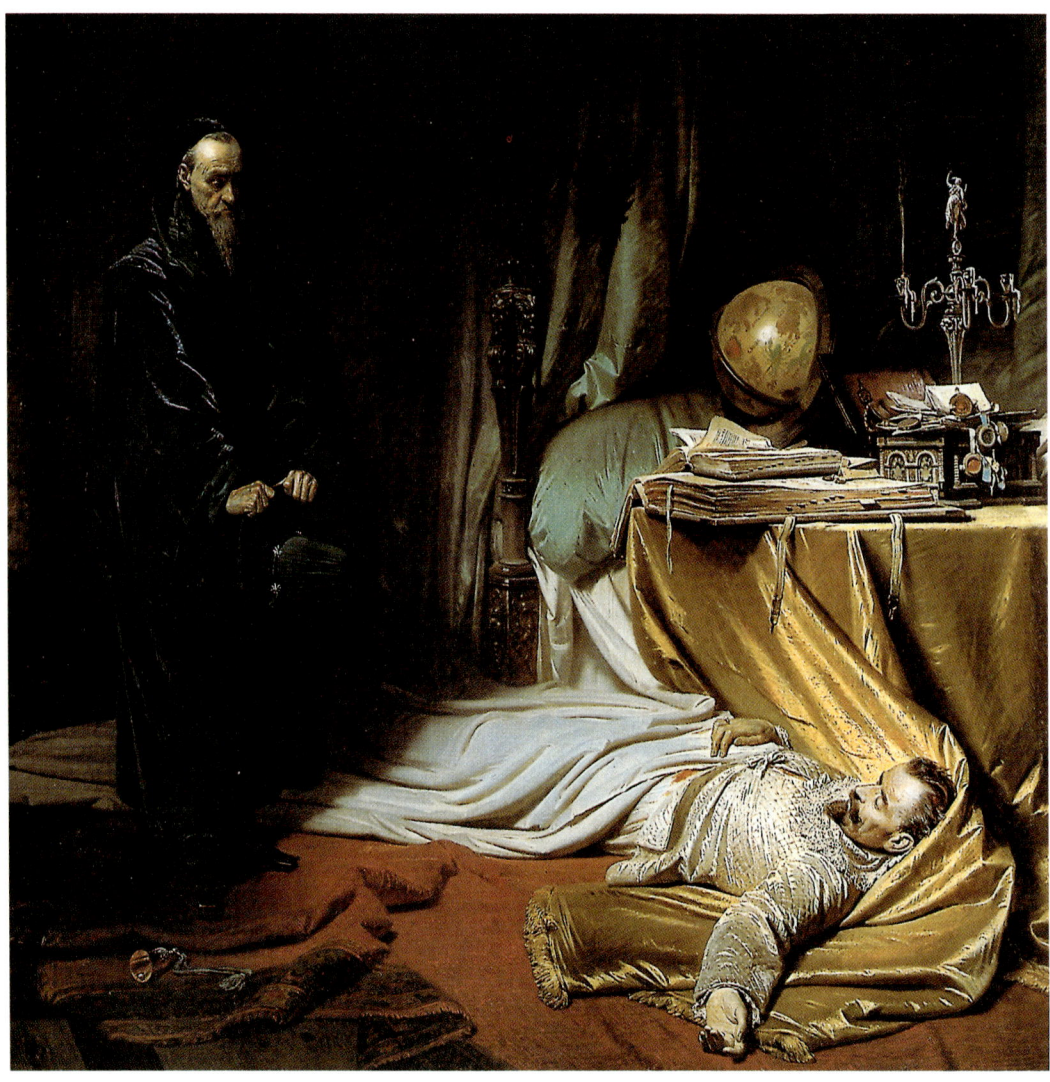

Seni an der Leiche Wallensteins. Der Feldherr ist der Astrologie ergeben und hat den Italiener Gio-
vanni Battista Zenno (Seni) als Hofastrologen in seiner Umgebung; mit ihm soll er noch in der Nacht
vor seiner Ermordung die Gestirne beobachtet haben. K. Th. von Piloty (1826–1886), der bedeutendste deutsche Historienmaler des 19. Jahrhunderts, erringt mit diesem Riesengemälde (312 x 365 cm)
im Jahre 1855 einen sensationellen Erfolg und wird Professor an der Münchner Akademie, später
deren Direktor.

Eygentliche Abbildung vnd Beschreibung deß Egerischen Pancket/
Vnd
Was voñ denen zu halten/welche jhre Mörderische Händ an jhren Genera-
lissimum Hertzogen Albrecht von Friedland/ General Feldmarschaln Christian von Jlo/Obristen Graf Wilhelm Kintzkt/Obri-
sten Land Jägermeistern deß Königreichs Böhmen/ Obristen Tertzkt vnd Rittmeister Niemon ec gelegt/vnd wie erbärmlich sie mit jhnen vmbgangen/
Geschehen den 25.(15.) Februarij in der Nacht/zwischen 10. vnd 11. vhr/als sie jhnen ein Gasterey hielten. ec.

Ein protestantisches Flugblatt, das ebenfalls die »mörderische Tat« schildert, nimmt eindeutig Partei gegen die Mörder. Das Echo auf Wallensteins Tötung ist in Europa ganz unterschiedlich, da der »dämonisch hintergründige Kriegsfürst« den Protestanten stets unheimlich bleibt.

115

Die Begegnung zwischen dem König Ferdinand von Ungarn und dem verwandten Kardinalinfanten Fernando vor der Schlacht bei Nördlingen am 2. September 1634 (Gemälde von P. P. Rubens). Der Kaisersohn in ungarischer Tracht reicht dem gleichnamigen Vetter die Hand; über ihnen erscheinen Adler mit Donnerkeilen und Lorbeerkränzen als Vorboten des Sieges. Im Vordergrund lagert der bärtige Flußgott, rechts auf einen Schild mit dem Doppeladler gestützt die über das Blutvergießen trauernde allegorische Figur der »Germania«.

Die Schlacht bei Nördlingen mit den beiden habsburgischen Feldherren im Bildvordergrund. Das Gemälde wird von der Stadt Antwerpen dem Kardinalinfanten anläßlich seines Einzugs 1635 geschenkt und stammt vom Rubensmitarbeiter Jan van den Hoecke (1611–1651) mit Retuschen von Jakob Jordaens.

Die Forderung nach Wiederherstellung der Kurpfalz, für die England, Schweden und die Generalstaaten eintreten, ist lange ein Friedenshindernis. Der Versuch der beiden ältesten Söhne des geächteten Böhmenkönigs, Karl Ludwig und Ruprecht, die Kurpfalz mit Waffengewalt zurückzuerobern, mißlingt in der Schlacht bei Vlotho (17. Oktober 1638). Prinz Ruprecht, besser bekannt als Rupert (1619–1682), den van Dycks Gemälde im Alter von zwölf Jahren zeigt, gerät für drei Jahre in kaiserliche Gefangenschaft. Der technisch und künstlerisch begabte Prinz organisiert nach schwedischem Vorbild im englischen Bürgerkrieg die Reiterei seines Onkels Karl I.

Kurfürst Johann Georg (1585–1656) von Sachsen (reg. seit 1611) ist ein patriotisch denkender Lutheraner und für Schweden ein unsicherer Bundesgenosse, wie sein Wahlspruch »Ich fürchte Gott, liebe die Gerechtigkeit und ehre meinen Kaiser« bezeugt. Er neigt daher nach Nördlingen zur Versöhnung mit Ferdinand II. und distanziert sich von Oxenstjerna.

Nach schwerer Verwüstung seines Landes muß der Kurfürst September 1645 einen Waffenstillstand eingehen und sich zu Zahlungen an Schweden verpflichten. Seine Neigung zu alkoholischen Exzessen verschafft ihm den Spottnamen »Bierjörge« (Stich von S. Weishun 1635).

Flugblatt zum Prager Friedensschluß. Der Kupferstich bringt zum Ausdruck, daß Kaiser Ferdinand II. und der Kurfürst Johann Georg von Sachsen den Krieg beendet haben. Gott gibt aus den Wolken der aus drei sitzenden Figuren bestehenden Gruppe, in deren Mitte im Schoß des Römischen Reiches die Verkörperung des Friedens (mit Ölzweig) ruht, seinen Segen.

Unter dem Kaiser die Devise »clementia« (Güte), unter dem Kurfürsten »justitia« (Gerechtigkeit). Beide reichen sich versöhnt die Rechte, während die Gestalt der »res p(ublica) Romana« mahnend zum Himmel deutet. Der Text gibt seine protestantische Tendenz in den ersten Versen durch Hinweis auf das hundertjährige Jubiläum der Augsburger Konfession zu erkennen.

Deß H. Römischen Reichs von GOTT eingesegnete
Friedens-Copulation.

Auff Sanct Johannis Tag/ darauff man vor fünff Jahren
Gefeyer das Jubel Fest der Lutherischen Lahren:
Weil das Bekentnis dar/ von unser festen Burgk/
Gleich hundert Jährig war/ nachm Aufbruch zu Augspurg:
Auff welchen Tag der Schwed auff Teutschlands-Bodes kommen/
Und ihm die Teutschen hatt zu retten fürgenommen/
Zur Danckbarkeit: weil sie jhn erst zu seiner Cron
Geholffen/ und zugleich zur wahren Religion.
Auff welchen Tag man sonst/ als auff ein grosses Fewer/
Viel Spiel zu halten pflegt und sehr viel Frewden Fewer:
Da hüpffet Klein und Groß/ und führet den Circkel-Tantz/
Wir singen jederman/ umb den Johannis Krantz.
Auff welchen Namens Tag man frölich soll anbinden
Die Churfürstliche Gnad/ und alle Frewd erfinden?
Anjetzo sonderlich/ nach dem durch Vatters Sorg
Er sich so wol gelöst/ und nichts behelt auff borg.
Auff diesen Tag/ meyn ich/ hatt man mehr Ursach hewer
Zu halten Jubel Frewd und Tantz mit grössten Fewer:
Weil unser Glaub und Trew nochmals durchs Keysers Hand
Bestärcket/ und zur Rüh wird bracht in bessern Stand.
Dann heute publicirt wird wieder Fried auff Erden/
Darfür wir billich GOtt recht danckbar müssen werden/
Und mit der Engel Thor laut singen dies lied:
Ehr in der Höhe Gott/ den Leuten nieden Fried!
Was Keyser erst gepflantzt/ was Sachsen thet begiessen/
Geb GOtt Gedeyen zu/ daß viel Zweig herfür spriessen/
Und fruchten mehr und mehr/ zu Ruhm der Gütigkeit
Deß Keysers und deß Hauß Sachsens Gerechtigkeit.
Eine Frewdbarkeit die Frommen zu belohnen/
Und strenges Schwerde zur Rach der Bösen nicht zu schonen/
Diß seynd zwo Stützen starck/ drauff sich das Teutsche Reich
In zweyen Häusern stöhnt/ und alles wäget gleich.

Schaw/ wie das Römische Reich/ das manchen Held erzogen/
Entseist biß auff den Grad gantz dürr ist auffgezogen!
Als beyde Seulen nur zu wancken han begunt/
Zu Grund fast alles zeitig nichts auffrecht stehen kunt.
Nunmehr gedachtes Reich sich auff thut wieder richten/
So bald als den Zwiespalt es können wieder schlichten/
Daß nun in seinem Schoß der Friede sicher schläffe/
Auff dem gemeinen Nutz sie beyd zusammen häffe.
Wann Güt und Trewe nun einander so begegnen/
Wird Gott Gerechtigkeit und Friedens-Kuß einsegnen/
Von oben mit Genad/ daß beyden fort nichts fehlt/
Die durchs Reichs Mutter-Hertz in Eintracht seyn vermähle.
Gott helffe ferner zu/ daß milde Strömlein fliessen/
Von jhrer Majestät/ auß der Hand biß zum Füßlein/
Der Keyserlichen Gnad/ daß alles werde new/
Und sich Groß und klein Hauß von Hertzen dreb erfrew.
Daß Chur-und Fürsten sich mit allen Mit-Gliedern
Ein jeder schuldiglich bey diesem Brunn erniedern/
Und schöpffen mildtäglich Fried/ Reichthumb/ Indulgentz/
Zum new gepflantzten Werck/ der rühmlichen Clementz.
Ach daß Ehron Böhmen doch/ sampt ein verleibten Landen/
Genössen der Freyheit/ und allen fließ zu banden/
Damit gleich wie der Krieg und erste Niederlag/
Also der rechte Fried käm auß-und in Stadt Prag.

Gedruckt im Jahr 1635.

Herzog Bernhard von Sachsen-Weimar ist der bedeutendste deutsche Heerführer der protestantischen Partei. Schweden verspricht ihm ein neues »Herzogtum Franken«, Frankreich die österreichische Landgrafschaft Elsaß als eigenes Territorium, doch macht sein unerwarteter Tod 1639 allen weitreichenden Plänen ein Ende. Die von Bernhard eroberte Schlüsselfestung Breisach und seine Armee fallen an den französischen König.

Der ehrgeizige Landgraf Wilhelm V. von Hessen-Kassel (1602–1637) ist schon 1631 einer der ersten Verbündeten des Schwedenkönigs, der ihm als Kriegsbeute das Oberstift Münster, das Fürstbistum Paderborn und die Abteien Fulda und Corvey zusagt. Es gelingt ihm, sich im Münsterland wichtiger Orte zu bemächtigen und Coesfeld zur starken Festung auszubauen. Nach der Vertreibung aus seinem Fürstentum nach dem Prager Frieden, dem er nicht beitreten will, stirbt er 1637 im ostfriesischen Leer.

Graf Matthias Gallas. Der Südtiroler steht zuerst im Ligaheer und zeichnet sich bei Stadtlohn aus; er genießt das volle Vertrauen Wallensteins, ist jedoch an dessen Sturz führend beteiligt und hat das Hauptverdienst am Sieg bei Nördlingen. Später kämpft er glücklos, bleibt als typischer »Hofgeneral« aber bei Ferdinand III. in Gunst und erhält den Titel eines Herzogs von Lucera.

Kein anderer General des Dreißigjährigen Krieges ist so oft auf Gemälden oder Kupferstichen abgebildet wie Jan von Werth, der ungemein populär gewesen ist. Der bei Paulus Fürst 1637 verlegte Kupferstich zeigt ihn in voller Rüstung mit dem Ehrenbreitstein (Hermanstein) im Hintergrund und feiert ihn als Soldat des Mars, als Schrecken der Feinde und Vorbild großer Anführer.

Kardinalinfant Fernando ist der jüngere Bruder König Philipps IV. von Spanien und folgt der Infantin Isabella als Generalstatthalter der Niederlande. Er trägt zwar den Titel eines Erzbischofs von Toledo, ist aber kein Priester und liebt das Kriegshandwerk. Der Infant hat nach seinem Einzug in Antwerpen den gichtkranken Rubens in seinem Hause besucht, was als hohe Auszeichnung des Künstlers gilt. Rubens malt ihn hoch zu Roß, in den Lüften begleitet von Schutzgeist und Siegesadler.

Prinz Thomas von Savoyen-Carignan. Der jüngere Bruder des regierenden Herzogs Victor Amadeus I. von Savoyen, ein Neffe der Infantin Isabella, bewährt sich als Unterführer des Kardinalinfanten. Anton van Dyck malt sein imposantes Reiterporträt und quittiert über seine Bezahlung am 3. Januar 1635. Der Prinz ist mit Marie de Bourbon vermählt und der Großvater des Prinzen Eugen. Der Condottiere geht 1642 in den Dienst Frankreichs, als Spaniens Stern bereits im Sinken ist.

124

◁ Rubens ist der künstlerische Leiter für den prunkvollen Einzug des Kardinalinfanten am 17. April 1635 in Antwerpen. Der Magistrat läßt die Stadt mit Schauwänden ausstatten, die in Holz ausgeführt sind; nach Rubens Entwürfen werden Triumphpforten mit sinnreichen Anspielungen errichtet, so dieser »Ferdinandsbogen«.

Das Zentralgemälde über dem mittleren Durchgang zeigt nach antiken Vorbildern den »Triumph des Feldherrn«. Rubens Ölskizze vermittelt einen Eindruck von der Architektur und den allegorischen Gestalten der großartigen Ausschmückung, die Antwerpen in Schulden stürzt.

Zur bleibenden Erinnerung wird 1641/42 vom Magistrat ein Gedenkbuch herausgegeben, in dem ausführlich alle Dekorationen beschrieben und abgebildet sind. Diese 40 Illustrationen werden vom Rubensschüler Theodor van Thulden (1606–1669) radiert, der seine Aufgabe mit großer Akribie wahrnimmt.

FERDINĀDVS III IMP· ROMANORVM

Kaiser Ferdinand III. (1608–1657) tritt 1637 die Nachfolge seines Vaters an und bemüht sich um die Beendigung des Krieges. Das Porträt im Friedenssaal des Rathauses zu Münster scheint einem Gemälde Wolfgang Heimbachs (1646) verwandt, doch darf als Maler Jan Baptist Floris aus Antwerpen angenommen werden, der in Münster als Gehilfe dem Anselm van Hulle (1601 bis nach 1674) aus Gent dient; dieser hat sehr viele Friedensgesandte porträtiert.

126

Kurfürst Maximilian von Bayern läßt 1638 in München die Mariensäule errichten (Kupferstich von Bartholomäus Kilian). Triumphierend steht die vom Kurfürsten hochverehrte »Patrona Bavariae« auf einer hohen Säule; am Sockel vier Putten als Kämpfer gegen Hunger, Pest, Krieg und Ketzerei. Die Marienfigur ist ein Werk des Bildhauers Hubert Gerhard (1550–1620) und war ursprünglich für den Hochaltar der Frauenkirche bestimmt.

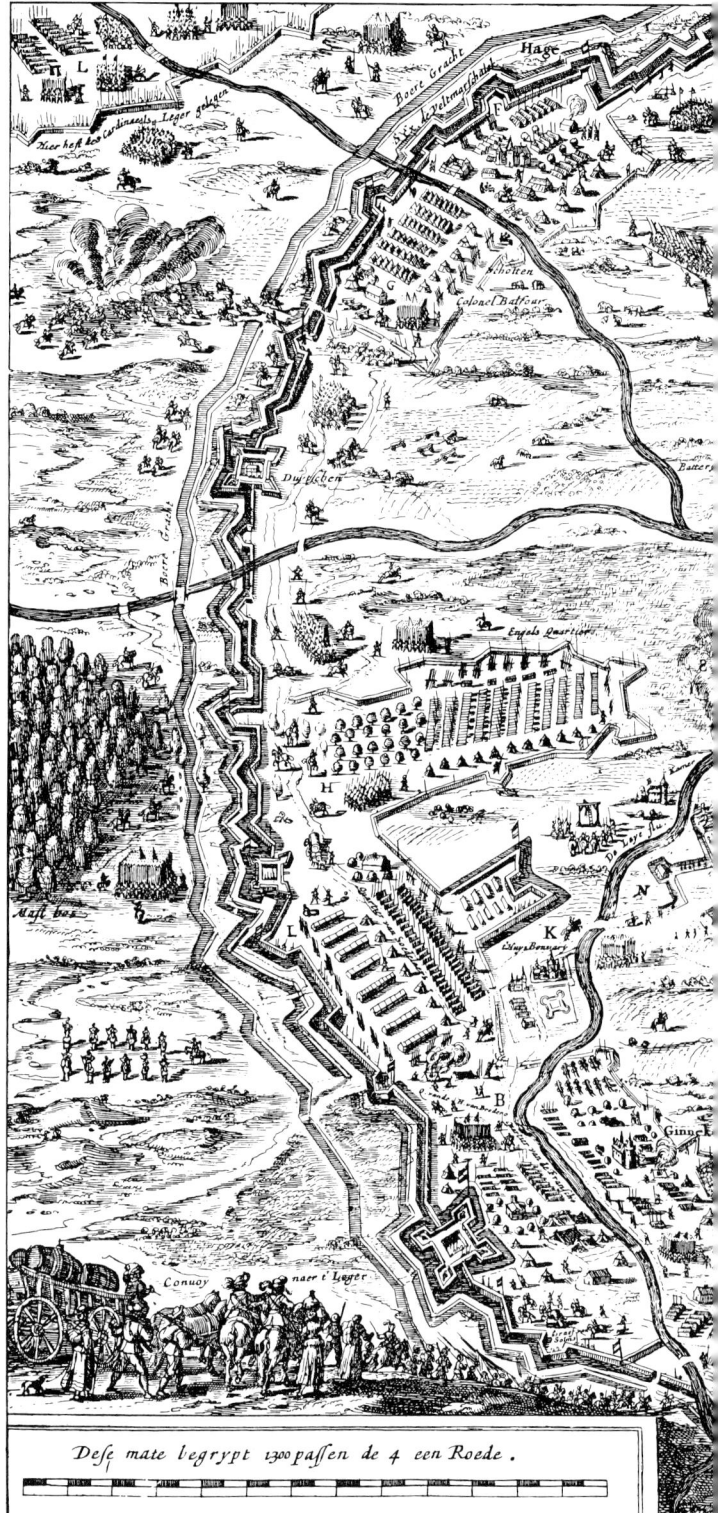

Niederländische Karte der Belagerung der Stadt Breda durch Prinz Friedrich Heinrich von Oranien im Jahre 1637. Der minutiös gezeichnete Plan zeigt die lückenlose Umschließung der starken Festung durch den »Städtebezwinger«, wie man den Prinzen von Oranien in Holland nennt. Ähnlich wie früher bei der Belagerung durch Spinola sind zahlreiche Schanzen mit Batterien bestückt und Laufgräben ausgehoben worden, um jegliche Zufuhr zu verhindern. Die Belagerer haben sich durch ihre Bollwerke auch gegen spanische Entsatzversuche gesichert (siehe rechts unten) und sich die Errungenschaften der italienischen Kriegsingenieure angeeignet.

Ter Heyde

Gyettonck

Den Homert

Batterye

BREDA

Spoelhuys

Teteringen Heyde

Quartier vant
Schade Cosemir

Teteringen

Weeh na Heusenout

Heusenout

Rayters Quartier

't Zegge

Keyns hofen

Wech na Oyslerhout

Wech na Dungen

Ne es possible
de Socander

R

129

Lennart Torstensson, Graf von Ortala, ist der fähigste Unterführer Gustav Adolfs und trotz seines Gichtleidens, das ihn zwingt, sich in einer Sänfte tragen zu lassen, berühmt wegen der Schnelligkeit seiner Operationen, die ihn bis nach Mähren bringen; er ist der Sieger über Dänemark, den nordischen Rivalen Schwedens an der Ostsee.

Erzherzog Leopold Wilhelm ist der jüngere Sohn Kaiser Ferdinands II. und muß trotz seiner geistlichen Würden – er ist nominell Fürstbischof von Passau und Straßburg, Administrator von Halberstadt und Hochmeister des Deutschen Ordens – das verantwortungsvolle Oberkommando der kaiserlichen Streitkräfte übernehmen. In dieser Rolle zeigt ihn das Gemälde seines Hofmalers David Teniers d. J. (1610–1690). Der Erzherzog ist ein passionierter Kunstsammler, dessen Bilderkäufe den Grundstock des Wiener Kunsthistorischen Museums bilden.

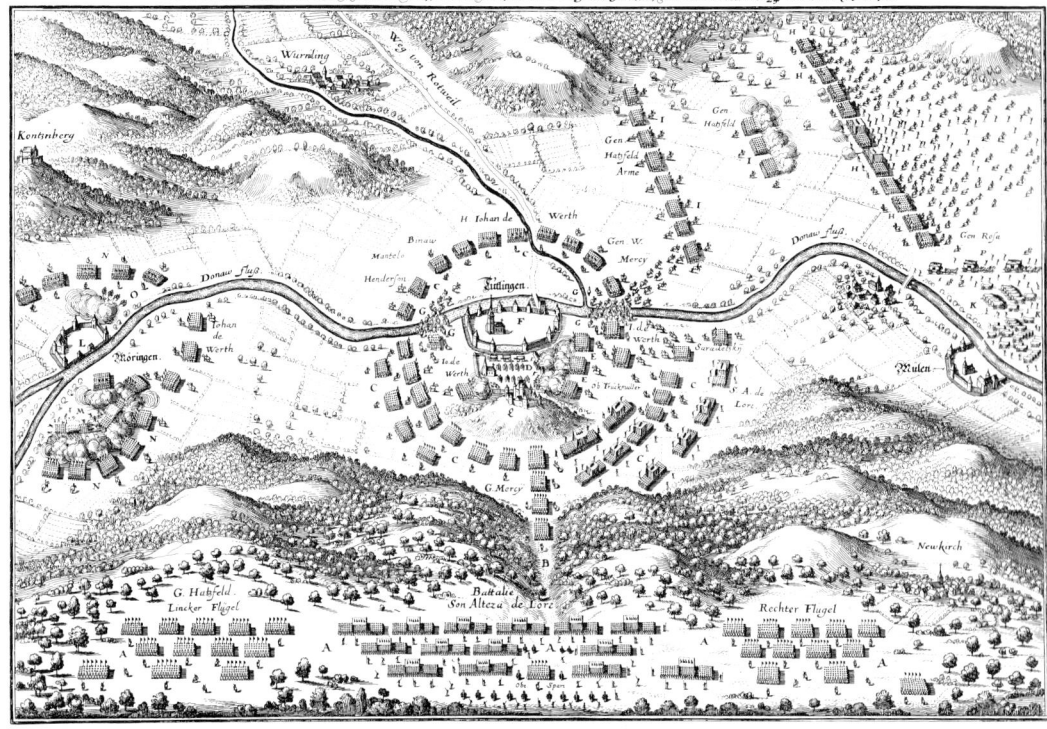

Num: 14. An: 1643.

Particular,

Post/ Hamburger vnd Reichs-Zeitung.

Stettin vom 7.17. Junij

S. Excell: der Herr Legat hat nunmehr die Reise auß VorPommern zu den beborstehenden Friedens Tractaten nach Hamburg fortgesetzet / von der Armee auß Bohemien ist anders nichts einkommen/ als daß dieselbe 4. Meilen von Prag sein soll. Die Keyf:rl. aber sich von allen Orten an/ vnd in die Stadt Prag ziehen/ vnnd als der Stalhans mit dem succurs nach Böhmen gangen/ habe der General jhme 2000. Mann entgegen gesandt/ welchen die Käyserlichen einfallen wollen/ seind aber mit Verlust in 2000. zu Roß vnd etlich Cornet abgewiesen worden.

Des Königs in Dennemarck intent ist bereits außgebrochen/ in dem er seine Schiffsflotta von 22. Schiffen dem König von Engelande zum besten/ nach Engelande gesandt hat.

Berlin vom 31. Maji.

Albie ist nichts newes/ weil annoch die Hoffstadt zu Cüstrin noch ist. Ihr Churfürstl: Durchl: werden gegen den 11. Junij/ da der Landtag seinen Anfang)(nime

Überfall bei Tuttlingen. Am 25. November 1643 muß sich das französische Heer, das der Generalleutnant Graf Rantzau als Nachfolger des tödlich verwundeten Marschalls de Guébriant befehligt, im Winterquartier der bayerisch-kaiserlichen Armee auf Gnade und Ungnade ergeben; einen größeren Sieg haben die Bayern seit den Tagen Tillys nicht erfochten. Gegen 7000 Mann, darunter acht Generäle, fallen in die Hände der Sieger, die Beute ist überaus groß. 50 eroberte Regimentsfahnen werden nach Wien und München gesandt.

Eine wöchentliche »Post, Hamburger und Reichs-Zeitung« wird 1643/44 in der Stadt Danzig verlegt und bringt Nachrichten ihrer Korrespondenten aus Stettin, Berlin und den nordischen Ländern.

Kardinal Jules Mazarin, der Nachfolger Richelieus, fühlt sich als außenpolitischer Testamentsvoll-
strecker seines Vorgängers. Der gebürtige Italiener hat 1641 die Kardinalswürde erhalten und ist –
obwohl kein Priester – Bischof von Metz und Inhaber zahlreicher Abteien. Die Adelsverschwörung
der »Fronde« zwingt ihn zur zeitweiligen Flucht nach Deutschland (1651–1653), doch regiert er nach
seiner Rückberufung absolutistisch im Namen des jungen Ludwig XIV., der erst 1661 die Selbstregie-
rung antritt. Dieser Kupferstich von Robert Nanteuil (1623–1678) stellt Mazarin, der ein immenses
Vermögen hinterläßt, vor seiner Kunstsammlung dar.

»Seeschlacht bei der Insel Fehmarn« (23. Oktober 1644) zwischen Dänen und Schweden, wobei die Dänen sich nach Kiel zurückziehen müssen. Die schwedische Flotte kommandiert Karl Gustav Wrangel, der künftige Oberbefehlshaber der Truppen in Deutschland, der seine Flagge auf dem Schiff

134

»Smalandia« gesetzt hat. Die Dänen verlieren zehn Schiffe mit 428 Geschützen, die Zahl ihrer Toten wird auf 2000 geschätzt. Die erbeuteten Schiffe werden nach Wismar abgeschleppt. Mit A ist die Insel Fehmarn, mit C Kiel, mit G die Insel Langeland bezeichnet.

135

Die Schlacht bei Alerheim, nahe dem Schlachtfeld von Nördlingen, entwikkelt sich zur verlustreichen Auseinandersetzung zwischen den Bayern unter Feldmarschall Mercy und Jan von Werth, denen sich das niederrheinischwestfälische Kreisheer unter Graf Geleen angeschlossen hat, und den vereinigten französischen Truppen unter dem Duc d'Enghien und Marschall Turenne, die durch hessische Hilfstruppen noch verstärkt werden (3. August 1645). Nach dem Tod Mercys zieht sich Werths siegreiche Reiterei zurück, weil Hessen und Weimaraner den rechten Flügel unter Geleen überwältigt und das Dorf Alerheim im Zentrum erobert haben.

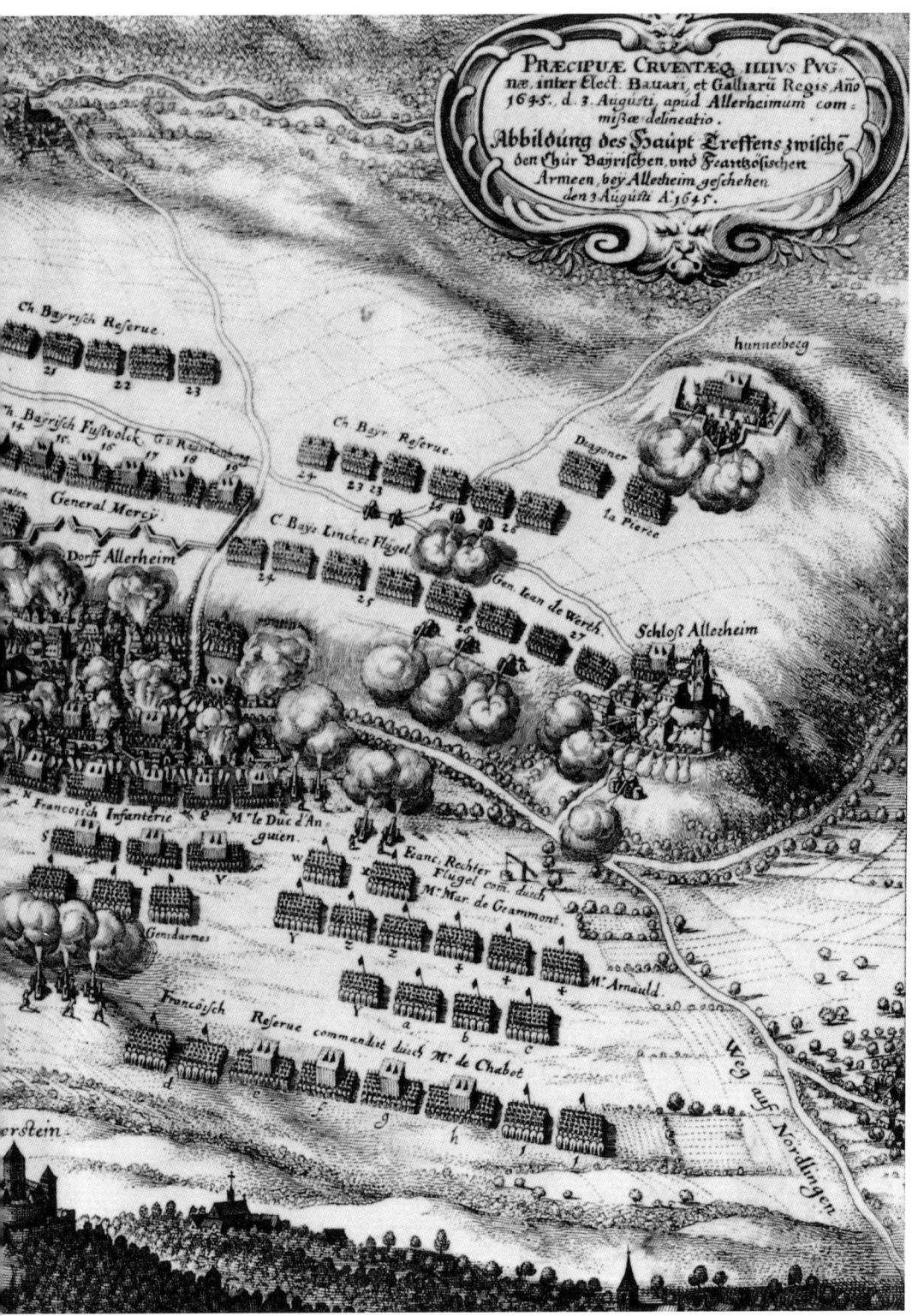

PRÆCIPVÆ CRVENTÆQ, ILLIVS PVG-
næ, inter Elect: Bauari, et Galliarū Regis Año
1645. d. 3. Augusti, apud Allerheimum com-
missæ delineatio.
Abbildung des Haupt Treffens zwischē
den Chur Bayrischen, und Frantzösischen
Armeen, bey Allerheim geschehen
den 3 Augusti A 1645.

hunnerberg

Ch. Bayrisch Reserue.
21
22   23

Th. Bayrisch Fustvolck.
14
15   16   17   18   19

General Mercy.

Dorff Allerheim

Ch. Bayr Reserue.
24
23 23

C. Baye Linckes Flugel.
24
25   26

Dragoner

la Pierce

Gen Iean de Werth.
27

Schloß Allerheim

N. Francoisch Infanterie.
O   M. le Duc d'An-
S   18   guien.
V

Gendarmes

Francoisch Reserue commandirt durch M. de Chabot.

d

erstein.

Franc. Rechter
Flügel com. durch
M. Mar de Grammont.

Y   Z   *
a   b   *

M. Arnauld.

e   f
g   h
i   i

Weg auf Nordlingen.

137

gegenwertige Veltirompeter, vnder dem Löblichen Salfichen Regaimten In Endtsbenante in dem Treffen vð Haubt Action de Aͦ 1645 den 3 Augusti sonntag vngefehr, vmb 5 vhr, Zwischen den Churbaierischen vn frankehischen ergangen vor alle leibs verwundung Saturth worden Als haben sie. In ihre vð dancksagung der aller gewenheiten, Hr Jüngfraw vnd Gebererin Gottes Maria dise Tasfel auf Zu Opferen verlobt vð versprochen mit an inertem gebett, ð die selbige sie noch verner auß aller gefahr ferette vð vnder dem Mandel Ihrer Protection Conseruiren vnd erhalten wolle Amen. er nimus Auge V Augspurg, 2 Hans Jacoß Hüeber V Wien, 3 Cašpar Feldt V Wien, 4 Hans Jacoß Kirnheiser Zder Neinstatt Jn Oestreich, Martin Becktter V Luckbewall, 6 Lazar Kuștig V Guttmeriżt, 7 Georg Schoßte Regiments Adiutbant,

Votivbild sieben bayerischer Soldaten vom Reiterregiment Salis zum Dank für ihre Rettung aus der bei Alerheim ausgestandenen Lebensgefahr, denn alle sieben – sechs Feldtrompeter und der Regimentsadjutant – sind heil aus der Schlacht davongekommen.

Louis de Bourbon-Condé, Duc d'Enghien, später als »le grand Condé« berühmt, begründet seinen Kriegsruhm durch den Sieg bei Rocroi. In dieser vierstündigen Schlacht am 19. Mai 1643, in der 8000 Menschen den Tod finden, erbeuten die Franzosen 166 Fahnen und Standarten und vernichten die spanische Flandernarmee. Später ist Condé Hauptanführer der Fronde gegen Mazarin und wird geächtet, bis ihn Ludwig XIV. begnadigt (Gemälde von David Teniers d. J.).

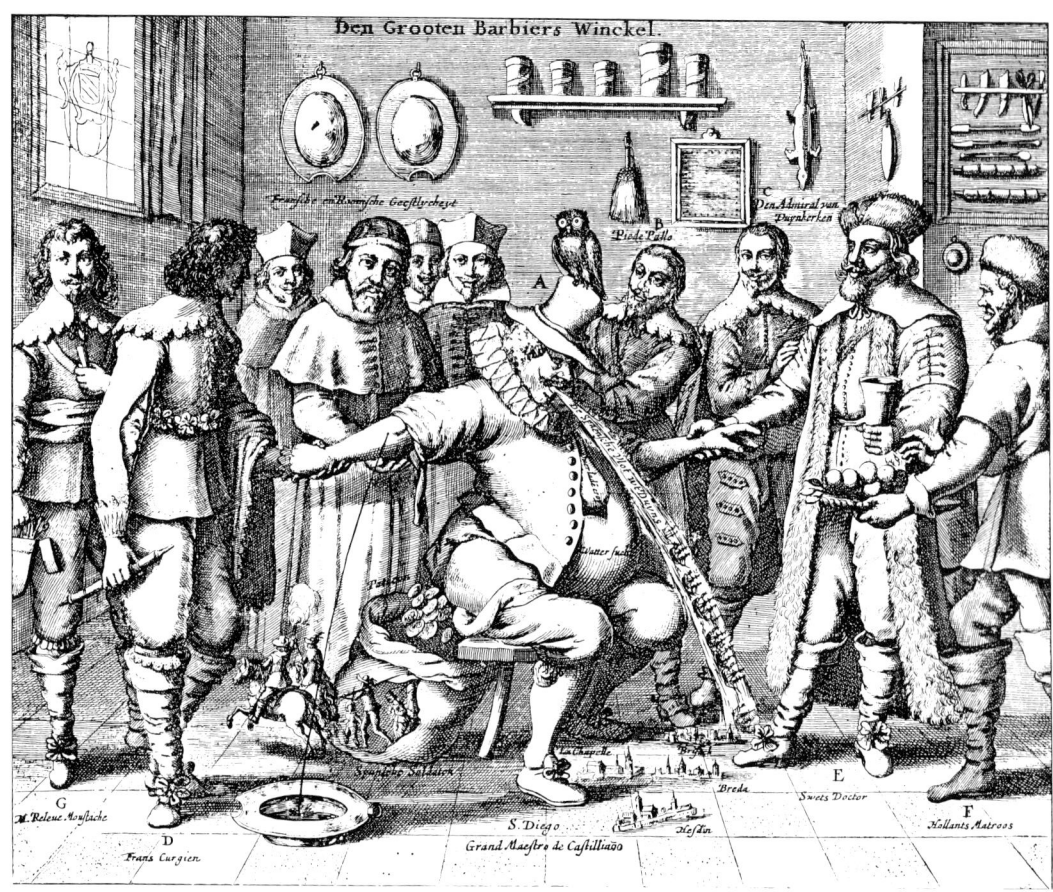

Spottbild auf die Spanier nach dem Seesieg des Admirals Tromp: In der »Barbierstube« sitzt, mit einer Eule auf dem Kopf, der an der Wassersucht leidende dickbäuchige »San Diego, Großmeister von Kastilien«. Er speit seine Kriegsschiffe aus, wobei ihm der schwedische Doktor den Puls fühlt und einen »Schwedentrank« anbietet. Der französische Chirurg mit der Klistierspritze läßt ihn zur Ader, während der Spanier in einen offenen Sack Dukaten sch...t, aus dem Kriegsvolk zu Roß und Fuß entweicht. Ein holländischer Matrose bietet ihm eine Schüssel Zitronen an. Im Hintergrund Vertreter der Geistlichkeit (Papst oder Kardinal?) und der Admiral von Dünkirchen, das die Niederländer als »Raubnest« betrachten. Zu Füßen des Spaniers die Panoramen der verlorenen Festungen La Chapelle, Breisach, Breda und Hesdin.

Die Hochblüte der Karikatur in den Generalstaaten, von der die verbreiteten Spottbilder zeugen, steht im Zusammenhang mit der Entstehung einer politisch interessierten und kritischen Öffentlichkeit ohne jeden Eingriff einer staatlichen Zensur, wie sie nur in einer bürgerlichen Republik denkbar ist.

Maarten Harpertsz. Tromp, Vizeadmiral von Holland und Westfriesland, besiegt eine große spanische Flotte von 77 Kriegsschiffen am 21. Oktober 1639 in englischen Gewässern. Mit diesem Seesieg beginnt die Vormachtstellung der niederländischen Marine auf den Weltmeeren, die zum Aufbau des großen holländischen Kolonialreiches in Indonesien führt.

140

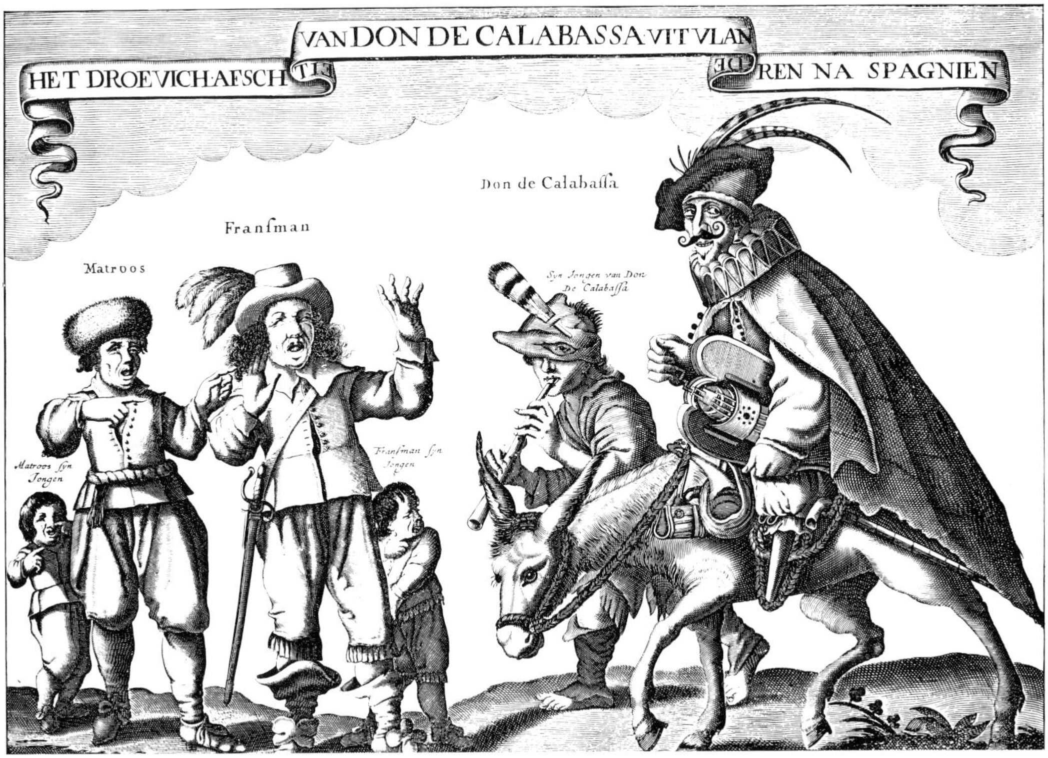
HET DROEVICH·AFSCH
VAN DON DE CALABASSA·VIT VLAN
REN NA SPAGNIEN
Don de Calabaſſa
Franſman
Matroos
Syn Jongen van Don De Calabaſſa
Matroos ſyn Jongen
Franſman ſyn Jongen

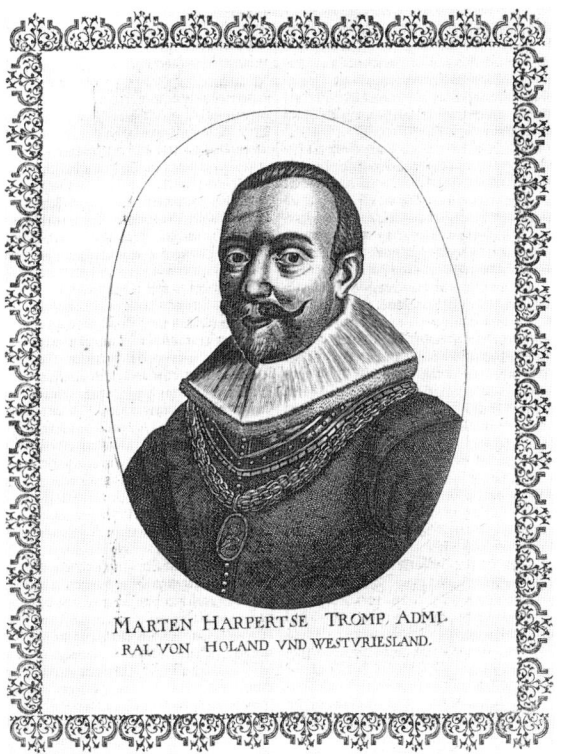

MARTEN HARPERTSE TROMP, ADMI-
RAL VON HOLAND VND WESTVRIESLAND.

Niederländisches Spottbild über den Verlust der Hafenstadt Dünkirchen seitens der Spanier (Oktober 1646), der als Ende der spanischen Herrschaft in Flandern dargestellt wird: »Der betrübte Abschied des Don de Calabassa aus Flandern nach Spanien« – der amputierte »Ritter von der traurigen Gestalt«, dem nun der Seeweg abgeschnitten ist, reitet auf seinem Esel in Begleitung eines barfüßigen, die Flöte spielenden Flamen heim und wird von einem Franzosen und einem holländischen Matrosen verspottet, die beide von einem kleinen Buben begleitet werden.

Gemälde der Seeschlacht im Ärmelkanal vor der englischen Küste bei Dover. Willem van de Velde d. Ä. (1610–1693) ist ein Marinezeichner, dessen Spezialität es war, die Aktivitäten der holländischen

142

Flotte im Bild festzuhalten – einem heutigen Bildberichterstatter vergleichbar. Er wird von der Admiralität beauftragt, kriegerische Aktionen wie diese Seeschlacht wirklichkeitsgetreu darzustellen.

Henri de Latour d'Auvergne, Vicomte de Turenne, 1611 in Sedan geboren und Bruder des Herzogs von Bouillon, genießt als Hugenotte das Vertrauen der deutschen Protestanten, weshalb ihm Mazarin 1643 das deutsche Oberkommando überträgt – seine Mutter ist die Prinzessin Elisabeth von Nassau-Oranien. Er wird als Frankreichs bedeutendster Heerführer im 17. Jahrhundert angesehen und fällt im Dienst Ludwigs XIV. 1675 bei Sasbach.

Landgräfin Amalia Elisabeth von Hessen-Kassel (1602–1651) führt als Witwe für ihren unmündigen Sohn in engster Anlehnung an Frankreich den Krieg gegen den Kaiser weiter und residiert zeitweilig außerhalb ihres Territoriums in Dorsten und Lippstadt. Ihre Hoffnungen auf größeren Gebietszuwachs (Hochstift Paderborn) erfüllen sich beim Friedensschluß nicht.

Vorbildung was es zue Zeit Königs Johannes des IV. in Portugall beruffung   Cronung fur 4 Haupt actus gegeben. 1641.

Johannes der Vierte
König zu Portugal und
Algarbe etc

A

B

C

D

A Hinrichtung des Präsidenten Vasconcellos.   B Ausruffung Johannis von Braganza zum König.   C Endts. Leistung des neuen Königs.   D Crönung Königs Johannis IV.

Spanien verliert 1640 Portugal, wo die Patrioten den spanischen Präsidenten töten und den Herzog Johann von Braganza zum König ausrufen, der bald französische und holländische Unterstützung erhält. Die Spanier betrachten die beim Friedenskongreß im Schutz der Franzosen lebenden portugiesischen Unterhändler als »eidbrüchige Rebellen,« mit denen sie nicht verhandeln. Erst 1668 erkennt Spanien die portugiesische Unabhängigkeit an.

Das Elend der letzten Kriegsjahre zeigt dieser Kupferstich: Vor einem brennenden Gehöft verlangt mit herrischer Gebärde ein herausgeputzter Offizier vom zerlumpten Bauern die Kontribution. Bauern, die auf ihren Höfen geblieben und nicht rechtzeitig geflüchtet sind, erleiden bei Truppendurchzügen und durch die Winterquartiere aller Parteien Vermögenseinbußen und Beraubung aller Vorräte, während Großgrundbesitz durch Kauf von Schutzbriefen oder Bestechung der Offiziere häufig verschont bleibt.

Im 17. Jahrhundert, als die meisten Häuser aus Holz gebaut und mit Strohdächern versehen sind, ist es für die Truppenführer wirkungsvoll, der Bevölkerung mit Brandstiftung zu drohen, um sie zu hohen Geldabgaben zu veranlassen. »Brandmeister« begleiten das Heer und versenden »Brandbriefe«, die an den vier Ecken angesengt sind und zur Erpressung dienen. Der »tolle Christian« hat sich damit einen berüchtigten Namen gemacht.

146

»Het platte Land in Oorlogstijd« betitelt sich die Zeichnung von David Vinckboons (1576–1629), die zechende Soldaten mit ihren Frauen und Kindern im Quartier auf einem Bauernhof zeigt, wo die Eigentümer von ihren ungebetenen Gästen manchen Mutwillen erdulden müssen. Immerhin erfreuen sich die Niederlande trotz der spektakulären Belagerungen von Breda und Maastricht einer Zeit relativer Ruhe und leiden kaum unter Truppendurchzügen, weil Kaiser und Reich formell die Neutralität beachten.

Wrangel ist Besitzer von Schloß Skokloster, das der französische Architekt Jean de la Vallée (1620–1696) für ihn in einem individuell-schwedischen Stil errichtet und das Wrangel mit seiner Kriegsbeute aus Deutschland reich ausstattet.

Letzter Oberbefehlshaber der schwedischen Armee im Felde ist Karl Gustav Wrangel, der im Jahre 1648 gemeinsam mit Turenne Bayern erbarmungslos verheert und vom Kurfürsten Maximilian zwei Millionen Taler als Brandschatzung fordert. Nach dem Abschluß des Friedens stellt er ungern genug die Feindseligkeiten ein.

Bei Zusmarshausen wird die Nachhut der kaiserlichen Armee am 17. Mai 1648 von der gegnerischen Reiterei überrascht und zersprengt, wobei ihr Oberbefehlshaber Melander tödlich verwundet wird. Das Perspektivbild des Ingenieurs Carl Heinrich von der Osten verdeutlicht den Kampfverlauf.

Dem Jesuitenpater Plack, der als Präfekt bei der erfolgreichen Verteidigung Prags eine Studentenkompanie befehligt, widerfährt die Ehre, daß sein Bild im »Theatrum Europaeum« des Matthaeus Merian erscheint.

Hans Christoph Königsmarck (Kupferstich von M. Merian). Mit einem schwedischen »fliegenden Korps« unternimmt dieser General weite Streifzüge und bemächtigt sich im Juli 1648 der Prager Kleinseite. Er ist einer der größten Beutemacher des Krieges und begründet den Reichtum seiner Familie. Seine Enkelin Aurora wird durch König August den Starken von Polen Mutter des Marschalls Moritz Graf von Sachsen (1696–1750).

Justus Maximilian Graf von Gronsfeld (Stich von Elias Wiedemann) hat für die Zeit von 1620 bis 1632 wichtige Kriegserinnerungen zum »Teutschen Florus« des Publizisten Everhard Wassenberg (1647) beigesteuert, ist aber als Nachfolger Pappenheims 1633 bei Hessisch-Oldendorf und als Oberbefehlshaber der Bayern im Feldzug 1648 wenig glücklich, so daß ihn der Kurfürst vor ein Kriegsgericht stellen läßt.

Karl IV., Herzog von Lothringen (1604–1675), tritt 1624 die Regierung an, wird aber bald als »fürstlicher Abenteurer großen Stils« in die europäischen Machtkämpfe verwickelt. Familienbande fesseln ihn an das Haus Habsburg und Maximilian von Bayern, doch ist er auch der Schwager des französischen Königsbruders Gaston von Orléans. Er ist deutscher Reichsfürst, aber auch ein unzuverlässiger Vasall Frankreichs, das Lothringen gern okkupieren möchte.

Als General der Liga und persönlicher Feind des Kardinals Richelieu kämpft Karl, »ein letzter der großen Condottieri«, um sein Herzogtum, aus dem er mehrfach vertrieben wird. Mazarin verhindert seine offizielle Zulassung zum münsterschen Friedenskongreß, weshalb sich der Herzog an den Westfälischen Frieden nicht gebunden erklärt. Die Spanier internieren ihn von 1654 bis 1659 in Toledo, doch im Pyrenäenfrieden erhält er sein Territorium vorübergehend zurück.

Erstürmung der Prager Kleinseite durch die Schweden am 25. Juli 1648. General Königsmarck läßt nach Mitternacht unter Führung eines Verräters, des abgedankten Obristleutnants Odowalsky, die Mauer am Prämonstratenserkloster Strahow erklimmen und ist in wenigen Stunden Meister des ganzen Stadtteils links der Moldau. Aber Bürgerschaft, Geistlichkeit und Studenten leisten ohne nen-

nenswerte Artillerie hinter Prags schwachen Mauern in der Altstadt erfolgreich Widerstand und behaupten sich bis zum Friedensschluß auch gegen schwedische Verstärkungen unter dem Pfalzgrafen
Karl Gustav; sie geben eine glänzende Probe des Verteidigungswillens, wenn es um die Behauptung
der Heimat geht.

Der Krieg nimbt ẞtzundt vberhand,
Beÿ Christen ist es wol ein ẞchand,
Daß ẞie ẞtäts mit einander kriegen,
Vnd laſſen nur den Erbfeind ẞiegen,
Daß Wellt die Weiſen iezt verhezt,
Der Türck ẞein Säbel gar friſch wezt,
Erlüſtiezt ẞich Im Chriſten Blütt,
O Teütſchlandt wo iſt nün dein müth
Vorzeiten haſtü Rühm vnd Ehr,
Jezt wirſtü bald zü einem mehr,
Hürn Wein darzü das leidig Welt,
Verderbet iezt gar manchen Heldt,
Dardurch kompt Land vnd Leüt in Noth,
Vnd ẞezt ẞich mancher in den Todt,
Wo Gott für ẞein Kirch nit thet ẞtreiten.
So wer es dß zü diſen Zeiten:
Dann es iſt ja kein ander nicht,
Der vnß ẞchüze zü diſer friſt,
Dann vnſer Gott, HERR Zebaoth
Der vns beÿſteht in aller Noth.

Ein Extrablatt der »Ordinari Reichs Zeitungen« vom Jahre 1648 mit dem Emblem des kaiserlichen Doppeladlers unter der von zwei Putten gehaltenen Reichskrone und einer Postreitervignette. Während des Krieges erscheinen periodische Nachrichtenblätter neben Einzelrelationen oder geschriebenen »Zeitungen«, von denen nur Relikte die Zeit überdauert haben. Bei der Mangelhaftigkeit der archivalischen Überlieferung besitzen solche Drucke oft für die Geschichtsforschung bedeutenden Wert, zumal diese Chronisten sich auf Augenzeugen berufen und im politischen Meinungsstreit erheblichen Einfluß auf die Öffentlichkeit ausüben.

Das Gedicht »Von unnöttigen Kriegen« verdeutlicht den Überdruß des Volkes über die lange Kriegsdauer und weist auf die Bedrohung Europas durch die Türken hin. Der Text ist vielfach neu aufgelegt worden, denn er bleibt im 17. Jahrhundert aktuell.

Geschwärzte Reiterrüstungen im Bayerischen Armeemuseum Ingolstadt, sogenannte »Pappenheimer«. Solche Kürasse werden von den Heerführern und Obristen massenweise bestellt; z. B. läßt Piccolomini 1635 in Lüttich 5000 Stück anfertigen.

Glanz und Elend
der Söldner

Der Gronsfeld-Bericht

Ein Bericht aus dem letzten Kriegsjahr

Man hat errechnet, daß bei Kriegsende in Deutschland der Kaiser und seine Verbündeten – eigentlich nur noch Kurbayern und Kurköln – etwa 70 000, seine Feinde aber rund 140 000 Soldaten unter den Waffen halten. Für die damalige Zeit sind das ganz gewaltige Zahlen. Freilich sind die eigentlichen Feldarmeen klein, sie entsprechen etwa einer modernen Division und zählen gewöhnlich nicht mehr als 12 000 bis 15 000 Mann; aber in manchen Städten und den befestigten Plätzen stehen Besatzungstruppen. Kein Heerführer kennt die genaue Stärke der ihm unterstellten Einheiten. Die kaum durchorganisierte Militärverwaltung, wenig beaufsichtigt durch landesherrliche Kriegskommissare, ein recht willkürliches Rekrutierungssystem mit der Einreihung vieler Kriegsgefangener und Überläufer und die noch ganz mangelhafte Nachrichtenübermittlung müssen jede Übersicht erschweren, weshalb die uns vorliegenden Zahlenangaben nur eine ungefähre Vorstellung geben. Gern angeführt wird ein Schreiben des Feldmarschalls Graf Gronsfeld an den bayerischen Kurfürsten aus dem letzten Kriegsjahr. Er teilt ihm am 31. März 1648 mit, in der vereinigten kaiserlich-bayerischen Armada befänden sich sicherlich über 180 000 Seelen, welche, »es seien gleich Jungen, Feuerknechte, Weiber und Kinder, doch alle sowohl als die Soldaten leben müßten. Auf 40 000 Mann gebe man zwar Proviant her, aber nicht mehr, als ein Mensch auf 24 Stunden nötig habe; wie nun die übrigen 140 000 leben könnten, wenn sie nicht hin und her ein Stück Brot suchten, sei wider seinen Verstand; und wann schon zu Zeiten ein armer Soldat ein wenig Geld habe, sei doch kein einziger Ort vorhanden, wo er etwas kaufen könne. Er sage das nicht, um die mitunter vorkommenden Räubereien und Gewalttätigkeiten zu billigen, sondern allein zur Nachricht, daß nicht alles aus Mutwillen, sondern von vielen aus lauter Hunger geschehe. Es sei auch kein General in der ganzen Welt, welcher ein Heer dermaßen beisammen halten könne, daß nicht doch unterschiedliche leichtfertige Gesellen das Gebot überträten, wie der Kurfürst im Anfang des Krieges, wo doch die Armada alle Monat richtig bezahlt worden, selbst gesehen. Was der Graf Tilly viele Jahre nacheinander, da doch die Armada ebenfalls richtig aus der Kassa oder den Quartieren unterhalten worden, für Mühe und Arbeit gehabt, die Zucht zu erhalten, indem er alle Jahr dergleichen Exorbitanzien halber nicht nur einen, sondern wohl zweihundert habe aufknüpfen lassen, solches sei denen bekannt, die unter seinem Kommando die Waffen getragen.«

Begleittroß und Winterquartiere

Das Gefolge solcher Heere ist die eigentliche Landplage, denn es beherbergt den unentbehrlichen Troß mit Frauen, Jungen, Kindern, Handwerkern, Marketendern und Fahrzeugen aller Art, behindert die Marschbewegungen, erschwert die Zufuhr und zieht allerlei übles Gesindel an. Ohne Anschluß an Bewaffnete gibt es kaum noch Überlebenschancen für die Entwurzelten. Daß einer Feldarmee große Viehherden folgen, ist notwendig und durchaus üblich. Solche Beute fällt dem Sieger zu. Am Ende eines Feldzugs bezieht man Winterquartiere, möglichst in einem Gebiet, das noch nicht ausgesogen ist und mit dessen Hilfe die Söldner »erfrischt« werden können. Dann ruht im allgemeinen vom Spätherbst bis zum März jede Kriegstätigkeit, doch so unternehmende Anführer wie Gustav Adolf oder Bernhard von Weimar halten sich nicht immer an die Regeln. Jede eingenommene Stadt schwächt das Heer durch die Abgabe von Besatzungen und begünstigt eine Zersplitterung der Kräfte. Erst wenn die Pferde Futter auf der Weide finden, rücken die Verbände wieder ins Feld. So ist es auch noch im Zeitalter König Friedrichs II. von Preußen mehr als hundert Jahre später.

Heeresaufbringung und Söldnermotivation

Das Söldnerheer dieser Epoche ist noch keine staatliche militärische Einrichtung. Es tritt vielmehr in den Dienst des Feldherrn, der das erforderliche Geld für seine Bezahlung aufbringen will und kann. Dem Charakter einer Söldnerarmee entsprechend rekrutieren sich die Truppen durch Werbung. Die Nationalität spielt dabei keine Rolle. Bei Kriegsbeginn bestimmt meist der Glaube die Fahne, der man folgt. Tilly gestattet in der noch disziplinierten Ligaarmee keine willkürlichen Plünderungen – so ist Magdeburgs Plünderung nach dem damaligem Kriegsrecht durchaus erlaubt –, sondern regelt den Unterhalt seiner Truppen durch Vereinbarung mit den Landständen der Territorien, die er besetzt hält. Mansfeld und der »tolle Christian« kommandieren Einheiten, die Räuberbanden ähneln, und plündern ohne Unterschied bei Freund und Feind. Der Condottiere Wallenstein gibt nur Anritt- und Werbegeld her und streckt den ersten Monatssold vor, dann muß der Krieg den Krieg ernähren, d. h. er zieht überall hohe Kontributionen ein. Aus seinem Herzogtum Friedland, wo er eine blühende Kriegsindustrie aufbaut, läßt er Bekleidung, Waffen, Munition und Verpflegung heranschaffen, verbindet also gezielt sein Militärkommando mit geschäftlichem Unternehmertum. Er ernennt ohne Rücksicht auf Nationalität, Konfession oder ihre bisherige Dienstzeit viele kriegstüchtige Offiziere zu Obristen, die selbst ihre Regimenter aufbringen und befehligen, wobei sie sich bemühen, ihre Auslagen durch Ausübung ihrer üblichen Straf- und Begnadigungsrechte, Verkauf der Kriegsbeute, Stellenvergabe, oft aber auch durch Erpressungen und Übervorteilung ihrer »Soldateska« – dieses Wort bezeichnet das »Kriegsvolk« ganz allgemein und wird damals nicht abschätzig verwendet – möglichst rasch wieder einzubringen.

Söldnerwerbung und militärisches Unternehmertum

157

Bei den Subalternen bestimmt ihr Dienstalter den Rang, es ist daher gleichgültig, in welcher Truppe ein Korporal oder ein Hauptmann vorher gedient hat. Erwünscht sind den Obristen vor allem junge Adelige, die eine Anzahl bewaffneter Gefolgsleute mitbringen. Wer einen solchen Trupp auf eigene Kosten anwirbt, kann auf einen Offiziersrang Anspruch erheben. Kurfürst Maximilian von Bayern stellt den jungen Rheinländer Adrian Wilhelm Freiherrn von Virmond (1613–1681), Herrn zu Neersen, den Sohn eines in Köln im Zweikampf getöteten kaiserlichen Generals, sofort als Obristleutnant in seine Armee ein, obwohl Adrian vorher nicht gedient hat. Er ernennt ihn schon wenig später zum Kommandanten von Augsburg, wo der energische Virmond 1647/48 auch in sehr schwierigen Situationen voll das Vertrauen seines Kriegsherrn rechtfertigt.

Militärstrafen und Duellunwesen Selten wird gegen höhere Offiziere hart durchgegriffen; immerhin läßt Wallenstein im dänischen Feldzug 1627 den Obristen Adam Wilhelm von Schellart, Herrn zu Gürzenich (bei Düren), im Feldlager vor Rendsburg als Plünderer nach Kriegsrecht enthaupten. Gegen Meuterer, Marodeure oder Fahnenflüchtige übt er keine Gnade. Die üblichen Militärstrafen sind streng. Neben Arrest und Arbeitsdienst gibt es Degradierung, Ausstoßung und Todesstrafe durch Schwert, Kugel, Galgen oder das Rad. Die kaiserlichen Kriegsgerichte verhängen auch mitunter die Dezimierung (Hinrichtung jedes zehnten Mannes) einzelner Truppenteile bei nachgewiesener Fahnenflucht, etwa nach dem Verlust der zweiten Breitenfelder Schlacht von 1642. Davon betroffene Regimenter werden kurzerhand aufgelöst. Duelle sind unter den Offizieren aller Rangstufen an der Tagesordnung, denn ihre sogenannte »Kavaliersehre« steht auf dem Spiel. So wird Subordinationsverweigerung auf der Stelle geahndet. Als kommandierender General im Münsterland läßt Alexander von Velen den von den Landständen bestellten Stadtkommandanten von Rheine, Obristwachtmeister (Major) Hans Sigismund von Wulff, der ihm den sofortigen Gehorsam verweigert, ohne Kriegsgerichtsverhandlung niederschießen. Der jähzornige Generalwachtmeister Freiherr von Westerholt ersticht in Münster 1637 bei einem Gelage auf der Domimmunität den kaiserlichen Rittmeister Dietrich Klencke. Jan von Werth tötet 1644 in Köln im aufgenötigten Zweikampf den Grafen Philipp Merode, der General Rudolf Colloredo erschießt in Prag im Duell den einzigen Sohn des Feldmarschalls Graf von Pappenheim. Solche Beispiele lassen sich vermehren, denn ein Menschenleben gilt nur wenig. Die Radierungen des Lothringers Jacques Callot (1592–1635) stellen die schrecklichen Ereignisse und die totale Unerbittlichkeit des Krieges höchst eindrucksvoll dar. Darin bringt er seine Ablehnung der französischen Besetzung seines Heimatlandes zum Ausdruck und weist auf die Tatsache hin, daß die Sucht nach Bereicherung eine Haupttriebfeder solcher Greueltaten ist, die strengste Bestrafung erfordern. Raub und Brandschatzung, Morde und Vergewaltigungen kommen im Überfluß vor. Realistische Radierungen mit grausigen Kampfszenen stammen von dem Augsburger Hans Ulrich Franck (1603–1660) und rufen beim heutigen Betrachter Betroffenheit wach.

Als Exempel für die internationale Zusammensetzung einer Truppe kann das Fußregiment des Feldmarschall-Leutnants Gilles de Haes (1597–1657) gelten, das im Herbst 1644 aus abgedanktem italienischem Kriegsvolk aufgestellt wird, wobei der Kurfürst von Bayern die Bewaffnung mit Musketen und Piken im Verhältnis zwei zu eins stellt. Dieses besteht aus 534 Deutschen, 218 Italienern, 54 Polen, 51 Slowenen, 43 Burgundern, 26 Griechen, 24 Lothringern, 18 Dalmatinern, 15 Franzosen, 15 Türken, 14 Tschechen, 11 Spaniern; außerdem gibt es noch fünf Ungarn, zwei Kroaten, zwei Schotten, zwei Sizilianer und einen Iren in diesem »Fremdenregiment« des flämischen Militärunternehmers, das sich 1645 in der Schlacht bei Alerheim hervorragend schlägt. Die Söldner verpflichten sich für einen Feldzug oder auf bestimmte Zeit und leisten einen Eid auf den jeweiligen Kriegsherrn. Ganz verschieden sind die Motive, die die Männer in das risikoreiche Söldnerdasein treiben, das ihnen Ernährung und Soldzahlung verspricht: Abenteuerlust, blanke Not oder Verzweiflung, auch Hoffnung auf Beute und sozialen Aufstieg oder eine Mischung aus allem. Jeder darf sich so herausputzen, wie seine Phantasie und seine Mittel es ermöglichen, denn es ist ein Vorrecht des Soldaten, sich nach Belieben zu kleiden. »Vor allem in Spanien, wo die Bürgerlichen, vom König an abwärts, Schwarz oder Braun trugen, war es eine wahre Augenweide, wenn ein Soldat durch die Straße kam und an den Federn seines Baretts, an Wams und Pluderhosen, Schärpe und Mantel sämtliche Farben des Regenbogens zur Schau stellte« (Ortega y Gasset). Malerisch gekleidet sind besonders die Heerpauker und Feldtrompeter, unentbehrlich als Signalbläser und Begleiter von Parlamentären; in der Zeit des Dreißigjährigen Krieges entstehen die ersten Militärmärsche. Die zum Teil heute noch üblichen Rangbezeichnungen innerhalb der Streitkräfte gehen auf diese Epoche zurück.

Nationalitäten eines Söldnerregiments

Reiterei, Fußvolk, Artillerie

Im Verlauf des Krieges entwickelt sich die Reiterei zur dominierenden Waffengattung. Die schwere Kavallerie setzt sich aus den gepanzerten Kürassieren, die mit zwei Pistolen und langem Stoßdegen bewaffnet sind, und den Arkebusierreitern zusammen, die einen Karabiner (Arkebuse) führen. Ausbildung und Schulung der schweren Kavallerie – sowohl der Pferde wie der Rekruten – brauchen ihre

Schwere und leichte Kavallerie

Zeit, doch sind die gegnerischen Reiterverbände einander wohl eben-
bürtig. Als Elite gelten die bayerischen Regimenter Jan von Werths.
Die irreguläre leichte Reiterei vertreten Lanzenreiter, wie die polnischen oder ungarischen Husaren oder die an der Türkengrenze geworbenen Kroaten, die besonders gefürchtet sind, weil sie von der
Militärgrenze auf dem Balkan an Grausamkeiten gewöhnt sind. »General aller Kroaten« im kaiserlichen Heer wird bereits unter Wallenstein Johann Ludwig Isolano (1586–1640), der bei Lützen den unent-
schiedenen Ausgang der Schlacht mit herbeigeführt hat. Seine Reiter
sind mit ihren Krummsäbeln und Streitkolben für den »kleinen
Krieg«, für jähe Überfälle und weiträumige Aufklärung geeignet,
nicht aber für die Reiterattacke, die mit blanker Waffe im Trab
durchgeführt wird. Die Dragoner stellen berittene Infanterie dar und
können zum Gefecht zu Fuß absitzen. Die Zahl ihrer Regimenter
nimmt erst in der zweiten Kriegshälfte zu, doch besoldet auch der
bayerische Kurfürst ein Kroatenregiment. Die kaiserliche Armee verfügt 1637 über 19 kroatische Regimenter, während sie 1625 nur ein
einziges dieses Typs besitzt.

Bedeutung des Pferdes als Reit- und Zugtier

Wie Werths häufig wiederholte Klagen zeigen, macht sich in den
letzten Kriegsjahren der Mangel an guten Reitpferden für die Kavallerie fühlbar. Bei Feldzügen kommen Pferde immer schnell um,
wenn man ihnen nicht regelmäßig Ruhepausen gewährt und sie weiden läßt. Zugpferde werden für die Artillerie und die Trosse in großer
Anzahl benötigt, Pferderaub ist daher ein verbreitetes Delikt und
kann mit dem Tode bestraft werden. Die kaiserliche Kavallerie muß
häufig in Ungarn oder Polen beritten gemacht werden. Beutepferde
fallen übrigens den Söldnern, nicht aber dem Kriegsherrn zu. In der
letzten Periode des Krieges ist die Kavallerie aller Feldarmeen zahlen-
mäßig stärker als die eigene Infanterie. Nur sie kann schneller das
Terrain wechseln und Fourage finden; wer gute Beute gemacht hat,
nimmt Dienst unter der Reiterstandarte. Auch hat Reiterei im Kampf
gewöhnlich geringere Verluste als das Fußvolk, was zu ihrer Anzie-
hungskraft beiträgt.

Wechselnde Stärkezahlen der Regimenter

Freiwillige, die sich auf eigene Kosten ausrüsten, nennen sich
»Freireuter« und sind meist junge Adelige oder Angehörige höherer Offiziere, die auf Beförderung dienen. Sie unterhalten eigene
Knechte oder Reiterbuben. Jede Truppe benötigt zahlreiche Reit- und
Packpferde. Im Kriegsverlauf können die Personal- und Materialver-
luste fast nie rechtzeitig ersetzt werden, so daß die wirkliche Stärke
immer wieder hinter die Sollstärke zurückfällt, weshalb die Regimenter auch über ganz verschiedene Kopfzahlen verfügen. Um zwei Beispiele zu nennen: 1647 hat das bayerische Reiterregiment Werth einen Stand von 1982 Köpfen, nur etwa die Hälfte sind Reiter, die andere Hälfte aber Frauen, Kinder, Reiterbuben und Troßknechte. Im
Jahre 1649 zählt – nach der Abrüstung – sein nunmehr kaiserliches

Regiment in acht Kompanien zu Pferd noch 618 Reiter. Sporcks Regiment zu Roß hat im Jahre 1645 zehn Kompanien zu 1153 Mann; hinzu kommen nach der Sitte jener Zeit 606 Reiterjungen und 689 »Weibspersonen« im Troß, die der fechtenden Truppe auf Wagen und Karren folgen. Auch der Troß ist militärisch organisiert und muß zur Disziplin verpflichtet werden; er untersteht strenger Aufsicht durch den Profoß. Wer seine Truppe verlassen will, erhält auf Anforderung vom Obristen einen »ehrlichen Abschied«, d. h. eine schriftliche Beurkundung seines bisherigen Wohlverhaltens. Die Zahl der Deserteure und Überläufer, die ohne Erlaubnis entweichen, ist natürlich in Notlagen oder bei Rückschlägen immer groß. Rangniedere Gefangene werden gewöhnlich »untergesteckt« und müssen die Partei wechseln, bis das launische Kriegsglück wieder umschlägt.

Regimentsinhaber kaufen oft die sogenannte »Kommißausrüstung«, gleiche Ausrüstungsgegenstände wie Trabharnische und *Ausrüstung und Landsmannschaften*
Handwaffen, bei Kriegslieferanten ein und geben sie an ihre Söldner
80 weiter. Sie müssen die von den Verwundeten und Ausreißern weggeworfenen blanken Waffen, Musketen und Arkebusen möglichst rasch ersetzen. Der Troß sammelt solche nach dem Kampf auf den Schlachtfeldern wieder auf. Es fehlt nicht an Bestrebungen, die so buntscheckig zusammengewürfelten Truppen mit einem gewissen »Zunftgeist« des Berufssoldaten zu erfüllen. Der 1647 neu ernannte kaiserliche Oberbefehlshaber Melander schlägt dem Kaiser vor, die Regimenter künftig nach Landsmannschaften oder Nationalitäten einzuteilen und fremden Offizieren ausländische Formationen zu verleihen, wie das in Spanien, in Frankreich und bei den Generalstaaten längst der Brauch sei. Im kaiserlichen Heer möge man Regimenter etwa aus Westfalen, Braunschweigern, Holsteinern errichten, was sich bewähren werde und das kriegerische Ehrgefühl stärke, weil Landsleute, Freunde und Verwandte sich im gemeinsamen Kampf nicht so leicht im Stich lassen würden. Aus diesem Grund zieht Jan von Werth so gern Leute vom Niederrhein in seine Umgebung; sie gelten ihm eben verläßlicher als andere. Seine fünf Brüder dienen sämtlich in der kurbayerischen Armee, mehrere sind im Krieg geblieben, nur der Jüngste hat ihn überlebt.

Das Fußvolk trägt Musketen – Vorderlader mit geringer Reichweite *Pikeniere, Musketiere, Feldzeichen*
– und Degen; zur Ausrüstung gehören Pulverhorn und Kugeltasche
sowie eine Gabel, auf welche die Muskete zum Zielen aufgelegt wird. Es ficht im Kampf in starren Formationen, wobei die halbgepanzerten Pikeniere, die mit ihren 4,5 Meter langen Spießen das Rückgrat der Infanterie bilden, wandelnde Carrés darstellen, die mit einer »Schützenhecke« umgeben sind. Viele der zeitgenössischen Schlachtendarstellungen besonders der ersten Kriegshälfte zeigen diese fast
85 viereckigen Formationen. Alle Handgriffe beim Laden und Schießen sowie das Tragen und Fällen der Piken müssen durch harten Drill

vermittelt werden. Der Schießvorgang zerfällt in zahlreiche präzise festgelegte Einzelgriffe, die eingeübt werden, um sich nicht gegenseitig zu verletzen. Jede Kompanie schart sich um ihre Fahne, die Reiterkompanien führen bunte Standarten nach dem Geschmack des derzeitigen Regimentsinhabers. Solche Feldzeichen sind die Gradmesser des Sieges, ihre Eroberung ist eine Belohnung wert. Sie werden von der katholischen Seite gern als Weihgeschenke in Kirchen aufgehängt. Ferdinand II. schickt nach der Nördlinger Schlacht solche erbeuteten Trophäen als Siegeszeichen an die deutsche Nationalkirche S. Maria dell'Anima in Rom.

Leichte und schwere Artillerie

Noch wenig bedeutend ist die Artillerie, die dem Feldzeugmeister untersteht. Es gibt Feldschlangen und Kartaunen, die bei der Aufstellung zur Schlacht meist vor der Front in Stellung gebracht werden und Vollkugeln und Kartätschen abfeuern. Ein Stellungswechsel der Kanonen ist unüblich, sie gehen daher in jedem unglücklichen Gefecht verloren. Namentlich die Schweden verfügen unter Torstensson über gut ausgebildete Konstabler und leichte gußeiserne Regimentsgeschütze, die bei Breitenfeld und Jankau verheerende Wirkungen erzielen. Das schwere Geschütz wird bei Belagerungen eingesetzt und soll Bresche schießen. Viele Kanonen (»Stücke«) auf den Wällen der Festungen vermitteln den Eindruck der Uneinnehmbarkeit und dienen mehr der Abschreckung. Nur selten werden Städte durch Sturmangriffe eingenommen, meist kapituliert die Besatzung frühzeitig und erhält dann freien Abzug. Der Prinz Friedrich Heinrich von Oranien bekommt den ehrenden Beinamen eines »Städtebezwingers« und gilt auf dem niederländischen Kriegsschauplatz als Belagerungsspezialist. Eine Verweigerung der rechtzeitigen Kapitulation nach der Öffnung einer Bresche durch Artilleriebeschuß entbindet den Angreifer von seiner üblichen Verpflichtung zur Schonung der Verteidiger und gewährt ihm das Recht zur Plünderung. Der Belagerungskrieg erfordert mühevolle Erdarbeiten, wozu oft der Troß – auch der weibliche – und die örtliche Landbevölkerung aufgeboten werden müssen, denn die Söldner übernehmen solche Mühen recht ungern.

Antriebskräfte: Beutegier, Patriotismus

Veteranen als Rückgrat der Truppe

Eine echte Bindung an die Fahne oder den Feldherrn besitzen die Veteranen, die den Kern der Truppe bilden und weniger anfällig für Panik und Fahnenflucht sind; sie vermögen neu eingestellte Rekruten oder die zwangsweise eingereihten Gefangenen, die unbedenklich übernommen werden, um die Lücken zu füllen, zu integrieren. Vermittelt doch die Gemeinschaft der Kompanie – weniger die eines Regiments – ein Mindestmaß an kollektivem Schutz. Neuere Untersuchungen über die französische wie die kaiserliche Armee haben ergeben, daß die Mehrzahl der Soldaten während einer Dienstzeit von bis zu vierzig Jahren ihre alten Truppenteile überhaupt nicht oder nur bis zu zweimal gewechselt hat. Graf Tilly kann sich darauf berufen, daß er inmitten seiner Veteranen während sieben großer Schlachten nie selbst von seinen Pistolen Gebrauch machen mußte. Wer jedoch durch Verwundung oder Krankheit von seiner Truppe abkommt, erleidet vielfach das Schicksal des bindungslosen Marodeurs, dessen Leben durch die erbitterte Landbevölkerung gefährdet ist.

Die schwedischen Truppen werden anfangs durch eine Art von Konskription ausgehoben, die meist die Bauern aus dörflichen Siedlungen, keine Stadtbewohner erfaßt; es steht außer Frage, daß der deutsche Krieg in Schweden und in Finnland eine Entvölkerung des platten Landes zur Folge hatte. Die spanischen Armeen werden regelmäßig durch begnadigte Sträflinge verstärkt. Für einen Söldner ist die Aussicht auf Beute und Lösegeld ganz wichtig, denn die Beraubung des unterlegenen Gegners bietet eine Chance, wohlhabend zu werden. So verspricht z. B. Jan von Werth seinen Reitern beim Einfall in Frankreich 1636, sie alle in Feindesland »reich zu machen«; im ersten Treffen bei Rheinfelden rückt seine Reiterei »aus Begierde der Beute und großer Armut auf die feindliche Bagage los, um etwas zu erobern«. Im Kampfbericht über den geglückten Überfall bei Tuttlingen heißt es: »Angehend die Beuten hat man einen Monatssold an barem Gelde, für mehr als 100 000 Kronen Silbergeschirr, über die Maßen stattliche Rosse, köstliche Kleinodien, prächtige Kleidungen . . . bekommen.« An ähnlichen Belegen mangelt es für beide Seiten nicht; gute Beispiele finden sich etwa in Robert Monros Schilderung der Feldzüge des Schottenregiments Mackay, das im August 1626 für den König von Dänemark aufgestellt wird, im November 1629 in Stärke von 1400 Mann in Gustav Adolfs Dienste übertritt und wegen hoher Verluste nach der Schlacht bei Nördlingen im September 1634 in Worms auf nur eine Kompanie reduziert werden muß.

Für die Feldschlacht, die keineswegs übereilt, sondern nur gezwungen unternommen wird, haben sich in der Taktik feste Regeln herausgebildet. Die Reiterei steht in der Schlachtordnung auf den Flügeln und versucht, die gegnerische Kavallerie in geschlossener Attacke zu werfen und das Fußvolk im Rücken zu umfassen. Die Kanonen fahren im Zentrum auf und leiten den Kampf ein. Der Kampfwille der Infanterie wird durch ausgegebenen Alkohol verstärkt; vermutlich gingen die meisten Söldner nicht nüchtern ins Handgemenge. Augustin von Fritsch (1599–1662), ein bayerischer Veteran, der vom einfachen Musketier zum geadelten Obristen aufgestiegen ist und 34 Jahre seinem Kurfürsten dient, dabei »in solcher Zeit

15

17

91

Beuterecht und Lösegeld für Gefangene

Steigerung des Kampfwillens durch Alkohol

12 offentlichen Feldschlachten . . . beygewohnet«, schildert etwa die Kampferöffnung bei Wimpfen, wo der badische Markgraf besiegt wurde: »Nachdem aber unser General Tilly uf jeden Soldaten ein halb Maß Wein geben lassen, seint wir alßdann alsobalden uffgebrochen und uf den Feind loßgangen . . . da er dann schröcklich mit Stücken under uns geschossen.« Nahezu überall, wo alkoholische Getränke als »Marketenderware« zur Hand sind, wird vor einer Schlacht getrunken. Wichtig ist auch das Beispiel der Führer, die ihr eigenes Leben sichtbar der Gefahr aussetzen, wie etwa Ottavio Piccolomini, unter dem bei Lützen drei Pferde erschossen werden, oder Werth, der mehrfach verwundet wird. Auch ist echter Patriotismus durchaus vorhanden. Ein Beispiel gibt Fritsch: So geraten bei der Erstürmung der Rheinbrücke bei Rheinfelden der weimarsche Obristleutnant von Andlau und der bayerische Hauptmann Zinck ins Handgemenge. Andlau begehrt von seinem »Vetter und Bruder« Schonung für sich und seine Leute (das sogenannte »Quartier«), doch Zinck entgegnet: »Vetter, Du bist ein Schelm und dienst wider den Kaiser und Dein Vaterland!« und stößt ihn mit der Partisane nieder.

Heimat-
verteidigung als
Kampfmotivation

Die 1632 erzielten Erfolge Pappenheims auf dem nordwestdeutschen Kriegsschauplatz gegen die Schweden und Hessen lassen sich auch damit erklären, daß seine Soldaten in der Verteidigung ihrer Heimat fechten. Der Feldmarschall schreibt Wallenstein, sein Kriegsvolk bestehe meist aus Leuten, die vom Feind »abgebrannt, verderbt und desperiert« seien, weshalb er sich »hierzulande« auf sie verlassen könne; sollten sie aber gezwungen werden, ihre Weiber, Kinder und verbrannten Höfe zu verlassen, würden sie bald entlaufen. Das ist dann bei Lützen der Fall gewesen. Viele seiner Reiter schlagen sich danach wieder zu den Ligatruppen im heimatlichen Westfalen durch. Freikorps unter selbstgewählten »Bauernoffizieren« unterstützen die katholische Partei und verhindern 1633/34 die Huldigung des Paderborner Landtags für den Landgrafen von Hessen. Jan von Werth betont, er wolle »wider die ausländischen Kronen, die mit dem Römischen Reich nichts zu tun haben«, seine äußersten Kräfte »bis auf den letzten Blutstropfen« einsetzen; das spricht für seinen Patriotismus. Ähnlich denkt auch sein Kamerad Johann Sporck, der noch im Jahre 1664 bei St. Gotthard an der Raab gegen die Türken eine berühmte Attacke der kaiserlichen Kavallerie persönlich anführt, wofür ihn Kaiser Leopold I. in den erblichen Reichsgrafenstand erhebt. Beide bei ihren Untergebenen beliebte Reitergeneräle haben nie die Fronten gewechselt.

Religiös-
konfessionelle
Beweggründe

Als Antriebskraft darf die religiöse Motivation nicht ganz unterschätzt werden. Vor dem Angriff in der Schlacht am Weißen Berge dringt der spanische Karmelitermönch Dominicus de Jesu Maria in den Kriegsrat der Generäle vor und fordert sie auf, »den Mut zum Siege aus dem Glauben an die Hilfe Gottes, der heiligen Jungfrau und aller Heiligen zu schöpfen«. Die Feldgeistlichen nehmen den Truppen die Beichte ab und teilen die Kommunion aus; der Herzog Maximilian gibt das Feldgeschrei »Sancta Maria« an. Da »ging etwas von dem Geist des Mönchs, wie durch die Führer, so auch durch die Armee« (Moriz Ritter). König Gustav Adolf betet nach seiner Gewohnheit angesichts seines Heeres vor dem Kampfbeginn, auch Herzog Bernhard von Weimar ist ein bibelfester Protestant, der im Lager regelmäßige Betstunden abhalten läßt. Vor dem Marsch in die Schlacht bei Breitenfeld stehen die schottischen Söldner die ganze Nacht unter Waffen in Bereitschaft, wie Robert Monro angibt: »Indem wir unsere Sünden bekannten, unsere Herzen und Hände zum Himmel erhoben, erflehten wir in Christi Namen in unserem öffentlichen Gebet und in geheimen Seufzern Vergebung. Wir befahlen uns, unseren Erfolg und die künftigen Ereignisse des Tages Gott an, unserem Vater in Christo.« Der Schlachtruf der Schwedenarmee lautet: »Gott mit uns.« Bei den Bayern sorgt der Kurfürst für Ordensleute, die vor dem Kampf die Messe lesen und die Sakramente spenden. Jan von Werth stiftet zweimal Votivbilder für Altäre und unternimmt nach seinem Austausch auch eine Wallfahrt nach Altötting. Sein rheinischer Landsmann und Feldkaplan Gerhard Vynhoven übt Einfluß auf Werths umstrittene Entscheidung aus, die bayerische Reiterei 1647 nach dem Ulmer Waffenstillstand Ferdinand III. zuzuführen und wird dafür trotz des Fehlschlags vom Kaiser mit einer »Gnadenkette« belohnt, die sich in seinem Nachlaß befunden hat. Solche Ketten mit der Herrschermedaille entsprechen den späteren Kriegsorden.

Die Tötung unbewaffneter Gefangener verstößt gegen das fünfte Gebot und ist bei Christen verpönt, doch werden die Toten und die Verwundeten mitleidslos ausgeplündert. Ein Wallone, der auf Raub ausgeht, herrscht am Morgen nach der Schlacht am Weißen Berge den auf seinem toten Pferd liegenden schwer verwundeten Pappenheim an: »Kerl, wer bistu? Du hast gute Hosen, Du mußt sterben!« Pappenheim, damals schon Obristleutnant über fünf Kompanien Kürassiere, verspricht ihm tausend Taler für seine Rettung, worauf der Wallone ihn auf seinem eigenen Gaul nach Prag zum Chirurgen bringt. Während die Gemeinen bei ihrer Gefangennahme »untergesteckt« werden, behandelt man die höheren Ränge gut. Sie erhalten sogar Vorschuß auf ihr zu erwartendes Lösegeld, das sich nach dem Dienstgrad bemißt. Im übrigen regeln schon ausführliche Dienstanweisungen die Aufgaben der Chargen, die Marschordnung und den Lagerdienst; erhalten hat sich z. B. eine solche für Offiziere und Unteroffiziere des kaiserlichen Fußregiments Virmond, die ein recht anschauliches Bild vom praktischen Dienstbetrieb eines Söldnerregiments der damaligen Zeit entrollt. Der Obristenrang ist derart einträglich, daß vermögende Offiziere mit Rücksicht auf die materiellen

Schriftliche Dienstanweisungen

165

Vorteile gern gleichzeitig mehrere Regimenter errichten. Was zur normalen Ausstattung eines solchen Regimentskommandeurs gehört, sieht man aus der Inventaraufnahme vom Nachlaß des 1631 bei Breitenfeld gefallenen rheinischen Obristen Wilhelm Freiherr von dem Bongart, der 1620 als Kürassierkornett seine Laufbahn begonnen hat und insgesamt 64 Reit- und Zugpferde sein eigen nennt. Am Morgen der entscheidenden Schlacht macht er im Angesicht des Feindes sein Testament, das seiner Gesinnung ein sympathisches Zeugnis ausstellt.

Verluste durch Seuchen und Hungerkrisen

Schlimmer als Gefechte und Schlachten sind Seuchen und Epidemien gewesen, die in den Standlagern ausbrechen. Die ärztliche 197 Kunst ist noch ganz unterentwickelt, schon leichtere Verletzungen führen den Tod herbei. Typhus, Ruhr und Skorbut dezimieren vor allem bei längeren Belagerungen ganze Armeen. Fast immer ist die Lebensmittelversorgung unzureichend, verhungerte Soldaten sind in allen Feldzügen dieses Jahrhunderts anzutreffen. Beim Nahen größerer Heere flieht die geängstigte Landbevölkerung in die benachbarten Städte, wo sie ihr Vieh und auch ihre Vorräte aus Not verkauft oder aufzehrt, so daß die Nahrungsmittel auf dem platten Lande fehlen. Hungerkrisen treten zunächst im Troß auf, weil sich die Versorgung einer Armee immer nur auf die kämpfende Truppe bezieht, wie Graf Gronsfeld so anschaulich schildert. Größere Städte verschließen den Heeren ihre Tore und kaufen die verlangte Einquartierung mit hohen Summen ab; das nennt man eine »Salvaguardia« erwirken. Es 206 ist gesichert, daß die meisten großen Städte während des gesamten Krieges gar keine feindlichen Soldaten in ihren Mauern gesehen haben, daß die bekannten Handelsmetropolen zumeist noch einen Bevölkerungszuwachs verzeichnen können, weil sie unentbehrliche Umschlagplätze für Heeresgüter aller Art sind, wie etwa Köln, Bremen, Hamburg, Frankfurt am Main, Straßburg oder Wien. Lennart Torstensson stellt im Januar 1643 für den ungehinderten Verkehr der Kaufleute zur Leipziger Messe schwedische Geleitsbriefe aus.

Eine Quelle zur Sozialgeschichte

Unmittelbare Hilfe finden die erkrankten oder verwundeten Soldaten gewöhnlich nur bei ihrer Einheit, wo in jeder Kompanie ein »alter« erfahrener Korporal als »Führer« für seine Kameraden zu sorgen hat. Ein solcher »Führer« – heute würde man ihn als Sanitätsfeldwebel bezeichnen – hat für den Zeitraum von 1625 bis 1649 ein recht aufschlußreiches Kriegstagebuch geführt, das erst 1993 publiziert wurde und als Quelle zur Sozialgeschichte der militärischen Unterschicht neben das »Tagbuch« des Augustin von Fritsch tritt, der als Kommandant der Stadt Weiden in der Oberpfalz seinen Lebenslauf seinen Kindern »zum Trost und Gedächtnis« aufzeichnet. Jener unbekannte Autor, der 1625 in venezianische Dienste tritt, ist seit 1627 Gefreiter im ligistischen Infanterieregiment Pappenheims, wird bei der Plünderung Magdeburgs verwundet, nimmt an allen Schlachten der bayerischen Armee teil, wird 1633 bei Straubing gefangen und unter Zwang Sergeant bei den Schweden, doch nach Nördlingen erneut Korporal im alten Regiment. Seit 1635 ist er unter Werths Kommando bei vielen Gefechtshandlungen der Bayern dabei und steht bei Kriegsende in der Stadt Memmingen. Nüchtern und knapp skizziert er seine Kriegserlebnisse als Lebensrückblick eines Veteranen. Man hat berechnet, daß er zwischen 1625 und 1649 etwa 25 000 Kilometer zurückgelegt hat, Luftlinie wohlgemerkt, eine imponierende Marschleistung.

Auch die »Kriegserinnerungen« des Grafen Gronsfeld zur ersten Kriegshälfte enthalten interessante Einzelheiten, wenngleich ihr Wert darunter leidet, daß er seine eigene Tätigkeit als Pappenheims unglücklicher Nachfolger mit Schweigen übergeht. Über die Magdeburger Feuersbrunst überliefert ein Feldprediger, der Jesuitenpater Kaspar Wiltheim, wertvolle Angaben in seinem »Itinerarium«, und auch der Feldkaplan des irischen Obristen Walter Butler, Thomas Carve aus Tipperary, hat seine Eindrücke als Seelsorger aller Engländer und Schotten der kaiserlichen Armee festgehalten. Über die spanischen Verhältnisse orientieren die Memoiren des abenteuerlichen Capitán Alonso de Contreras; seine Autobiographie bricht 1633 unvermittelt ab. Ebenso bunt und wechselhaft verläuft auch das Leben des hochadligen Don Diego Duque de Estrada (1589–1649), den es zeitweise nach Siebenbürgen verschlägt, der als Schützling des Feldmarschalls Baltasar Marradas in Böhmen weilt und als Mönch im Orden der Barmherzigen Brüder in Sardinien stirbt. Bei einer ihm 1630 gewährten Kaiseraudienz in Wien bezeichnet er sich auf die Frage nach seinem Rang kurz als »Soldado de fortuna«. Zwei Briten, der Obrist Robert Monro, der 1637 die »ruhmreiche Geschichte des Schottenregiments Mackay« herausgibt, und Sir James Turner, ebenfalls schottischer Offizier in dänischen und schwedischen Diensten, berichten recht anschaulich über ihre kriegerischen Erlebnisse. Natürlich haben auch französische Kriegsteilnehmer interessante Memoiren hinterlassen, so der Herzog Antoine de Gramont – bis er den väterlichen Titel erbt: Graf Guiche –, der unter Tilly in der Ligaarmee dient, zeitweilig in Wallensteins Umgebung weilt und 1641 als Mann einer Nichte Richelieus Maréchal de France wird, oder der Lothringer François de Bassompierre, der ebenfalls zum Marschall Ludwigs XIII. aufsteigt, dann aber als Gefangener des Kardinals drei Jahre in der Bastille verbringen muß, aus der ihn erst 1642 Richelieus Tod befreit.

'91

'24

Lebens-erinnerungen von Söldneroffizieren

Die Soldaten von Fortune

Das Söldnerdasein bietet manche Aufstiegsmöglichkeiten. Der entscheidende Sprung zum Aufstieg in höhere Ränge ist der vom Kom-

Der Bauernsohn Jan von Werth

paniführer (Hauptleute und Rittmeister), wozu sich noch zahlreiche bewährte Soldaten heraufdienen können, zum Obristen und Inhaber eines eigenen Regiments. Mit der Bildung solcher Berufssoldaten ist es schlecht bestellt, es gibt unter den Obristen und Generälen durchaus Analphabeten, die nicht lesen und nur mit Mühe ihren Namen kritzeln können. Das wohl berühmteste Beispiel dafür ist der vom Dichter Grimmelshausen »zu seiner Zeit als unvergleichlich« gerühmte Jan von Werth, ein Bauernsohn aus dem Dorf Büttgen (bei Neuss), der »durch seine wunderbare Geschwindigkeit den Feinden so erschrecklich und überall so berühmt wurde, daß viele von ihm sagten, es wäre aus des tapfern Grafen von Pappenheim Asche, die vor Lützen blieben, wiederum ein junger Phönix hervorkommen«. Seine in die Feder diktierten Schreiben besitzen individuelle Farbe, treffenden Humor und geben ein faszinierendes Persönlichkeitsbild. Er wird nach der Schlacht bei Nördlingen kurbayerischer Feldmarschall-Leutnant und Reichsfreiherr, bringt es zum Oberbefehlshaber der gesamten bayerischen Kavallerie und stirbt als Besitzer der böhmischen Herrschaft Benatek. Mit ihm steigt seine Sippe sozial auf, denn am 4. April 1635 erteilt Kaiser Ferdinand II. mit koloriertem Wappenbrief sieben Familienangehörigen, die sämtlich als Offiziere dienen, eine erbliche »Adelsbestätigung als rittermäßige Edelleute«. Die Kosten des Diploms für seine Brüder und Vettern trägt Jan von Werth.

Johann Sporck aus dem Delbrücker Land   Einen ganz ähnlichen Aufstieg erlebt Johann Sporck, Sohn eines leibeigenen Bauern zu Westerloh im Delbrücker Lande des Fürstbistums Paderborn. Er ist 1631 noch Kornett, 1636 aber bereits Obristwachtmeister (Major) und befehligt seit 1640 ein bayerisches Reiterregiment. Beim Kriegsende ist er ebenfalls Reichsfreiherr und kaiserlicher Feldmarschall-Leutnant sowie Besitzer der böhmischen Herrschaft Lissa; er stirbt erst 1679 als Reichsgraf, General der Kavallerie und einer der reichsten Grundbesitzer Böhmens; dazu hinterläßt er seinen Kindern drei Millionen Gulden. Beide Reiterführer kommen aus der Ligaarmee des Kurfürsten Maximilian von Bayern, der noch alle höheren Befehlshaber seiner Truppen persönlich kennt und von ihnen auch höchste Pflichterfüllung erwartet. Zwar ist er sehr sparsam, ja geizig, und übt genaue Kontrolle über alle Militärausgaben, die er durch seine Kriegskommissare penibel überwachen läßt, doch wird er als »weiser Kriegsfürst« und strenger »Soldatenvater« von seinen Söldnern respektiert, die ihm auch 1647 beim Übertritt Werths zum Kaiser treu bleiben.

Vier Feldmarschälle als »Aufsteiger«   In der kaiserlichen Armee gibt der Luxemburger Johann Aldringen (1588–1634) aus bürgerlicher Familie ein gutes Beispiel ab für den sozialen Aufstieg vom einfachen Kanzleischreiber zum Feldmarschall und Reichsgrafen; er fällt als Verteidiger von Landshut im Abwehrkampf gegen die Schweden, nachdem er lange Wallensteins Vertrauter und rechte Hand bei der Heeresaufbringung gewesen ist. An die Spitze der letzten kaiserlichen Feldarmee gelangt der aus ganz einfachen Verhältnissen stammende Peter Melander. Er wird in Hadamar als Sohn des Landreiters Wilhelm Eppelmann geboren, ändert seinen Namen, dient nacheinander in den Niederlanden, der Republik Venedig, dem Landgrafen von Hessen-Kassel, dem Kölner Kurfürsten und dem Kaiser, der ihn 1641 in den erblichen Reichsgrafenstand erhebt. Er kauft die Grafschaft Holzappel an der unteren Lahn, wird 1647 kaiserlicher Oberbefehlshaber und fällt im Gefecht bei Zusmarshausen. Seine Tochter wird bereits von einem Prinzen von Nassau geheiratet. Ähnliche Beispiele solch erfolgreicher Generäle oder Obristen aus ganz unbegüterten Familien, die es zu großem Grundbesitz und Reichtum bringen, lassen sich für die kaiserliche Seite mehrfach belegen. Spanier wie Don

208 Baltasar Marradas (um 1560–1638) aus Valencia, Komtur des Malteserordens, der 1626 zum Feldmarschall befördert wird und als Statthalter von Böhmen stirbt, oder Wallonen wie Wilhelm Lam-

211 boy (um 1590–1659), einer der Obristen Wallensteins, der nach Kriegsende auf seinem Schloß Dimokur als Reichsgraf und Feldmarschall lebt, bieten dafür Hinweise, bildet sich doch im Königreich Böhmen eine neue Adelsschicht, ihrer Herkunft nach habsburgisch-international, deren Nachkommen bis ins 20. Jahrhundert hier begütert bleiben.

210   Ottavio Piccolomini, Florentiner von Geburt, erhält 1639 vom spanischen König den Titel eines Herzogs von Amalfi und wird 1654 sogar in den deutschen Reichsfürstenstand erhoben. Der Italiener ist Kunstsammler und läßt seine Kriegstaten in großen Schlachtenge-

228 mälden durch den Brüsseler Hofmaler Pieter Snayers (1592–1667) darstellen, der natürlich niemals selbst an einer der Kampfhandlungen teilgenommen hat, die er nach schriftlichen Anweisungen Piccolominis so detailgenau malt. Er lebt in Wien oder auf seiner böhmischen Herrschaft Nachod und heiratet in zweiter Ehe eine sächsische

208 Prinzessin. Der gleichaltrige Däne und Protestant Heinrich Holk (1599–1633) ist zeitweise sein schärfster Rivale in der Gunst Wallensteins. Er dient unter dem »tollen Christian« bei Höchst und Fleurus, dann seinem Monarchen Christian IV. und verteidigt erfolgreich die Stadt Stralsund gegen den belagernden Friedländer. Doch um 1630 vollzieht er den Frontwechsel und wird in nur 14 Monaten vom Obristenrang zum kaiserlichen Feldmarschall und Reichsgrafen befördert. Er führt als unerbittlicher »Capo der Reiterjustiz« den Vorsitz beim Prager Kriegsgericht über die Ausreißer bei Lützen, stirbt aber bei einem Beutezug nach Sachsen September 1633 an der Pest. Sein König läßt ihn 1634 prunkvoll in der Heimat beisetzen. Für Westfa-

211 len sind etwa Graf Alexander von Velen (1599–1675), der Befehlshaber der katholischen Streitkräfte im Münsterland, oder der kaiserli-

*Piccolomini,
Holk, Velen,
Bönninghausen*

che Feldmarschall-Leutnant Lothar Dietrich Freiherr von Bönning-hausen (1598–1657) als erfolgreiche Kriegsunternehmer anzuführen, wobei letzterer auch für Spanien und Frankreich deutsche Söldner-regimenter angeworben hat; er ist bei Kriegsende auf dem Hohen-asperg »Oberkommandant der kaiserlichen Völker in Franken und Schwaben«, kehrt dann aber in das heimische Sauerland zurück, wo er seinen Lebensabend im für 10 000 Taler angemieteten Schloß Schnellenberg bei Attendorn verbringt.

Die Generalität der schwedischen Armee
Bei der schwedischen Generalität sieht es ganz ähnlich aus. Der Ostfriese Dodo von Knyphausen (1583–1636) etwa kämpft unter Mansfeld und dem »tollen Christian« in den Schlachten bei Höchst, Fleurus und Stadtlohn, wird 1629 Gustav Adolfs General und 1633 Feldmarschall. Der Reichskanzler Oxenstjerna schenkt ihm das Amt Meppen im Emsland, doch fällt er in einem Gefecht bei Haselünne. Ein Söldnerführer wie Sperreuter (um 1600–1653) mag den verbrei-teten Frontwechsel belegen. Er wird als Nikolaus Dietrich und Sohn des bürgerlichen Klosteramtmanns in Walsrode bei Fallingbostel ge-boren, nimmt als »Sperreuter« Dienst unter Ernst von Mansfeld, wird dänischer Korporal, 1628 schwedischer Offizier im polnischen Feldzug und 1631 Obrist unter König Gustav Adolf, der ihm Land-besitz in Franken überträgt. Als schwedischer Generalmajor tritt er nach dem Prager Frieden »mit einer namhaften Anzahl Reiter« zum Kaiser über, erhält ein Adelsdiplom, wird Chef eines Regiments und Generalwachtmeister. Er gerät 1638 in Gefangenschaft, muß ausge-löst werden und dient 1646 bis 1650 im Sold Venedigs in Dal-matien, auf Korfu und Kreta; er stirbt als kaiserlicher Statthalter von Vorderösterreich. Ein echtes Gegenstück zu Sporck bildet der einer österreichischen Bauernfamilie entstammende Georg Derfflinger (1606–1695), der es in schwedischen Diensten zum Obristen bringt und 1670 zum Feldmarschall des Kurfürsten von Brandenburg auf-steigt; er gilt als einer der Begründer der preußischen Armee. Hans Christoph von Königsmarck (1600–1663) aus armen märkischem Adel beginnt als einfacher Reiter im Heere Wallensteins, bildet sich dann in der Schule des Schwedenkönigs zum erfolgreichen Partei-gänger aus und durchstreift im letzten Kriegsjahrzehnt mit seinem »fliegenden Korps« auf Plünderungszügen das Reich. Bei seinem Tod ist er Gouverneur der Schweden im Frieden zugefallenen Her-zogtümer Bremen und Verden, sein Vermögen an Bargeld, Darlehen und Grundbesitz beträgt nach moderner Schätzung 1 729 779 Reichstaler. Karl Gustav Wrangel erbeutet über eine Million Taler und stattet sein Schloß Skokloster großzügig mit geraubten Kostbar-keiten aus. Noch heute zeugt ein Besuch von Skokloster nordwest-lich Stockholm vom süddeutsch-böhmischen Kunstgeschmack und Handwerkskönnen (H. Schilling), hat doch mehr als zwanzig Jahre der schwedische Adel auf diese Weise seine Schlösser bereichert.

150

148

Eindrucksvoll bestätigen solche Beispiele Grimmelshausens gewagte Behauptung, daß im Kriege »mit großen Ehren(!) großer Reichtum zu gewinnen sei«.

Söldnerführer im Dienst Frankreichs

Nicht anders steht es bei den Söldnern der französischen Krone, die von König Ludwig XIII. reich belohnt werden. Ein Abenteurer wie Josias von Rantzau (1609–1650) aus holsteinischer Familie entläuft mit 13 Jahren den Eltern, geht in oranische, dänische, kaiserliche – er hilft 1630 Mantua plündern –, schwedische und französische Dienste, wird als Draufgänger und Duellant berühmt und berüchtigt, verliert, angeblich sechzigmal verwundet, ein Auge, ein Ohr, einen Arm und ein Bein, muß in Tuttlingen zwar kapitulieren, wird aber trotzdem nach seiner Konversion 1645 Marschall von Frankreich und stirbt in Mazarins Ungnade in der Bastille. Einen ähnlichen Aufstieg erlebt der Livländer Reinhold von Rosen (um 1604–1667) vom Pagen am schwedischen Hof zu Stockholm zum Reiterobristen bei Lützen und im Gefolge Bernhards von Weimar bei Breisach. Als einer der vier »Direktoren« seiner verwaisten Armee wird er 1641 französischer Generalmajor, gefangen bei Herbsthausen, bald gegen ein hohes Lösegeld ranzioniert, zeitweise in Haft im Schloßturm von Vincennes, weil Turenne ihm Mitschuld an der Meuterei der Weimaraner zumißt, schließlich noch unter Ludwig XIV. Marschall und Herr auf Dettweiler bei Zabern im Elsaß. Auch der Schweizer Johann Ludwig von Erlach (1595–1650), ein gebürtiger Berner, der in fast allen protestantischen Armeen Europas gestanden hat und als Kommandant von Breisach den Kardinälen Richelieu und Mazarin gute Dienste leistet, ist hier zu nennen; auch er stirbt als Marschall. Auf seine Initiative geht der Bürgermeister Wettstein als Bevollmächtigter Basels zu den Friedensverhandlungen nach Münster.

»Strandgut des Krieges«: die Invaliden

»In den Jahren von 1625 bis 1635, auf dem Höhepunkt des Krieges, kämpften eine Viertelmillion Soldaten auf dem Boden des Deutschen Reiches – mehr als jemals zuvor; im Verlauf des 30 Jahre währenden Konflikts müssen über eine Million Männer Kriegsdienst geleistet haben« (G. Parker). Dem Generalleutnant Piccolomini bleibt es vorbehalten, die kaiserliche Armee abzurüsten. Das bedeutet die mühsame Wiedereingliederung einer großen Menge entwurzelter Existenzen in das zivile Dasein. Als der Frieden einkehrt, »da war Europa von allerlei spukhaften, unheimlich grotesken Gestalten bevölkert, von Hinkenden, Lahmen, Krüppeln, die sich bettelnd über den Kontinent hinschleppten, in Lumpen gehüllt, mit denen hier und da ein Überbleibsel vergangenen Glanzes seltsam kontrastierte« (Ortega y Gasset). Doch erstaunlich schnell kehrt nun die Normalität zurück. Das feiert drastisch das »Schertzgedicht, die Früchte des Friedens vorstellent« des Nürnberger Kunsthändlers Paul Fürst: »Der vor(dem) im Feld hat commandiret, der schencket nun den Bauren ein; Der vor den armen Mann vexiret, der hütet jetzt der Eichel-schwein!«

Krieg als Profit-unternehmen
Daß der Krieg weitgehend zu einem Profitunternehmen der Gene-räle und höherer Offiziere geworden war, ist unbestritten, doch sind natürlich nicht nur die Offiziere an diesen gewinnbringenden Ge-schäften beteiligt gewesen. Mit den Angehörigen der militärischen Eliten verbuchen auch die zivilen Vertragspartner, Heereslieferanten, Marketender, Wechsler und Quartierwirte hohe Gewinnspannen, während die Landbevölkerung ins Elend gerät. Grimmelshausen, dessen Kriegsromane einen Spiegel der Epoche bieten, gibt das »alte Sprichwort der ehrlichen Soldaten« wieder: »Sobald ein Soldat wird geboren, sind ihm drei Bauern auserkoren: Der erste, der ihn ernährt, der ander, der ihm ein schönes Weib beschert, und der dritt, der für ihn zur Höllen fährt!« Und er meint weiter: »Die Bauern wurden von den Soldaten Schelmen, und hingegen diese von jenen Diebe ge-nannt, so daß diesem Reden nach kein ehrlicher oder redlicher Mann im Land sich mehr befand; und dannenhero war es nötig, daß der edel Friedensschluß alles Beschehene aufhob, verbesserte und einen jeden wieder redlich machte« (so heißt es in seinem »Springins-feld«).

Bilanz des Schreckens

Die Sicht Egon Friedells: Zufälligkeit
In seiner weitverbreiteten »Kulturgeschichte der Neuzeit« (1928 erstmals publiziert) hat Egon Friedell die »Zufälligkeit« des Dreißig-jährigen Krieges hervorgehoben: »Während die Barockkultur sich an-schickt, ihre ersten dunklen Blüten zu entfalten, sieht man in einem östlichen Winkel Mitteleuropas einen wilden Krieg aufflammen, der, an plötzlichen Zufällen entzündet und doch aus den tiefsten Unter-gründen der Zeitseele hervorbrechend, sogleich gierig weiter rast, sich unaufhaltsam in den halben Erdteil hineinfrißt und, launisch bald hier, bald dort emporlodernd, Städte, Wälder, Dörfer, Felder, Kronen, Weltanschauungen in Asche legt, schließlich aber nur noch seinem eigenen Gesetz gehorcht, indem er wahllos überallhin zün-gelt, wo er noch Nahrung vermutet, bis er eines Tages ebenso rätsel-haft verlischt, wie er entbrannt war, als einzige große Veränderung nichts hinter sich lassend als eine ungeheure gespenstische Leere: zerbrochene Menschen, beraubte Erde, tote Heimstätten und eine entgötterte Welt.« Nach den Erfahrungen zweier Weltkriege ist diese Sicht, die von der historischen Forschung des 19. Jahrhunderts ge-prägt war, gegenwärtig einer mehr nüchternen Betrachtungsweise gewichen. Seitdem sieht man die deutschen Kriegsereignisse eher in ihrem gesamteuropäischen Zusammenhang und versucht, die – ge-

wiß für die einzelnen Opfer schrecklichen – kriegerischen Aspekte besser zu verstehen.

Manche zeitgenössischen Schilderungen der großen Verluste und Verwüstungen sind vermutlich der beiderseitigen Propaganda zuzuschreiben, denn die Kriegführung ist wenigstens in der ersten Hälfte kaum verheerender als in den üblichen bewaffneten Auseinandersetzungen dieses Jahrhunderts. Sofern man moderne Maßstäbe anlegen kann, bleiben die blutigen Verluste angesichts der geringen Heeresstärken und der doch eher seltenen Entscheidungsschlachten gering – genaue Zählungen gibt es sowieso nicht. Militärhistoriker nehmen an, daß die Verluste in Schlachten nur in Ausnahmefällen mehr als zehn Prozent der Beteiligten betragen haben. Explosivstoffe werden noch nicht in großen Mengen hergestellt und sind vergleichsweise unwirksam. Die Feldzüge sind von kurzer Dauer, die einzelnen Territorien werden auch in sehr unterschiedlichem Maße in Mitleidenschaft gezogen. Der feudale Großgrundbesitz bleibt vielfach durch Schutzbriefe oder direkte Bestechung verschont. Die Stadt Münster erwirkt z. B. durch ihre Kontakte zu dem aus Münster stammenden Benedikt Laeke (1590–1653), Abt des reichen Prämonstratenserstifts Klosterbruck (bei Znaim), der sich beim kaiserlichen Beichtvater für sie verwendet, einen Schutzbrief Kaiser Ferdinands III. (1. September 1637). Er untersagt allen kaiserlichen Generälen, Offizieren und Soldaten eigenmächtige Einquartierungen, Kontributionen und Gewalttaten und nimmt Münster samt dem zugehörigen Kirchspiel Senden in Schutz. Die Heerführer haben ein vitales Interesse, das von ihnen besetzte Gebiet zu schonen, damit die Bauern nicht ihre Dörfer verlassen; um ihre Truppen geregelt versorgen zu können, sind sie in der Regel doch bemüht, Massenausschreitungen der Söldner zu verhindern und sie möglichst in guter Disziplin zu halten. Gewiß ist die bäuerliche Landwirtschaft den Auswirkungen der Durchzüge und vor allem der Belastung der Winterquartiere am meisten ausgesetzt, doch verlangt das Kontributionssystem kontrollierte Abgaben und großräumige Landbesetzungen, um die Bauern von der Flucht in die befestigten Städte abzuhalten. Schon nach wenigen Jahrzehnten sind denn auch die gröbsten Schäden durch emsigen Wiederaufbau beseitigt worden. »Nie zuvor sind mehr Kinder geboren worden, zwölf und mehr pro Familie bilden die Regel.« Als der Marschall Gramont im Jahre 1657 durch die Pfalz kommt, die er zwölf Jahre zuvor als eine Wüste verlassen hat, trifft er zu seiner Verblüffung das Land so bevölkert und blühend an, als wenn dort niemals der Krieg gewütet hätte. Alle Angaben über die Bevölkerungsverluste und Kriegsauswirkungen sind nur Schätzwerte. »Die Verwüstung weiter Teile Deutschlands begann erst 1635, als der Krieg alle geregelten Bahnen verließ« (G. Schmidt).

Unterschiedliche Verluste und Verwüstungen

207

226
227

Die schwerstbetroffenen Gebiete mit den vermutlich höchsten Be-
völkerungseinbußen liegen wohl in Brandenburg, Hessen, Bayern,
Thüringen, Württemberg und im Elsaß, wo auch der Viehbestand
etwa auf ein Drittel des Vorkriegsstandes zurückgeht. Im Jahre 1618
soll sich die Bevölkerung (unter Einschluß von Böhmen und Mähren)
auf rund 16 Millionen belaufen haben; um 1650 sei sie auf etwa
12 Millionen Menschen zusammengeschrumpft. Allerdings hat der
Historiker S. H. Steinberg die geschätzten Zahlen zu relativieren versucht und etwas zu pointiert behauptet: »Im Jahre 1648 war Deutschland weder besser noch schlechter daran als im Jahre 1609; es war
lediglich anders, als es ein halbes Jahrhundert zuvor gewesen war«,
doch hat seine anregende Untersuchung vielfach Widerspruch erfahren. Man hat z. B. die genaue Zahl der Opfer im Inferno von Magdeburg nie feststellen können. »Die vom ligistischen Obersten Joachim
Christian von der Wahl mitgeteilte Schätzung, es seien über 12 000
Menschen umgekommen, und die ebenfalls zeitgenössischen Angaben, zu den 6500 in die Elbe gekarrten Leichen sei noch eine unbekannte Anzahl unter den Trümmern liegender Toter hinzuzurech-
nen, geben einen realistischen Rahmen« (B. Stadler). Für die Stadt
Augsburg steht fest, daß die Bevölkerungsverluste doch »mindestens
die Hälfte, wahrscheinlich sogar sechzig Prozent« betragen, ebenfalls
für Bayerns Residenz München. Nachweislich geht in 150 Ortschaf-
ten im Hochstift Bamberg die Anzahl der Haushaltungen um fast
45 Prozent zurück.

Andere Regionen sind offenbar besser davongekommen, so etwa
Norddeutschland mit den Hansestädten oder Tirol; auch Westfalen ist
vom Bevölkerungsrückgang anscheinend weniger betroffen. Die Stadt
Münster hat im Gegensatz zu ihrem Umland gar nicht gelitten, die
Bischofsstadt Paderborn hingegen verzeichnet einen sehr empfindli-
chen Schwund ihrer Bürgerschaft, hat sie doch mehrfach die Besat-
zung gewechselt. In vielen Fällen erweist sich ein offensichtlicher
Rückgang der Einwohnerschaft aber im nachhinein lediglich als eine
Bevölkerungsverschiebung durch Flüchtlingsströme. Weite Teile des
flachen Landes entwickeln wirksame Mittel des Selbstschutzes und
des Überlebens durch Flucht in befestigte Orte, wo aber mitunter ein
Schutzgeld von Fremden gefordert wird. Durch ein ausgedehntes
Warn- und Meldesystem werden die Dorfbewohner über die beabsichtigten Truppenbewegungen informiert. Die Zahl der Opfer durch
Kriegshandlungen spielt nach übereinstimmender Meinung der Forschung für das Gesamtbild eine ziemlich untergeordnete Rolle. Freilich bleiben manche Bauernhöfe ohne ihre ehemaligen Bewohner
länger verlassen, auch breiten sich Wüstungen aus. Für die meisten
Zeitgenossen bedeutet der lange und grausame Krieg eine fürchterli-
che persönliche Heimsuchung und eine Quelle fortwährender Angst,
der erst der ersehnte Friedensschluß ein Ende setzt.

Das Ringen um die richtige Verhandlungsform, den strittigen Teil- *Verzögerter Verhandlungs-beginn*
nehmerkreis, um Ort und Beginn des notwendigen Friedenskongres-
ses hat fast länger gedauert als die Verhandlungen selbst, tagt doch
nun der erste derartige Kongreß, für den es kein Vorbild gibt, weshalb ihm eine völkerrechtliche Bedeutung für die Zukunft Europas
zukommen muß. Die lange Anlaufzeit und die Kongreßdauer sind
auch dadurch bedingt, daß es keinen wirklichen Waffenstillstand
gibt, geht doch der Krieg weiter und jede Partei, die einen Vorteil
durch eine gewonnene Schlacht erzielt, schraubt ihre Forderungen
höher und reduziert ihre Verhandlungsbereitschaft, bis das Kriegsglück wieder umschlägt und nun die Gegner dasselbe Spiel wieder-
holen. Auch müssen einige Fragen der Reichsverfassung vor dem eigentlichen Verhandlungsbeginn gelöst werden, wie die Zulassung
der Reichsstände. Rang- und Zeremoniellfragen harren ihrer Erledi-
gung. Max Braubach stellt 1948 die Frage, ob es sich nicht nach 300
Jahren so verhalte, daß fast jedermann eine Vorstellung von Wesen
und Taten der Kriegshelden, eines Tilly und Wallenstein, ja selbst
eines Torstensson und eines Jan von Werth habe, den meisten Menschen aber die Gesandten von Münster und Osnabrück kaum dem
Namen nach bekannt seien. Seitdem sind durch neuere Forschungen
Bedeutung und Fähigkeiten der hervorragendsten Friedensgesandten
schärfer hervorgehoben worden, denn der Bonner Historiker betont
mit Recht, »alle schweren Fehler und Mängel des Werks können seinen Schöpfern den Ruhm nicht nehmen, in einer aus den Fugen ge-
gangenen, von wilder Soldateska beherrschten Welt den Friedens-
gedanken durchgesetzt und damit die Grundvoraussetzung für die
Überwindung der furchtbaren Kriegsschäden geschaffen zu haben.«

FRANCISCI HARÆI
ANNALES
DVCVM SEV PRINCIPVM
BRABANTIÆ
TOTIVSQ. BELGII

Tomus tertius,
Quo TVMVLTVS BELGICI, ab
anno M.D.LX. viq; ad INDVCIAS
M.DC.IX. pactas, enarrantur
Cum breui rerum per EVROPAM
illustrium narratione.

ANTVERPIÆ
EX OFFICINA PLANTINIANA.
M.DC.XXIII.

Erasmus Quellinus stellt im Kupferstich das Doppelporträt der beiden berühmtesten flämischen Maler dar, Peter Paul Rubens (1577–1640) und Anton van Dyck (1599–1641). Beide verkörpern Höhepunkte der europäischen Malerei und werden geadelt. »Die künstlerische Herrschaft des Rubens erstreckt sich über die Reiche der Habsburger mit den Zentren Madrid, Brüssel und Wien, sie greift auf das England der Stuarts über, ja sogar auf Frankreich, so lange dort die spanienfreundliche Königinmutter herrscht« (W. Hager). Van Dyck ist der gesuchteste Porträtmaler Europas.

Der in der niederländischen Geschichte als »Achtzigjähriger Krieg« bekannte Kampf um die Befreiung von der Herrschaft der spanischen Monarchie ist in der letzten Phase 1621–1648 ein Teil des Dreißigjährigen Krieges, dessen Abschluß im Frieden von Münster 1648 die niederländischen Stände gegen den Einspruch der oranischen Kriegspartei erzwingen.

Rubens wählt für das Titelblatt des niederländischen Geschichtswerkes von Franciscus van der Haer († 1632) »Annales Ducum seu Principum Brabantiae totiusque Belgii«, dessen dritter Band in Antwerpen 1623 erscheint und die Jahre zwischen 1560 und 1609 behandelt, die Darstellung des antiken Janus-Tempels, der in Rom in Friedenszeiten geschlossen blieb.

Hier werden die Türen durch wilde Männer aufgerissen, links von der Figur des »Aufruhrs« mit verbundenen Augen und brennender Fackel, rechts von der »Häresie« oder »Zwietracht« mit Schlangenhaaren. Unter dem Titel windet sich über den durch den Bildersturm zerstörten Kunstwerken die siebenköpfige Hydra, Sinnbild der abgefallenen sieben nördlichen Provinzen. Die Radierung von Lucas Vorsterman (1595–1675) gibt diese katholische Auffassung wieder, die bei den Generalstaaten natürlich auf wenig Verständnis stößt.

177

FERDINANDUS . II.
D.G.R. IMP.

ELEONORA IMPERA-
TRIX. DUC: MANT.

Maintz.

Baiern.

Trier.

Sach-
sen.

Cölln.

Bran-
den-
burg.

Ostreichischer Vorderknutz,
oder Kayserl: VICTORI.

RUDOLPHUS.II.R.

MATHIAS.I. R. IMP.

FERDINANDUS.I. R.I.

MAXIMILIANUS. R. I.

MAXIMILIANUS.I. R. I.

CAROLUS. V. R. I.

ALBERTUS.II. R. I.

FRIDERICUS.III.R. I.

Das ist:

Warhafftige

und Außführliche Historische Beschreibung vnd offentliche Acta aller Gedenck-
würdigen Sachen vnd Händel / welche sich im Geistli-
chen/ Weltlichen/ Politischen vnd Kriegß Sachen/ bey Regierung Weilandt Keyser Matthiae Hochlöblichsten Anden-
ckens/ vnd jetzt Regierender Röm. Key. May. Ferdinando II.
wie auch Chur vnd Fürsten/ vnd andern Ständen deß
Reichs in diesem 10. Jährigen Krieg zugetragen
vnd verlauffen.

Jetzo auff ein newes vbersehen/ in eine richtigere
vnd bessere Ordnung gebracht/ vber die helffte/ mit allerhande
von vnderschiedlichen Orten vnd ex Archiuis erlangten vnd communicir-
ten Particulariteten/ vnd vieler Sachen gedenckwürdiger Beschreibung/
sonderlich mit etlichen Deductionibus der Erbgerechtigkeiten deß Hoch-
löblichen Hauß Oesterreich zu der Cron Hungern vnd Böhem ver-
mehret/ in Zehen Bücher abgetheilet/ vnd biß in
das 1627. Jahr continuirt.

So dann ferrners mit schönen newen Kupfferstücken/
vnd vieler fürnembster Potentaten vnd Kriegß Generaln Bildtnüssen/
Schlachten / Belägerungen / Eroberungen / Landtaffeln/
vnd Stätt Controfeyten gezieret vnd in
Truck verfertiget

Durch
Nicolaum Bellum IC. Historiarum Secretarium.

Cum Priuilegio Sac. Cæs. Maiest. & Indice.

RUDOLPHUS.I.R.I.

ALBERTUS.I. R. I.

FRIDERIC₉ PULC.R. I.

Franckfurt am Mayn/ Durch Erasmum Kempffern/ In Verlegung Johann
Theobald Schönwetters Buchhändlers/ Anno 1627.

178

Spottbild über das »Große europäische Kriegsballett«, getanzt durch die Könige und Potentaten »auf dem Saal der betrübten Christenheit« (Kupferstich). Die kriegführenden Parteien stehen sich gegenüber. Rechts der kleine König Ludwig XIV. von Frankreich, neben ihm liegt die Leiche des Schwedenkönigs (»Schwedens Fürst der Held Gustav / Sprang sein Cabriolen prav«). Rechts im Vordergrund der Fürst von Siebenbürgen und der türkische Sultan als Zuschauer. Neben dem jungen König seine Bundesgenossen, der neue König von Portugal, der Prinz von Oranien und der Feldmarschall Torstensson.

In der geöffneten Tür im Mittelgrund die drei geistlichen Kurfürsten, über denen der Herzog von Lothringen die Kriegsfackel schwingt, daneben der Brandenburger Kurfürst. Links sind der König von Spanien, der Kaiser Ferdinand III., der Kurfürst von Bayern und der dänische König dargestellt, weiter vorn die italienischen Fürsten. Der auf Vermittlung bedachte sächsische Kurfürst sammelt die Zankäpfel auf, zwei Schweizer vorn wollen bei beiden Parteien mittanzen.

In der Ecke rechts der Sarkophag des »Winterkönigs«, davor machen Papst und Kardinäle die Begleitmusik (»Wer uns nur am meisten kan schmieren, Dem zu nutz wir musiciren«). Während Eris, die geflügelte Verkörperung der Zwietracht, ihre Zankäpfel verstreut, wirft ein bewaffneter Engel Ölzweige herab.

Die Karikatur stammt aus der Zeit um 1643/44, da Dänemark bereits auf der kaiserlichen Seite steht. Sie zeigt, daß die Zeitgenossen die in Europa wütenden Kriege durchaus als Einheit betrachten.

◁ Frankfurt a. M. stellt das wichtigste deutsche Nachrichtenzentrum dar. Im Verlagshaus Johann Theobald Schönwetter erscheinen die vier Auflagen des umfänglichen Bandes »Oesterreichischer Lorbeerkranz oder Kaiserliche Victori«, der auf dem Titelblatt die habsburgischen Herrscher von Rudolf I. bis zu Ferdinand II. und seiner Gemahlin Eleonore von Mantua samt sechs Kurfürsten abbildet. Autor ist der Lutheraner Michael Caspar Lundorp (um 1580–1629), der als kaisertreuer Historiker und Journalist unter dem Pseudonym »Nicolaus Bellus« publiziert. Dieser Band aus dem Jahre 1627 soll schon im Titelblatt die Legitimität des Kaisertums andeuten.

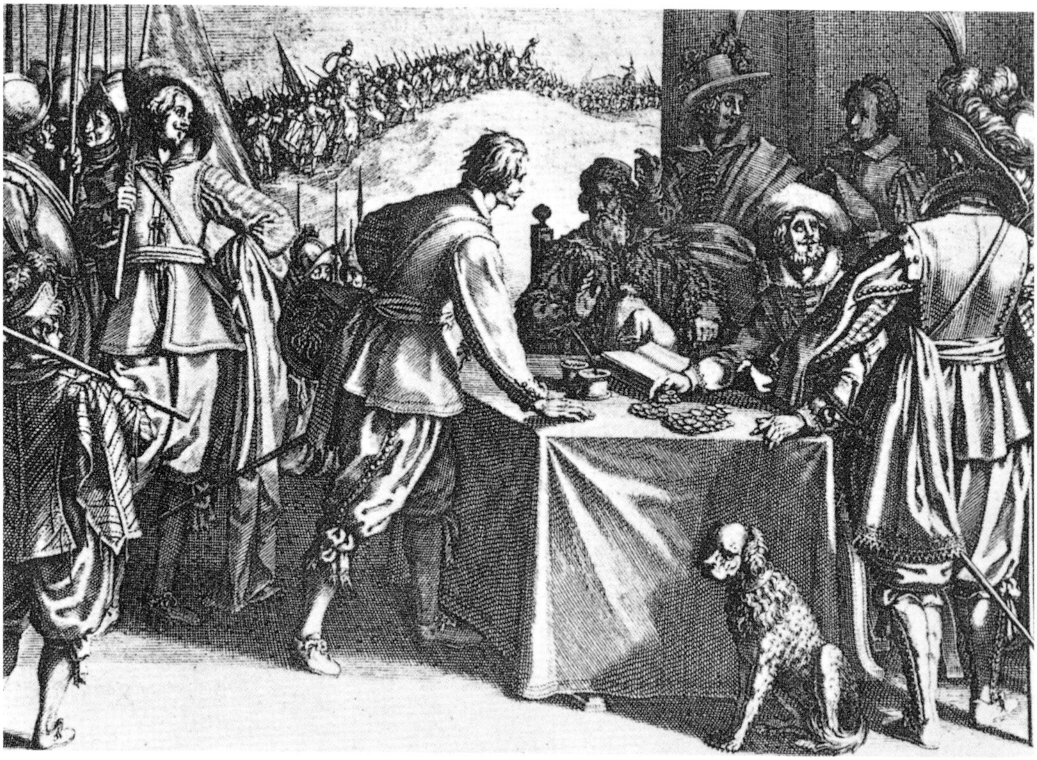

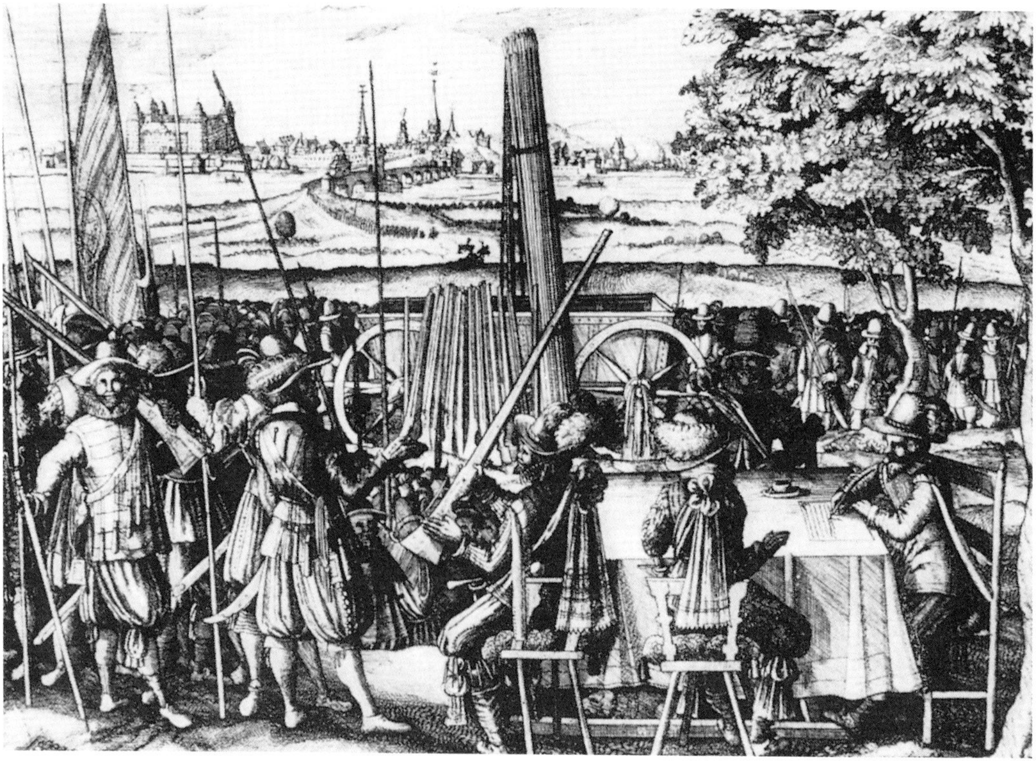

Die Parade (Radierung von Callot). Waffenübungen und harter Kriegsdrill machen eine Truppe erst einsatzbereit. Die drei Waffengattungen der damaligen Heere beim Vorbeimarsch. Eng geschlossen eine Reiterkompanie mit ihrer Standarte, danach eine Infanteriekompanie mit geschulterten Musketen. Im Mittelteil das Viereck von je drei Kompanien Pikenieren, umgeben von weiteren Musketieren oder Schützen, die Fahnen jeweils in der Mitte. In den Zwischenräumen einige bespannte Regimentskanonen. Die Offiziere vor der Front, bei der Reiterei – vor der Staffagefigur ganz rechts – drei blasende Trompeter.

] Anwerbung der Söldner (Radierung von Jacques Callot, 1633). Die Truppenaufstellung nimmt ein Obrist oder General im Auftrag des Fürsten durch ausgesandte Werber vor. Diese sammeln auf den zugewiesenen Laufplätzen die »Knechte«, die auf ihrem Musterplatz gemustert und auf ihre Kompanien verteilt werden. Mit der Ablegung des Fahneneids stehen sie unter Kriegsrecht und der Regimentsjustiz ihres Kommandanten und erhalten ihren Sold. Die Verpflichtung erlischt mit dem Feldzugsende, kann aber als »Abdankung« auch jederzeit erfolgen.

] Verteilung der Waffen. Entweder bringt der Angeworbene selbst seine Waffen mit oder er wird auf dem Musterplatz damit ausgerüstet, doch wird ihm dafür Sold abgezogen. Die Obristen beliefern ihre Regimenter auch mit Kleidung und Munition, während Marketender für den Lebensunterhalt sorgen. Beim Fußvolk gibt es Pikeniere, die lange Spieße – die Piken – führen und eine Halbrüstung tragen, und Musketiere, die sich der Musketen als Schußwaffen bedienen. Diese Musketen sind anfänglich etwa 140 cm lang und wiegen 8 bis 10 kg, später werden sie leichter.

Eygentlicher Abriß deß Scharmützels bey Neuheusel in Hungern/ da der Käyf. auch zu Hungern vnd Böheim Königl. Majest. General FeldObrister/ Herr Conte de Bucquoy blieben ist.

Es ist nun mehr männiglich offenbar/ vnd der gantzen Welt kündig/ in was hoch beschwerliche weiterung/ die Röm. Keyf. auch zu Hungern vnd Böhem Königliche Maj. vnser aller gnädigster Herr/ gestrack mit dem anfang jhrer Keyserlicher Regierung eingetretten/ welche dann diese zwey Jahr her/ sich so weit im Römischen Reich/ vnd andern benachbarten Königreichen vnd Landen außgebräitet/ daß nun mehr fast alle örter mit Krieg/ Raub/ Plündern vnnd andern Jammer erfüllet. Ob nun wol allerhöchstgedachte Keyserliche Majest. durch Göttliche verleyhung sich nunmehr deß Böhdinischen Königreiches widerumb bemächtiget/ so will es doch im Vngern bißhero etwas härter hergehen/ wie es dann inn Kriegen zugeschehen pflegt/ welches fürnemblich auff den verlust ansehnlicher vnd verständiger erfahrner Kriegs Obersten vnd Befelcheleute erfolget/ dergleichen wir nicht allein mit dem abgeleibten Herrn Heinrichen Duval Grafen de Tampier/ so den 20 Octob. nechst abgewichenen 1620. Jahrs vor Preßburg blieben/ aber sein Todt durch die im Novemb. darauff erfolgte Prägerische Victoria wol compenfiret worden/ sondern auch den theuren Helden Conte de Bucquoy hochbedaurlich erfahren/ welcher sich in aller höchstgedachter Käyf. Majest. Kriegsdiensten vor andern gantz Hertzhafft vnd Ritterlich erzeigt/ neben dem er ohne das seiner hohen Kriegserfahrenheit/ die er in vnterschiedlichen Kriegen/ sonderlich aber inn der fast dergleichen vnerhörten beldgierung der Stadt Ostende erscheinen lassen/ weit vnd breit bekannt ist. Dann nach dem derselbige den 16. vnd 6. Julii innstehenden Jahrs/ auß dem Käyserlichen Feldläger vor Neuheusel mit etlich guten wolversuchten Cavalieren/ Obersten vnd Befelchshabern vngefärlich in die 50. oder 60. starck sich begeben/ in meynung bemelte Vestung Neuheusel zu recognosciren/ sind die Vngarn auß der Vestung gefallen/ gemelten Bucquoy sampt seinem Comitat so balden vmbringet/ vnd mit aller gewalt auff sie gedrungen/ da dann er Bucquoy/ nach dem er von seinem Pferd kommen/ sich in der lincken Hand mit einem Pistolen/ vnnd in der rechten Hand mit seiner seitenwehr so lang auffgehalten/ biß er mit dreyen Schüssen tödtlich verwundet/ vnd mit vier Copien durchrennet worden. Vnd obwol das Keyserliche Volck jhme zu entsetzen im Auzug gewesen/ seynd sie doch zu spat/ vnd die Hungern entzwischen wider in die Vestung kommen/ den todten Cörper hat gleichwol sein Wachtmeister noch erhalten/ solchen zu Roß in das läger/ vnd von dannen nach Wien gebracht/ welcher auch mit stattlichen Kriegs Ceremonien/ von dem Kriegsvolck/ dem gantzen Keyserlichen Hof/ auch vielen andern Herrn vnd Ritterstands Personen inn die Minoriter Kirchen hinder dem Landhauß begleytet worden. Der Ausgang dieses Kriegs ist dem Allmächtigen bekandt/ den sollen wir aber alle vmb beständigen Fried vnd Ruh getreulich anruffen.

Die Heerführer müssen sich an der Spitze ihrer Truppen der äußersten Gefahr aussetzen, wenn ihr Beispiel die Söldner im Kampf mitreißen soll. Das erklärt auch die hohen Verluste der Generalität. Dieses Flugblatt schildert den Tod des kaiserlichen Oberbefehlshabers Graf von Bucquoy am 10. Juli 1621 in einem Scharmützel vor der Festung Neuhäusel in der Slowakei. Er wird bei einem Erkundungsritt von seinen Begleitern getrennt und durch Schüsse und Lanzenstiche getötet.

Charles Bonaventure de Longueval, Graf Bucquoy (1571–1621), ist ein belgischer Aristokrat, Statt-halter der Provinz Hennegau und Ritter vom Goldenen Vlies. Er befehligt in der Schlacht am Weißen Berge die kaiserlichen Truppen und fällt ein Jahr später. Rubens, der ihn gekannt hat, wird beauf-tragt, sein Andenken durch einen Kupferstich zu ehren.
Die Figuren um sein Bildnisoval haben allegorischen Charakter. Am Altar unter dem Bild als Trauer-symbole zwei umgekehrte gelöschte Fackeln. Die Figuren links und rechts versinnbildlichen unter-worfene Städte und Flüsse. An den Seiten des Porträts zur Rechten Hercules mit der Keule als Sinn-bild der Kraft, links die trauernde Siegesgöttin. Der Kaiseradler oben wird von zwei Genien mit dem Lorbeerkranz gekrönt. Bellona bietet ihm die Palme, die geflügelte Eintracht den Reichsapfel als Herrschaftszeichen. Diese Bildersprache ist eng mit dem Vorstellungskreis des europäischen Späthu-manismus verbunden. Nach Rubens Entwurf fertigt Lucas Vorsterman einen Stich an.

Prinz Moritz von Nassau-Oranien (1567–1625) kommandiert die Streitkräfte der Generalstaaten und entwickelt im Kampf gegen die Spanier neue Militärtechniken (»oranische Heeresreform«), die bald in Europa vorbildlich für die Kriegführung werden (Stärkung der Feuerkraft, Exerzierdrill, Kampf in kleineren Formationen, neue Erkenntnisse über Ballistik, Ingenieurwesen und Belagerungsmethoden). Sein größter Schüler ist König Gustav Adolf von Schweden, der mit diesen Neuerungen den Sieg über Tilly bei Breitenfeld erringt.

Alarm in einem Quartier: Trompeter zu Roß und zu Fuß blasen Signale zum Sammeln und zum Aufbruch. Ein berittener Trupp steht als Vorhut bereits am Ortsausgang, andere Reiter ziehen erst ihr gesatteltes Pferd aus dem Stall. Eine Kompanie ist mit Lanzen ausgestattet. Die Trompeter sind zunftmäßig organisiert und übermitteln mit ihren Fanfarentrompeten akustisch die Kommandos der Befehlshaber.

Titelseite der »Kriegs Kunst nach Königlicher Schwedischer Manier« des Lorenz von Troupitz, eines militärischen Reglements, das 1638 bei M. Merian in Frankfurt erscheint und als »Handbuch für die Kompanieführer« gedacht ist. So wird die »oranische Heeresreform« in die kriegerische Praxis umgesetzt.

184

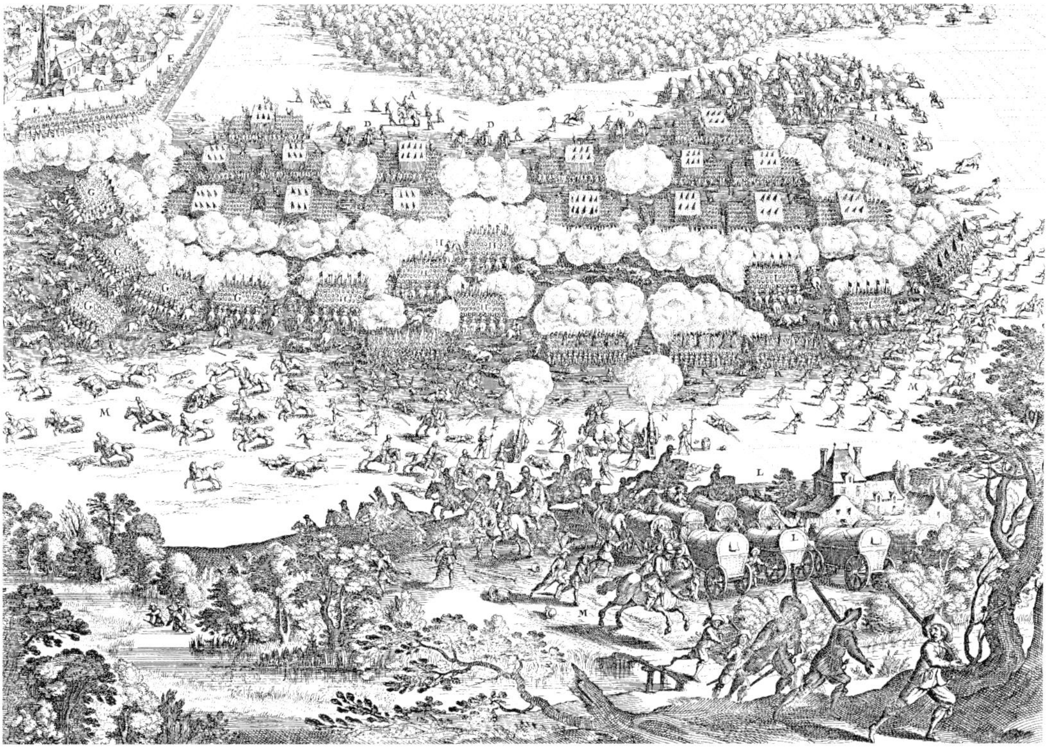

Ein typisches Schlachtenbild – hier der Kampf bei Fleurus in Brabant 1622 – zeigt den Zusammen-
prall der beiderseitigen Formationen von Pikenieren und Musketieren, den Pulverqualm beim Los-
brennen der Musketen und Kanonen, die Flucht einzelner Truppenteile zu Pferd und zu Fuß sowie
die Aufstellung der Bagage, die immer eine Beute des Siegers wird.

Excel. Dñs. Dñs. Ioan. Lvdov. Comes ab Isolan
Generali. Croatarz.

Gsp de Crayer pinxit Peter de Iode Excu

Johann Ludwig Isolano ist der General aller
Kroaten im kaiserlichen Heer (Stich von P. de
Jode nach Gaspar de Crayer, 1584–1669). Schon
mit 14 Jahren im Gefolge seines Vaters im Türkenkrieg, vermutlich Analphabet, steigt er erst
unter Wallenstein zum Obristen eines Regiments
von 600 Kroaten auf, zeichnet sich 1626 gegen
Mansfeld aus und wird 1632 Chef aller leichten
Reiter »croatischer Nation«, die damals 6000 bis
8000 Köpfe zählen. Den Titel eines Reichsgrafen
erhält er 1634 bei Wallensteins Sturz und stirbt
1640 im Wiener Winterquartier. Seine böhmische
Herrschaft fällt über seine Tochter, eine Nonne,
an das Wiener Augustinerinnenkloster.

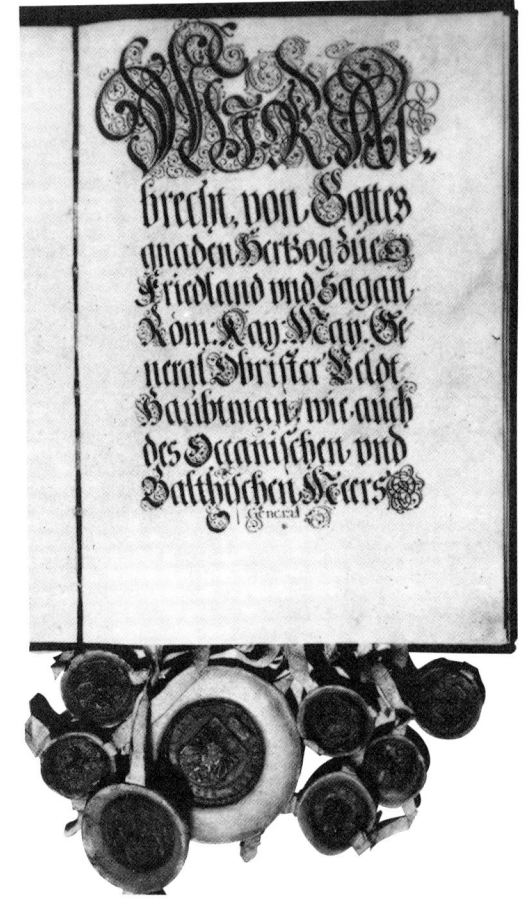

Reiterkampf vor einem brennenden Schloß. Das Gefecht zwischen Berittenen ist ein beliebtes Thema der niederländischen Schlachtenmalerei, die damals in Mode ist. Der Schlachtenmaler Philips Wouwerman (1619–1668) aus Haarlem hinterläßt mehr als tausend Bilder und bringt es zu erheblichem Reichtum.

Landesordnung Wallensteins für sein Herzogtum Friedland. Er nennt sich im Titel: »Wir Albrecht von Gottes gnaden Hertzog zue Friedland und Sagan, Röm. Kay. May. General Obrister VeldtHaubtman, wie auch des Oceanischen und Balthischen Meers General« (26. Mai 1628).

Friedland, die »glückliche Erde« (terra felix) Böhmens, ist nach Ansicht mancher Zeitgenossen ein »Musterstaat«, in dem Wallenstein bereits merkantilistische Konzepte verwirklicht und Papier- und Pulvermühlen, Sägewerke und Brauereien, Eisenhämmer und Salpeterhütten anlegen läßt. Alles dient der Versorgung seiner großen Armee. Von seinen Untertanen wird der Tod ihres Landesherrn großenteils betrauert.

Die spätere industrielle Entwicklung Nordböhmens läßt sich teilweise auf Wallensteins Aktivitäten zurückführen.

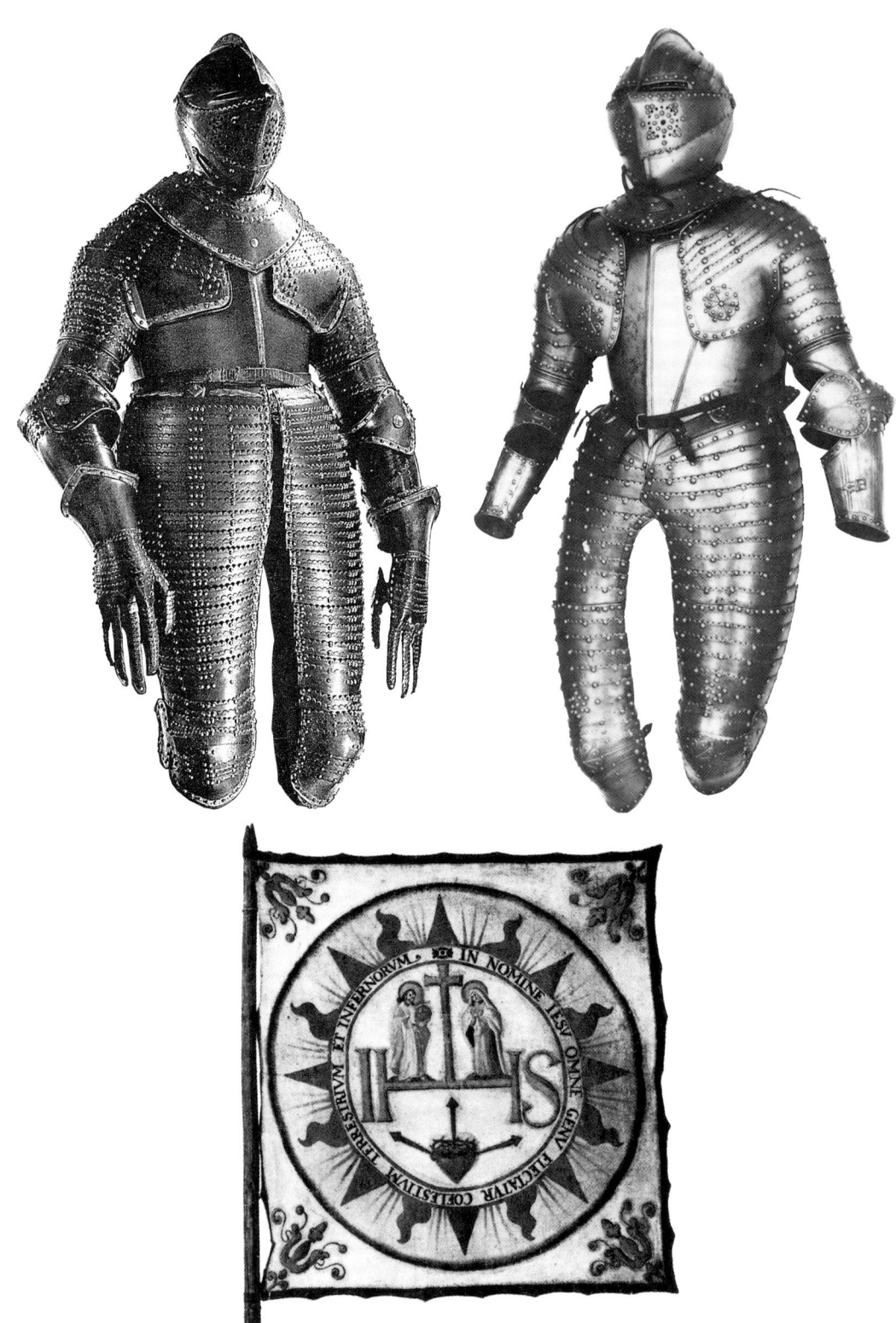

Der Forderung nach leichter Artillerie haben die sog. Lederkanonen ihre Entstehung zu verdanken, leichte Regimentsgeschütze, die Gustav Adolf einführt. Das sind Drei-Pfünder, deren Kupferrohr mit Leder umwickelt ist; sie werden aber bald durch die massiveren Bronzekanonen ersetzt, denen die Kaiserlichen zunächst lange nichts Vergleichbares entgegensetzen können. Das Armeemuseum Ingolstadt verfügt über eine solche Kanone aus einer Serie, die der Salzburger Fürsterzbischof in Augsburg bestellt hat.

⅃ Feldküraß des Generals Johann von Sporck sowie Harnisch des Reitergenerals Jan von Werth. Während die üblichen geschwärzten Kürassierharnische serienmäßig hergestellt werden, handelt es sich bei diesen Dreiviertelrüstungen um Spezialanfertigungen aus Eisenblech für höhere Offiziere. Die Städte Lüttich und Köln verfügen über geeignete »Waffenfabriken« und Kriegslieferanten.

⅃ Von den Schweden bei Breitenfeld erbeutete Befehlsfahne des ligistischen Oberbefehlshabers Graf Tilly (Stockholm). Sie zeigt Johannes und Maria neben dem Kreuz mit der Umschrift; »In nomine Jesu omne genu flectatur coelestium terrestrium et infernorum« (In Jesu Namen beugt sich jedes Knie im Himmel, auf Erden und in der Unterwelt) und ist Ausdruck der Frömmigkeit des Generals.

Der Schwedenkönig bringt bei seiner Landung »wunderseltsame Völker« mit, die ein katholisches
Propagandablatt abbildet: »Lappländer, Livländer und Schottländer«, die angeblich mit barbarischer
Bewaffnung – auch mit Pfeil und Bogen – in Deutschland einfallen. Das Reittier soll ein zahmes
Rentier darstellen.

190

In solchem Habit Gehen die 800 In Stettin angekommen Irrländer oder Irren.

Köler Excu.

Es ist ein Starckes dauerhafftigs Volck behilfft sich mit geringer speiß hatt es nicht brodt so Essen sie Würtzeln, Wans auch die Notturfft erfordert Können sie des Tages Uber die 20 Teütscher meilweges lauffen, haben neben Musqueden Jhre Bogen vnd Köcher vnd lange Messer.

Dieser Stich ist die erste bekannte Abbildung der schottischen Truppen in »irischer« Tracht. Tatsächlich stellen diese Hochländer eine militärische Elite dar, wie aus den Erinnerungen Robert Monros hervorgeht. Sein Schottenregiment tritt im November 1629 mit 1400 Soldaten in zwölf Kompanien in den Dienst des Schwedenkönigs, der sie wegen ihrer Tapferkeit und Disziplin schätzt. Die Offiziere hegen »Hoffnung auf Beute in einem Land wie Deutschland, dessen Reichtum man bewunderte« (H. Mahr).

I. Deß General Majors Böninghaussens. 2. Deß Generaln

Graffens von Gronßfeldt : vnnd 3. Deß Obristen Geleen / Freyher:ns zu Wachten=

donck / Commendanten in Wolffenbüttel.

Ben: Major Böninghausen besetzt in Eyll das Quartier zu Minden.

Generall Graff von Gronsfeldt folgt wünderlich hernach.

Obr: Geleen wird Gronsfeldische Convoy.

V Oy cy, un vray Courrier, un grand chemin il faict
En un heure & demy, courrant à propos viste,
Pour enter en Minden, sont quatre lieux d'un traict,
Affin d'avoir pour soy & pour autres bon giste.
Il appreste logis comme un fourrier en haste:
Son excuse est telle, qu'il n'est en sa puissance
De tenir son cheval, de peur qu'il ne le gaste;
Si est ce que l'esperon ne cherche que l'avance.

WAs muß das sein für ein Windt /
Der den Held fortjagt so gschwindt?
Auff Minden er galoppirt /
Muß sich drumb haben verirrt.
Denn er heut schwur bey sein Endt /
Schelhammern zuthun Bescheidt /
Vnd in Hammeln zu praviren /
Nun thut er allhie passiren /
Vnd eylt nach der Mindenpforten:
Der Wind ist gewiß vom Norden.

N Estce pas chose à rire, de voir ce Cavallier?
Ayant perdu cheval cherche un invention telle,
Estant mauvais pieton pour trouver bon quartier,
Se faict porter par deux: O Miraculeuse chose!
Au reste: les porteurs sont grandement en peine,
Le fardeau est pesant, & approche la nuict,
Ils ont grand peur d'avoir à faire une sepmaine,
Pour suivre le Courrier, car il courre trop vist.

A Vff Finnisch ist allhie Gronßfeld Ritter geschlagen /
Bey Hammeln in Grün=Felde / nun wird er heym getragen /
Auffm Hebbaum tromsirt / vnder dem freyen Himmel /
Von zweyen seiner Knecht weil seine schöne Schimmel
Mit sampt dem Himmelwagen vnd der Cavalleren
Vielleicht nur zum Hoffposten / ihn seind gangen vorbey /
Auch konten bey der Hitz nicht folgen die Lacqueyen /
Darunder sich viel Todt geblut an einem Reyen.

Getruckt im Jahr / 1633.

M E voy cy equippé un vray Soldat pieton:
Il me souvient encores que j'estoy à cheval,
La fortune est telle, & joüe par raison:
Patience faut avoir, je nay pas seul ce mal,
Car plusieurs compagnons sont ce jour attrappé,
Et ont perdu la vie, le reste prend la fuitte,
Et je serve à Convoy (estant ains eschappé,)
Au Comte de Gronsfeldt, pour eviter la luicte.

WAnn man den Feind veracht /
Das Glück sein Fantzen macht.
Der Major ein Courrier /
Der Obrist ein Mousquetier /
Auffm Baum der General
Muß sitzn mit grosser Qual /
Gleich wie ein schlecht Soldat /
So was Verbrochen hatt /
Auffm Esel muß thun Buß /
Oder lauffen zu Fuß.

Satirisches Flugblatt auf die Schlappe der kaiserlich-ligistischen Armee bei Hessisch-Oldendorf. In der zweistündigen Schlacht am 8. Juli 1633 erleidet die zum Entsatz von Hameln anrückende Armee durch die vereinigten Schweden, Hessen und Lüneburger eine Niederlage.
Das Blatt verspottet die unterlegenen Generäle Bönninghausen, dessen Kavallerie sich nach Minden abgesetzt hat, und Graf Gronsfeld, der sich von zwei Soldaten auf einem Holzbalken wegtragen läßt, weil er sein Pferd einbüßte, sowie den Obristen Geleen, den Kommandanten von Wolfenbüttel, der ihm als Musketier den Rückzug deckt, in französischen und deutschen Versen, die ihre lächerliche Situation verdeutlichen.

Der General James Marquis von Hamilton (1606–1649), ein Anhänger der entthronten Böhmenkönigin Elisabeth Stuart, führt Gustav Adolf 1631 ein iroschottisches Kontingent von 6000 Söldnern mit neuartiger Artillerie zu, das aber durch Pest und Hungersnot stark dezimiert wird, worauf Hamilton nach England zurückkehrt. König Karl I. erhebt ihn 1643 zum Herzog. Er besiegelt seine Königstreue mit dem Tod auf dem Schafott und wird am 9. März 1649 kurz nach dem König geköpft. A. van Dyck malt ihn 1640 in schimmernder Rüstung.

Das Gemälde »Landsknechte vor einer Stadt« des Cornelis de Wael (1592–1667) zeigt zerlumpte und frierende Söldner vor einer winterlich verschneiten Stadt. Das alltägliche Elend nicht nur der Bauern und Bürger, sondern auch der Söldner übersteigt unsere Vorstellungskraft. Winterquartiere sind eine Notwendigkeit für Menschen und Tiere. Erst im Frühjahr beginnen die kriegerischen Aktionen, die im Spätherbst wieder eingestellt werden müssen.

Ein Gemälde von Jean Michelin (1623–1696) zeigt Söldner verschiedener Waffengattungen mit ihren halbwüchsigen Burschen im Winterquartier.

Winterquartiere belasten die Landbevölkerung und die Bürgerschaft der unbefestigten Kleinstädte am schlimmsten, denn vom Kontributionssystem, das auch Schweden und Franzosen im von ihnen beherrschten Deutschland anwenden, werden die sozial schwächsten Teile der Gesellschaft ohne Berücksichtigung ihrer Leistungsfähigkeit betroffen. Auch Frankreich verelendet unter Richelieu und Mazarin durch Mißernten und den Steuerdruck der Intendanten, was zu bäuerlichen Aufstandsbewegungen z. B. in der Normandie führt.

Ein militärisches Standlager erinnert an eine kleine Stadt, denn die Zelte sind in Reihen angeordnet, es gibt Marketenderbuden und Feuerstellen, die Piken stehen ordentlich zusammen, die Kanonen sind am Wall postiert und die Fahrzeuge bilden eine Wagenburg.

198

Soldatentypen auf einem zeitgenössischen Flugblatt. Sie gehören zur Kavallerie und lassen ihre Gäule durch die zerlumpten Reiterbuben versorgen. Im Feldlager wächst eine ganze Generation junger Leute ohne jede Schulbildung auf, auf die der Krieg nur verrohend wirken kann.

] Ganz ähnlich zeigt ein Ausschnitt aus Callots großer Radierung der Belagerung von Breda die leichtgebauten zeltartigen Baracken und das Lagerleben einer Truppe. Links im Bild eine Bestrafung am Wippgalgen.

Altersbildnis des Kurfürsten Maximilian I. von Bayern (1573–1651). Er zeigt sich in der zweiten Kriegshälfte als Wahrer der traditionellen Kräfteverteilung im Reich und kann seine wesentlichsten Ziele durchsetzen, weil er von Mazarin als Gegengewicht zum Kaiser betrachtet wird. Er ist lange die Führerfigur der deutschen Katholiken. Seit 1635 ist er – in zweiter Ehe – mit der Habsburgerin Maria Anna vermählt, die ihm den ersehnten Erben schenkt.

Der Jesuitendichter Jakob Balde (1604–1668), der »Teutsche Horaz«, ist seit 1638 bayerischer Hofprediger. Er hat im neunten Buch seiner »Lyrischen Wälder« (Silvarum lyricarum liber IX), dem er den Titel »Memmiana« zu Ehren des aus der Familie de Mesmes stammenden französischen Gesandten d'Avaux gibt (im Frühjahr 1646), die Friedensbemühungen Maximilians von Bayern durch Einflußnahme auf d'Avaux zu unterstützen versucht. Es enthält eine inständige Bitte um Herbeiführung des baldigen Friedens, damit die Fürsten ihre Waffen gegen den türkischen Erbfeind wenden können. »Vos vertite signa in exsecrandae perfidum Lunae caput!« Eine Widmung an d'Avaux enthält auch sein »Drama georgicum« zur Feier des Ulmer Waffenstillstandes (25. Juli 1647).

Der aus Tarragona stammende Karmeliterordens-
general P. Dominicus de Jesu Maria (1559–1630)
ist Begleiter Maximilians von Bayern auf dem
Feldzug von 1620 und wird durch seinen Einsatz
vor der Schlacht am Weißen Berge bekannt, als er
im Kriegsrat für einen sofortigen Angriff auf das
böhmische Heer eintritt. Er stirbt 1630 in Wien
und erhält in der Karmeliterkirche Wien-Döbling
sein Grab.

Vraye effigie du R.P. Ioseph de Paris predicateur Capucin, Prouincial de Touraine,
superieur de missions es trangeres, et de Poitou, fondateur de Religieuses de
Caluaire A rendu lespirit entre les mains de ses superieurs le 18. decembre 1638.
Pet. de Jode exc.

P. Joseph von Paris (1577–1638) ist Kapuziner-
prediger und Mitgründer des Ordens der Cal-
varienschwestern sowie Verfasser religiös-aszeti-
scher Schriften. Seit 1624 ist er engster Mitarbei-
ter des Kardinals Richelieu (die »Graue Emi-
nenz«) und setzt alle Mittel der Diplomatie, Spio-
nage und Intrige ein, um Frankreichs Vormachtstellung in Europa zu dienen. Erfolgreich betreibt
er 1630 auf dem Regensburger Reichstag hinter
den Kulissen Wallensteins Entlassung. Seine Erhebung zum Kardinal, die König Ludwig XIII. be-
antragt, lehnt Papst Urban VIII. entschieden ab
(Stich von P. de Jode).

»Tilly empfängt vor der Schlacht bei Wimpfen den Segen.« Der Maler Wilhelm Trübner (1851–1917) schildert auf seiner vorbereitenden Ölskizze den Moment, als der Feldherr, der durch das aufgerissene Portal in die Kirche hineingeritten ist, angesichts der verstörten Gemeinde anhält und mit gefalteten Händen von einem Ordensmann mit der empor gehaltenen Monstranz den Segen empfängt. Der Verbleib des um 1880 vollendeten Gemäldes ist nicht bekannt.

Das Gemälde zeigt das Gebet Gustav Adolfs vor der Schlacht bei Lützen am 16. November 1632 und belegt die heroische Deutung des Schwedenkönigs als protestantischer Glaubensheld im 19. Jahrhundert. Ein ähnlich aufgefaßtes Gemälde von Nils Forsberg im Kunstmuseum Göteborg. Auch Wilhelm Camphausen (1818–1885) hat die Szene gemalt.

Johann von Sporck (Ölgemälde eines unbekannten Meisters). Auch er steigt vom Sohn eines leibeigenen Bauern zum kaiserlichen General der Kavallerie und zum Reichsgrafen auf. Nach dem Übertritt zum Kaiser bekommt er 1647 die böhmische Herrschaft Lissa. Erneut zeichnet er sich im Türkenkrieg 1664 durch eine bravouröse Reiterattacke in der Schlacht bei St. Gotthard an der Raab und noch im Reichskrieg gegen Ludwig XIV. aus. Der plattdeutsch redende Westfale bleibt in seiner Heimat populär; in Böhmen schreibt ihm das Volk Zauberkräfte zu. Sein ältester Sohn Franz Anton (1662–1738) ist ein feinsinniger Gönner der Künste und Wissenschaften.

Jan von Werth (Stich von B. Moncornet). Bilder des populären Reiterführers sind verbreitet und bezeugen seine Beliebtheit im Volk. Er ist ohne Schulbildung aufgewachsen und hat nie Lesen gelernt. Nach der Nördlinger Schlacht wird er in den Reichsfreiherrnstand erhoben. Er setzt sich an der Spitze seiner Reiter stets der äußersten Gefahr aus und wird mehrfach verwundet. 1643 erhält er die kurkölnische Herrschaft Odenkirchen und wird General über die gesamte Kavallerie. Nach seiner Ächtung durch Kurfürst Maximilian (1647) schenkt ihm der Kaiser zum Ersatz die böhmische Herrschaft Benatek.

IEAN BARON DE WERT
GENERAL DE LA CAVALLERIE IMPERIALE

Werths Feldkaplan Gerhard Vynhoven (1596–1674) dient seinem General seit 1642 als vertrauter Begleiter und beeinflußt seine Entscheidung, die bayerische Reiterei dem Kaiser zuzuführen. Er verfaßt 1652 Werths Testament und erbaut bei seinem rheinischen Heimatort Neersen eine Nachbildung der heiligen Stätten (Klein-Jerusalem), da er sich früher fünf Jahre in Palästina aufgehalten hat.

205

SALVA GUARDIA.

Jr Ferdinand der Ander / von Gottes Gnaden / Er-
wohlter Römischer Käyser / zu allen Zeiten Mehrer deß Reichs / in Germanien / zu Hungarn /
Böheimb / Dalmatien / Croatien / vnd Sclavonien / ꝛc. König / Ertzhertzog zu Oesterreich / Hertzog zu
Burgundi / Steyer / Kärnden / Crain / vnd Würtenberg / ꝛc. Grafe zu Tyrol / ꝛc. Entpieten Nallen vnd
jeden Churfürsten / Fürsten / Geistlichen vnd Weltlichen / Prælaten / Grafen / Freyen Herrn / Rittern /
Knechten / Landvögten / haupleuten / Vitzdomben / Vögten / Pflegern / Verwesern / Ampeleuten /
Landrichtern / Schultheissen / Burgermeistern / Richtern / Rähten / Burgern / Gemeinden / vnd sonst allen andern / Vnsern vnd deß Reichs Vnterthanen vnd Getrewen / vnd daß allen vñ jeden Kriegshern /
Obristen / Obristen Leutenanten / Obristen Wachtmeistern / Obristen Quartiermeistern Rittmei-
stern / Capitaynen Fendrichen / Quartiermeistern / Furieren / vnd allen andern Befehlshabern / wie
die imer Namen haben / zu Roß vnd Fuß / Wasser vnd Land / was Stands / Wesens / oder Würden die
seynd Vnser Freundschafft / Gnad vnd alles guts / vnd hiemit zu wissen: Daß wir auß vielen / Vnser
Käy. Gemüht bewegenden / dapfferen / erheblichen / vnd gantz rechtmessigen vrsachen / über das / vnd reden dem alle Vnsere / vnd deß Heil. Reichs gehorsambe Ständt / vnd jhr Vnterthanen / vnd zugehörigen gemeiniglichen / in Vnserm / als Römi chen Käysers vñ gemeinen Oberhaupts / Schutz Schirmb /
Protection vnd Versprüchnuß seynd / Vnsere / vnd deß Reichs liebe Getrewe / Burgermeister / Raht / ge-
meine Burgerschafft / vnd gesampte Communn. Vnser / vnd deß Heil. Reichs Stadt Nördlin-
gen / zu sampt derosselben anachörigen Schlössern / Flecken Dörffern / vnd Weylern / darinn oder Einbelüchtig / Item in andern Flecken / Dörffern vñ Weylern habenden Höfen / Häusern vnd Gütern / vnd deren aller Freyheyten / Immuniteten / Rechten / vnd Gerechtigkeiten / Gütern vnd

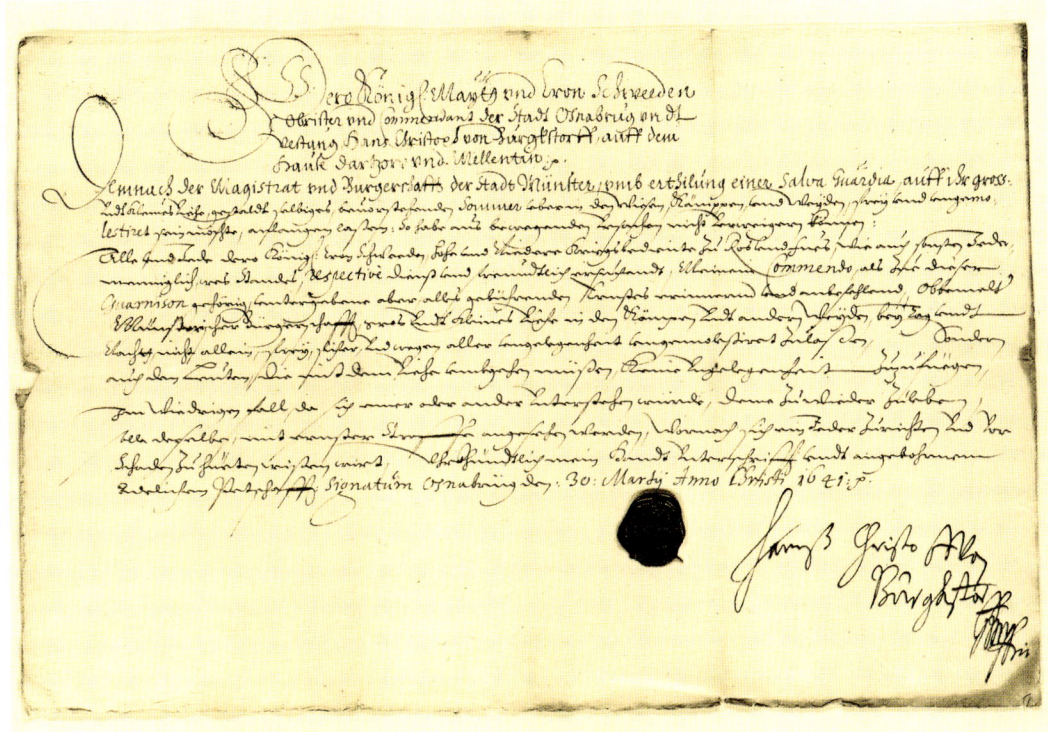

Salvaguardia des schwedischen Kommandanten in Osnabrück. Der Obrist Hans Christoph von Burgsdorff auf Dartzow und Mellentin stellt am 30. März 1641 einen Schutzbrief für das Groß- und Kleinvieh auf den Wiesen, Kämpen und Weiden der münsterschen Bürger für den bevorstehenden Sommer aus, wie auch für die Leute, die mit dem Vieh umgehen müssen, die Hirten und Schäfer.

Eine sogenannte »Salvaguardia« – hier ausgestellt von der »Römisch Kayserlichen auch zu Ungern und Böheim Königlichen Mayestät« mit dem kaiserlichen Doppeladler und der Krone – dient als Schutzbrief gegen Raub und Plünderung und wird gegen eine hohe Geldzahlung von Städten oder Privatpersonen beim Kaiserhof oder von den Heerführern erkauft.

Daß das »Kriegsvolk« den höheren Offizieren den »schuldigen Respekt« verweigert, ist nicht selten, wenn Proviantmangel eintritt und die Soldzahlung ausbleibt. Graf Anholt gesteht 1623 dem Kölner Kurfürsten, er könne den dritten Teil seiner Leute hängen lassen, ohne das Plünderungsunwesen zu heilen, besage doch das Sprichwort, daß der Galgen nicht für die Bösen, sondern für die Unglücklichen aufgesetzt sei! Sogar Schutzbriefe werden dann nicht beachtet. Generalfeldzeugmeister Graf von der Wahl klagt als Oberbefehlshaber in Westfalen 1637, er wisse mit seinen Reitern nichts anzufangen, »dan weder rädern, hencken, noch köpfen etwas helffen will«; von hundert Reitern des Regiments Götz könnten nur 40 »auffsitzen«, weil keine Kavalleriepferde vorhanden seien.

Don Baltasar Marradas (Kupferstich von Egidius Sadeler), ein spanischer Malteserkomtur aus Valencia, nimmt mit seinem Kürassierregiment seit 1619 am Krieg in Böhmen teil, erobert Tabor, wird Reichsgraf und Feldmarschall, dazu nach Wallensteins Tod, dessen erbitterter Gegner er gewesen ist, Besitzer der Herrschaft Frauenberg.

Auch Mittelstädte sind mit Mauern, Türmen und Gräben bewehrt, wie die Bischofsstadt Paderborn, die neunmal den Besitzer gewechselt hat. Der Merian-Grundriß zeigt die Aufstellung und Wirksamkeit der schwedischen Batterien bei der zweitägigen Beschießung durch den Feldmarschall Wrangel im Mai 1646. Die verängstigte Bürgerschaft kauft Brand und Plünderung mit 25 000 Talern ab, dann übergibt Wrangel die Stadt den Hessen. Das Fürstbistum Paderborn bleibt trotz hessischer Besitzansprüche infolge einer französischen Schutzurkunde vom 12. Dezember 1647 bestehen.

Der einäugige Däne Heinrich Holk ist nur ein halbes Jahr älter als Piccolomini, mit dem er um Wallensteins Gunst wetteifert. In der Lützener Schlacht kommandiert er erfolgreich den linken Flügel der kaiserlichen Armee. Er verheert Sachsen, um den Kurfürsten zum Abschluß eines Sonderfriedens zu zwingen, doch erkrankt er 1633 tödlich an der Pest.

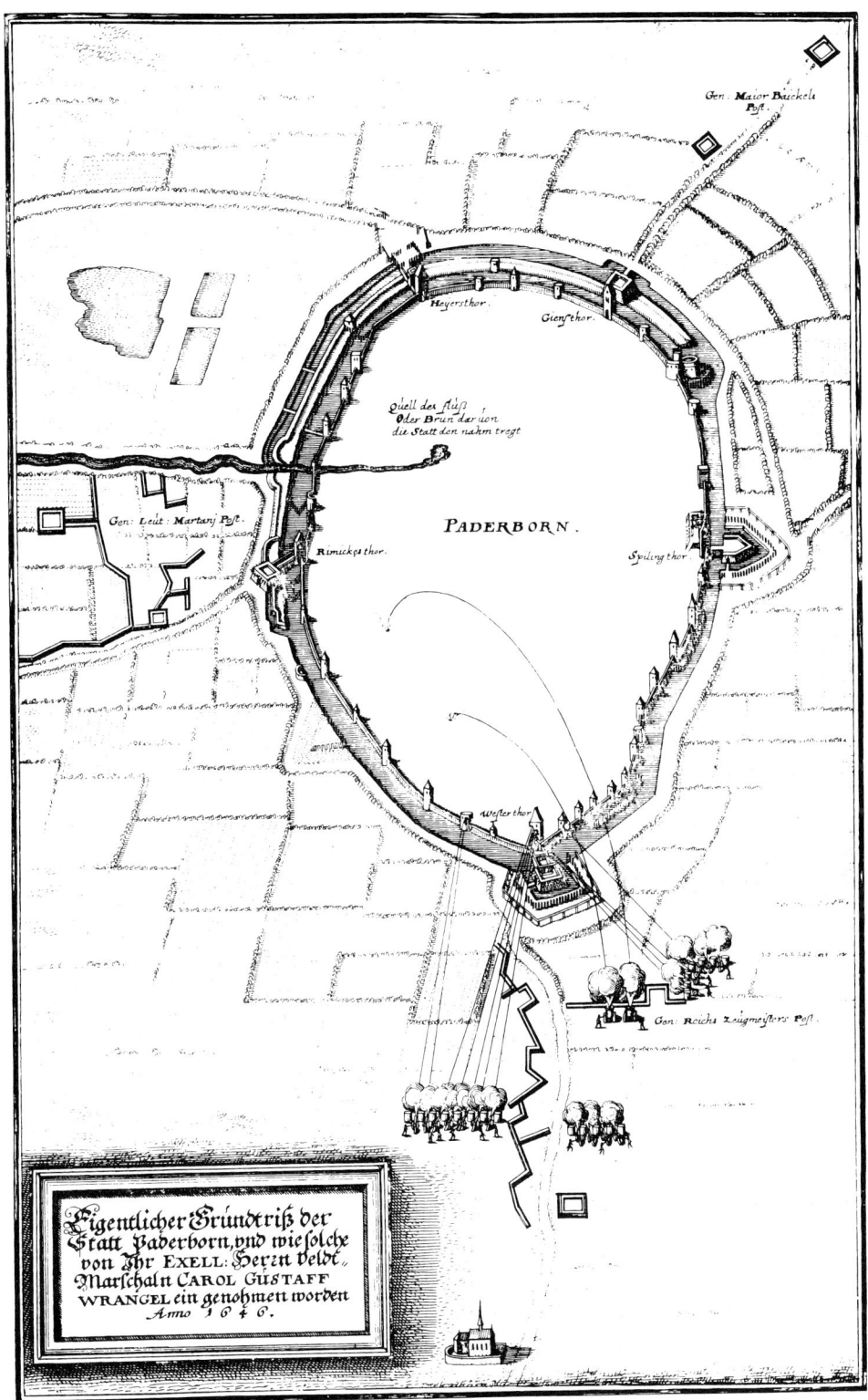

Gen: Maior Barkelt Post.

Heyersthor.

Gienstthor.

Quell des Fluß
Oder Brun daruon
die Statt den nahm tregt

Gen: Leut: Martanj Post.

PADERBORN.

Rimickes thor.

Spilling thor.

Wester thor.

Gen: Reichs Zeugmeisters Post.

Eigentlicher Grundtriß der
Statt Paderborn, vnd wie solche
von Jhr Exell: Herzn veldt
Marschaln CAROL GUSTAFF
WRANGEL ein genohmen worden
Anno 1646.

Ottavio Piccolomini beginnt mit 15 Jahren seine militärische Laufbahn in Italien, ist Obristleutnant im Reiterregiment Pappenheims und 1627 zeitweilig Kommandant der Leibgarde Wallensteins, doch an dessen Sturz beteiligt und erhält zur Belohnung die böhmische Herrschaft Nachod. Anstelle des gefallenen Melander wird er 1648 letzter kaiserlicher Oberbefehlshaber, dann Prinzipalgesandter bei den Nürnberger Friedensexekutionsverhandlungen (Gemälde von Justus Sustermans, 1597–1681).

210

Alexander von Velen kommandiert im Münsterland die kaiserlich-ligistischen Streitkräfte gegen Hessen und Schweden, nimmt aber 1646 seinen Abschied, als ihm Lamboy als Kommandant der Truppen des Niederrheinisch-Westfälischen Reichskreises vorgezogen wird. Kaiser Ferdinand III. ernennt ihn 1641 zum Reichsgrafen und 1653 noch zum Feldmarschall; er erwirbt großen Reichtum und ausgedehnten Grundbesitz, so die Herrschaften Bretzenheim (bei Kreuznach) und Megen (bei 's-Hertogenbosch).

Wilhelm Lamboy ist wallonischer Herkunft, wird als Obrist Pappenheims bei Lützen verwundet und 1634 Generalwachtmeister. Als Kommandant eines kaiserlichen Hilfskorps von 7000 Mann besiegt er am 6. Juli 1641 bei der gegen Richelieu gerichteten Empörung des Ludwig von Bourbon, Grafen von Soissons, eines »Prinzen von Geblüt«, in der Schlacht bei la Marfée den Marschall de Châtillon, doch wird Soissons unmittelbar darauf durch einen Pistolenschuß getötet, weshalb sein glänzender Sieg folgenlos bleibt. Lamboy gerät 1642 bei Kempen in französische Gefangenschaft und muß sich selbst mit 25 000 Gulden loskaufen. 1647 ist er Oberbefehlshaber im Niederrheinisch-Westfälischen Reichskreis und befreit 1648 Paderborn von hessischer Belagerung.

211

213

Der Niederländer Willem Cornelisz. Duyster (um 1599–1635) malt um 1625 Söldner, die sich im Quartier um die Beute streiten und vor Kameradenmord nicht zurückschrecken. Nach ansprechender Vermutung ist vielleicht Gerard Ter Borch um 1632 in Amsterdam Schüler dieses Genremalers gewesen, der kleinfigurige Soldatenbilder hinterläßt.

◁ S. 212/213:
Die Greuel des Krieges (Gemälde von P. P. Rubens). Das große allegorische Werk aus dem Jahre 1637 ist für den Großherzog von Toskana bestimmt und von Rubens in einem Brief an dessen Hofmaler Justus Sustermans erläutert worden:
Links die Figur der wehklagenden »Europa«, denn der Kriegsgott Mars mit bluttriefendem Schwert wird von der fackeltragenden Furie Alekto fortgezogen und kümmert sich nicht um die Liebesgöttin Venus, die ihn mit Liebkosungen zurückhalten möchte. Auf dem Boden die Kriegsopfer: die gestörte »Harmonie« mit der Laute, eine Mutter mit Kind und ein Baumeister mit seinem Instrument. Mars tritt die Wissenschaft (das Buch) mit Füßen.
Rubens hat sich im Auftrag der Infantin Isabella, die er verehrt, leidenschaftlich für den Frieden eingesetzt und mehrfach Gesandtschaftsreisen nach Spanien und England unternommen. Kardinal Richelieu ist deshalb sein Feind geworden.
Jacob Burckhardt hat das Werk als »das ewige und unvergeßliche Titelbild zum dreißigjährigen Kriege von der Hand des allein im höchsten Sinne dazu Berufenen« bezeichnet, spiegelt sich doch darin die echte Erschütterung des Meisters über die Feindseligkeiten wider, denen er selbst vergeblich ein Ende zu setzen versuchte.

Der Flame Sebastian Vrancx (1573–1647) schildert, wie marodierende Soldaten einen Bauernhof überfallen und die Bewohner drangsalieren. Vermutlich haben Vorgänge auf dem flandrischen Kriegsschauplatz ihm Motive für das Bild geliefert. Der Maler ist seit 1626 Kapitän der Antwerpener Bürgerwache und war der Lehrmeister des Schlachtenmalers Peter Snayers. Er verdankt seinen Ruhm vor allem den von ihm mit Vorliebe dargestellten militärischen Szenen wie Überfällen und Plünderungen, Sujets, die von ihm ausgebildet werden und bei seinen Zeitgenossen weite Verbreitung finden.

Ein Gemälde Duysters schildert das Treiben von Plünderern, die hier eine Frau auf der Suche nach Geld verhören, und trägt den Titel »Les Maraudeurs«. Vom »Orden der Merodebrüder« erzählt Grimmelshausen: »Sie wachen nicht, sie schanzen nicht, sie stürmen nicht und kommen auch in keine Schlachtordnung, und sie ernähren sich doch! Was aber der Feldherr, der Landmann und die Armee selbst, bei deren sich viel solches Gesindel befindet, für Schaden davon haben, ist nicht zu beschreiben. Der heilloseste Reuterjung, der nichts tut als furagieren, ist dem Feldherrn nützlicher als tausend Merodebrüder, die ein Handwerk draus machen und ohne Not auf der Bärenhaut liegen. Sie werden vom Gegner hinweggefangen und von den Baurn an manchen Orten auf den Finger geklopft; dadurch wird die Armee gemindert und der Feind gestärkt.«

Jakob Duck aus Utrecht (um 1600–1667) zeigt Soldaten, die ihr Quartier in einem profanierten romanischen Kirchenbau aufgeschlagen haben, wo sie die Beute an ihre Liebchen verteilen. Derartige Darstellungen zügelloser Soldateska werden ein beliebtes Motiv bürgerlicher Genrebilder.

Nur angedeutet ist auf der Wand eine Steinplatte mit einem Totenkopf darüber als »Vanitas«-Symbol der Vergänglichkeit aller Dinge. Der Maler, der in Haarlem und Den Haag eine Werkstatt unterhält, bevorzugt Bilder in braunen und grauen Farbtönen mit Akzenten in hellen Lokalfarben.

Hans Jakob von Grimmelshausen (um 1624–1676) ist der große Dichter des Dreißigjährigen Krieges, den er als Soldat und Regimentsschreiber miterlebt hat. Sein »Simplizissimus« wird durch »Simplicianische Schriften« ergänzt, von denen die »Courasche« und der »Springinsfeld« am bekanntesten sind:

Die »Erzbetrügerin und Landstörzerin Courasche, wie sie anfangs eine Rittmeisterin, hernach eine Hauptmännin, ferner eine Leutnantin, bald eine Marketenderin, Musketiererin und letztlich eine Zigeunerin abgegeben«.

»Vor Zeiten nannt man mich den tollen Springinsfeld,
Da ich noch jung und frisch mich tummelt in der Welt,
Zu werden reich und groß durch Krieg und Kriegeswaffen,
Oder wenn das nit glückt, soldatisch einzuschlafen;
Mein Fatum, was tat das? die Zeit und auch das Glück?
Sie stimmten in ein Horn, zeigten mir ihre Tück!

Ich wurd des Glückes Ball, mußt wie das Glück umwälzen,
Mich lassen richten zu, daß ich nun brauch ein Stelzen,
Stelz jetzt vors Bauern Tür, im Land von Haus zu Haus,
Bitt den ums Brot, den ich so oft jagt aus!
Und zeig der ganzen Welt durch mein armselig Leben,
Daß teils Soldaten jung alte Bettler abgeben.«

218

Der Armen/ durch vielfaltige/ grausame

schädliche Krieg/ durchzüg/ vnd andere weg hochbeträngten vnd
beschwerten Bawers vnd Landleuten in der gantzen Christenheit/
vmb den lieben Frieden.
Nach dem alten Kirchengesang/ Da pacem Domine, in diebus nostris, gerichtet.
Oder Verleyh vns frieden gnädigclich/ etc.

O Gott/ welcher hie alle ding/
Wol seind bewust/ groß vnd gering/
Wir hand im Hauß/ nun mehr kein Brödt
Wehm sagen wir/ in solcher nohe?

DA.

Gib vns/ dann zu dir lieber HERR/
Wir hoffen all/ dieweil nun mehr/
Wucher vnd Geiz/ nimpt vberhand/
So verkehr vns/ in diesem Stand/

PACEM.

Fried/ Einigkeit/ doch wiltu mehr/
O straffen all vnser Sünde schwer/
Mit Pestilenz/ Thewrung/ Krieg schad?
Wir hand verschuld/ solch vngnad.

DOMINE.

HERR/ vnser Vorfahren all sampt/
Solche Boßheit/ Schand/ nie vernampt/
List vnd Betrug/ Vngrechtigkeit/
Als wir offt sehn mit Herzenleidt.

IN DIEBUS NOSTRIS.

In vnsern tagn/ wir seind beschwert/
Mit Arbeit viel/ Zinß/ aufgeführt:
Vnser Gesind/ muß betlen gehn/
Wir haben heut/ nie Brodt gesehn.

QUIA NON EST.

Dann es ist kein/ vbriges mehr/
Ob wir im Feldt gearbeit her/
Die Reben pflanzt/ Wein zubekomm/
So hats doch/ alls hingenomn.

ALIUS.

Ander Volck welchs verpraßt gar/
Was wir gesamblet han diß Jahr/
Inn Müßiggang/ nit wie man soll:
O lieber HErr/ du kenst den wol.

QUI.

Er vnser Schaaff genommen hat/
Küh/ Schwein/ Gänß/ Hüner/ geschlagen todt/
Auch die verschlembt/ mutwillig sehr:
Gib jemandt/ der sür vns nun mehr.

PUGNET.

Streit/ vnd straff noch die böse leut/
So vns zumal verderben heut/
Wie vorhin auch/ welche doch solten
Kempffen billich/ wann sies thun wolten.

PRO. NOBIS.

Für vns/ wie du gabst deinem Sohn/
O die sunst waren verdorben schon:
Drumb glauben wir/ das mehr kein Mann/
Auß aller nohe/ erretten kan/

NISI TU.

Wann du: wer sich auff die ganz Welt
Verläßt/ der hat sehr weit gefehlt:
Er sind kein Heyl/ drumb wir in gmein/
Hoffen zumal/ auff dich allein.

DEUS NOSTER.

Gott vnser HErr: wann Vnrecht/ Gwalt/
Wucher vnd Geiz/ in d'Helle fallt/
Grechtigkeit/ Fried/ Sieg/ Triumphirt/
Als dann solch zeit vns frewen wirdt.

Psal: 60. 67. Esa: 59.　　　　　D. S.

HERR/ schaff vns beystand in der nohe: Dann Menschen Hülff ist kein nuz/ etc. Zerstöre die Völcker/ die lust haben zu Kriegen/ etc. Dann ihre Werck seind Werck der Boßheit/ ja das Werck deß Raubs ist in ihren Händen/ Ihre Füß lauffen zum bösen/ vnd eylen das vnschuldig Blut zuvergiessen/ Ihre Rahtschläge/ Verwüstung vnd Mord ist auff ihrer Bahn: Aber den Weg deß Friedens kennen sie nicht/ in ihrem ziehen ist kein billigkeit: Ihre Weg sind verwirret/ das ein jeder der darein gehet/ nichts vom Frieden weißt. Vnd darumb ist billigkeit weit von vns/ vnd Gerechtigkeit nahet vns nicht/ etc.

Straßburg/ bey Jacob von der Heyden.

Neive Bawren-Klag

Über die unbarmhertzigen Bawren-
Reuter dieser Zeit.

Günstiger Leser tritt herbey/
Beschaw die seltzam Reuterey/

Die jetziger Zeit in der Welt/
Von den Soldaten angestellt.

Flugblatt mit Klage über die »unbarmherzigen Bauernreiter«, die Soldaten, die von der Quälerei der Landbevölkerung leben. Der Text droht mit Aufruhr und Vergeltung.

Das Blatt ist in mehreren Versionen verbreitet, z. B. auch 1643 erneut mit dem gleichen Text gedruckt ▷ worden.

◁ S. 219:
»Klag und Betlied der armen Bauern und Landleute« (Radierung des Jacob von der Heyden, Straßburg). Vor dem Hintergrund einer Plünderung steht die wehklagende Dorfbevölkerung, für die in den Liedstrophen des Autors Daniel Sudermann (1550–1631) um Frieden gebetet wird: »Herr, gib Frieden in unseren Tagen, weil kein anderer für uns streitet, als Du, unser Gott.« So der lateinische Text.

Newe Bauren-Klag/
Vber die Vnbarmhertzige Bauren Reütter dieser zeit

Lieber Leser tritt herbey
Beschaw die seltzam Reütterey

Die dieser zeit in der Welt
Von den Soldaten angestelt.

P. Aubry Excudit

JSt auch jetzt wol ein Mensch in diser welt zu finden/
Den jederman begehrt an haut vnd haar zu schinde?
So seinds wir Bäuerlein! wir seind die ärmsten Leut/
Dann vnser Vieh vnd Pferdt/ seind der Soldaten Beut.
Was nur der Bauer hat/das wird gleich preyß gegeben/
Der Bruder Veit ist Herz gar vber vnser Leben/
Die Häuser seind verbrändt/die Kirchen seind zerstört/
Die Dörffer seind verkehrt/der Vorhat ist verzehrt/
Mann sicht der Länder trost die grossen Stätt verbrennen/
Die Herrligkeit deß Lands mag keiner mehr erkennen/
Durch Krieg/raub/mord vnd brand wird es zur wüsteney/
Das freye Römisch Reich wird jetzt zur Barbarey/
Trägt schön der acker frucht/vnnd meinen wir zuschneiden/
So dörffen wir nicht hin/vnd müssen solches leyden/
Das sie der Reuter nimt/vnd vns noch drüber schmiert/
Daß wir nit mehr gesät/weil ihm noch mehr gebürt;
Wir werden auff das blut vnd marck gantz außgesogen/
Ja gar biß auff die Haut/gantz nackend außgezogen/
Es geht Gut/Blut vnd Muth/mit sambt dem Leben auff/
Es herschet vber vns der mehr als Höllen hauff/
Das schwerd frist weib vnd kind; nach dem die pferd gestolt/
Vnd nichts mehr vbrig ist/das die Soldaten holen/
So muß der arme Baur ó vbergrosse pein!
Mit einem Maul-Gebiß das Roß vnd Esel sein/
Der Reuter dummelt ihn/gibt ihm die scharpffe sporen/
Meint wann er nicht so renn/er hät die sach verlohren/
Er treibt ihn hin vnd her/wohin er nur begehrt/
Hält ihn viel härter als ein vnverständig pferd/

Dann wann die Pferde müd/so lasset mann sie rasten/
Sie haben Habern gnug/wir aber müssen fasten/
Biß vns die Seel außgeht/wir haben kein ruh/
Vnd können wir nit fort/so gehn die stöß darzu.
Wir sagen aber daß/vnd wollen es bekennen/
Dir Mars vnd deiner Macht/daß die so jetzund rennen/
Darzu gantz grausamlich/mehr als ein ägel thut/
Auffsaugen vnser blut/vnd rauben vnser Gut/
Daß wann die lange kling/muß einen Bratspieß geben
Vnd in dem finstern Helm/die spinnen künstlich weben
Wann auch der Säbel selbst/zur Sensen wird verwend/
Vnd wann die Büchsenschäfft/zum kochen all verbrent/
So wird ja mancher Knecht/bevorab solch g'sellen/
Die kein Handwerck gelernt/auch nie nichts lernen wöllen/
Sich zu vns müssen thun/vnd vmb ein stücklein brod/
Sehr grosse arbeit thun/vnd wann sie dann in noth/
So werden wir auch gewiß der schmach vnnd schläg gedenck
Vnd keiner vnter vns/das lang-geborgt schencken/ (ken/
Die Instrument seindt vns allen wohl bekandt/
Ohn was der jähe zorn gibt selber an die hand/
Wir haben Breül genug/auch kolben/hacken/schlägel/
Die gablen seind gar gut/die harte Tröscher pflegel/
Dadurch wird manche haut/gar mürb vnd fein geschlacht/
Vnd thut viel besser gut/als einer hät gedacht/
Ihr Reutter denckt daran/vnd lasset ewer schinden!
So lassen wir den zorn auch desto eher schwinden/
Wer sich nicht warnen läst/vnd kriegt darüber stöß/
Der seye vber sich/vnd keinen andern böß.

Getruckt Im Jahr 1643.

221

Deß armen Manns sehnliche Klag / gegen dem grossen Kriegs Gott / über das verderbliche Kriegswesen / vnd vmb Abwendung desselben.

1.
O Kriegs Fürst hör /
Nicht alls zerstör /
Denck an die Zeit /
Sih an das Leyd /
Auch die Elendn
In allen Ständn /
Leg ab die Waffn /
Gott thut nicht schlaffn.

2.
Nimb an den Fried /
Verwirff ihn nit.
Der Bawer klagt /
Das Handwerck sagt:
O Handelsmann /
Wenn gehts doch an /

Daß man recht trawt /
Vnd die Meß bawt?

3
Der Kauffmann spricht /
Wo das nicht gschicht /
Daß Fürsten vnd Herrn /
Recht einig wern /
Auch folgen Gott /
Vnd seim Gebot /
An allem Ort /
Sonst gehts nicht fort.

4
Weil es dran ligt /
Wo solchs nicht schickt
Der Gott im Himmel /
Stillt das Gtümmel.

O Herr sich drein /
Kehr bey vns ein /
Thu vns Fried sendn /
In allen Ständn /

5.
Auff daß wir dich /
Können frölich
Loben vnd preisn /
Vnd vns befleissn
Christlich zu lebn /
Vnd widerstrebn
Der Sünd vnd Schand /
In allem Land.

W. W. Dichter. 1 6 3 6.

Die Attendorner »Schwedentafel« ist ein Votivbild, wie man es sonst vorwiegend in Süddeutschland vorfindet und zum Dank für die Verschonung der sauerländischen Kleinstadt vor mehreren schwedisch-hessischen Angriffen in den Jahren 1632 bis 1634 gestiftet. Die Muttergottes mit Kind wird von Johannes dem Täufer (Kirchenpatron) und dem hl. Erzbischof Engelbert von Köln (Stadtgründer) eingerahmt.

Es hat den Anschein, als ob eine ältere Fassung (um 1590?) hier eine neue Verwendung gefunden hätte. Das rechts unten angebrachte Stifterwappen deutet auf ein Mitglied der Familie Gertmann.

◁ »Des armen Manns sehnliche Klag gegen den großen Kriegsgott über das verderbliche Kriegswesen und (Bitte) um Abwendung desselben« eines anonymen Dichters W. W. aus dem Jahre 1636. Dem auf einer Trommel sitzenden behelmten Mars klagen Bürger und Bauern ihr Leid. Auf einem anderen Flugblatt heißt es: »Wo Mars, der Landsknechts Gott, die Oberherrschaft hat, da herrscht Lasterschwarm und Tugend hat nicht stadt.«

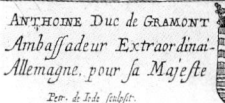

Antoine Herzog von Gramont, Marschall von Frankreich, wird als Befehlshaber des rechten Flügels der französischen Armee in der Schlacht bei Alerheim durch Reiter Werths gefangen, in München ehrenvoll vom Kurfürsten empfangen und umgehend gegen den ebenfalls gefangenen Feldmarschall Graf Geleen ausgetauscht. Gramont gehört zu den berühmten Memoirenschreibern seines Jahrhunderts.

Reinhold von Rosen aus einem livländischen Geschlecht zeichnet sich unter Bernhard von Weimar aus und gilt als geschicktester Reiterführer der französischen Armee in Deutschland, wird aber 1645 bei Herbsthausen von Werth gefangen; nach seinem Austausch überfällt Sporck bei Geislingen seine Reiterei und zersprengt sie. Rosen ist später Turennes erbitterter Feind.

Josias Rantzau entstammt einer alten Adelsfamilie Holsteins und dient wechselnden Herren, wird französischer Generalleutnant und Stellvertreter Enghiens, doch mit seiner Armee bei Tuttlingen gefangen. Man hat ihn für den Vater Ludwigs XIV. gehalten, der mit ihm auffallende Ähnlichkeit gehabt haben soll, doch erscheint er seinen Zeitgenossen dadurch besonders merkwürdig, daß er angeblich sechzig Wunden am Körper trägt und zuletzt von allen Gliedern nur die Hälfte besitzt.

Roelandt Savery (1576–1639) aus Kortrijk, der Hofmaler Kaiser Rudolfs II. gewesen ist, malt die Plünderung eines verschneiten Dorfes durch eine Söldnertruppe. Das Bild zeigt Anklänge an Pieter Brueghels »Massaker der unschuldigen Kinder« und ist Saverys einzige Winterlandschaft.

Mehr humoristisch wirkt ein Doppelblatt, das Boetius a Bolswert (um 1580–1633) gestochen hat. Es zeigt, wie Söldner mit ihrem Anhang Einlaß in ein Quartier begehren und wie entschieden die Bauern und besonders deren Frauen sich widersetzen. In diesem Fall haben sie offenbar vollen Erfolg. Es heißt z. B. von den Bauern im westfälischen Sauerland, daß sie sich »auf ihrem Mist nicht gerne foppen« lassen (Grimmelshausen).

226

227

Porträt des Schlachtenmalers Peter Snayers (1592–1667) von Andreas Stock nach van Dyck. Snayers ist Hofmaler der Erzherzogin Isabella, des Kardinalinfanten Fernando und Leopold Wilhelms von Österreich und verfertigt in Brüssel für seine Auftraggeber großformatige Gemälde, oft nach genauen Anweisungen von Teilnehmern über die jeweilige Geländebeschaffenheit.

Porträt Callots von Lucas Vorsterman nach Zeichnung van Dycks. Jacques Callot (um 1592–1635) aus Nancy schildert in der unheimlichen chronistischen Sachlichkeit seiner Radierungen die Schrecken des Krieges, die bis ins einzelne Grimmelshausens Erzählungen nahekommen, wie man häufig betont hat.

228

Callots grausiges Bild der Gehenkten in der Gerichtseiche zeigt, wie auf frischer Tat ertappte Maro-
deure an einem riesigen Baum aufgehängt werden. Mönche, die als Feldprediger die angetretenen
Truppen begleiten, sprechen den Verurteilten letzten Trost zu. Unten würfeln einige noch um das
Los, gehängt oder begnadigt zu werden.

Ein unbekannter Stecher hat 1633 nach einer Bauernrevolte eine ähnliche grauenvolle Szene für die
Nachwelt festgehalten: »Den 29. Januarii 1633 seindt bey Hesingen, ein stundt von Basel, 48 bauren
wegen einer Auffruhr an drey bäumen gehenckt worden.« Berüchtigt ist das »Frankenburger Würfel-
spiel«: Im Mai 1626 läßt der Statthalter in Oberösterreich Graf Herberstorff rebellische Bauern paar-
weise um ihr Leben würfeln und 17 Verlierer aufknüpfen. Das führt zum Aufstand im Lande ob der
Enns, der blutig niedergeschlagen wird.

Die Plünderung eines Bauernhofes (Detail aus der Folge »Les misères et les malheurs de la guerre«, Paris 1633). Die Folge der 18 Radierungen des Lothringers J. Callot, der die Kriegsdrangsale bei der Eroberung seiner Heimat durch die Franzosen selbst kennenlernt, stellt wohl das eindrucksvollste Zeugnis der Unerbittlichkeit des Krieges dar.

Zu der Bildfolge S. 231–233: [

Der Augsburger Maler Hans Ulrich Franck (1603–1675) hat neben Callot die schonungslosesten Radierungen geschaffen, die uns eine Vorstellung von der wahren Seite des fürchterlichen Ringens geben. So schildert er realistisch Mord und Vergewaltigung der Landbevölkerung, aber auch die Rache, die an einzelnen Meldereitern und Marodeuren geübt wird. »Mord und Plünderung« – »Schuß aus dem Hinterhalt« – »Tod eines Reiters« – »Zechende Soldaten«. »Die tanzenden Paare in der Schenke« zeigen trotz alledem ausgelassene Fröhlichkeit.

232

Joachim von Sandrart (1605–1688) malt während des Nürnberger Friedenskongresses 1650 den Generalleutnant Ottavio Piccolomini, der die Abrüstung der kaiserlichen Kriegsvölker durchführt, mit seinem Adjutanten, dem Obristen Hans Christoph Ranfft v. Wiesenthal, den er zu vertraulichen Sendungen verwendet. Das Gemälde (257 x 165 cm) befand sich auf Schloß Nachod. Piccolomini gibt am 4. Juli 1650 ein großes Festbankett mit einem prächtigen Feuerwerk; dazu verfaßt der Dichter Sigmund von Birken ein Friedensschauspiel. Der zum Reichsfürsten aufgestiegene Heerführer stiftet in Wien die Servitenkirche, in der er beigesetzt wird, als er 1656 bei einem Reitunfall stirbt.

Flugblatt des Verlegers Gerhard Altzenbach aus Köln mit dem gewagten Titel »Der Mars ist nun im Ars«, das den Abschluß des Friedens begeistert feiert. Der Kriegsgott Mars ist tot, seine Soldaten verlassen das Land, das sich nun aller Segnungen des Friedens erfreuen darf.

Jämmerlich ist das Los der verwundeten und verkrüppelten Soldaten. Callot schildert das Elend der Invaliden, die als das »Strandgut des Krieges« bettelnd das Land durchziehen und Mitleid suchend hier an den Pforten eines Hospitals oder Klosters vorsprechen.

SERENISSIM·ET POTENTISSIM·PRINCEPS AC DOMIN·D·CAROLUS
GUSTAVUS·D·G·SUECOR·GOTHOR·VANDALORUMQ·REX·MAGNUS
PRINCEPS·FINLANDIÆ·DUX ESTONIÆ·CARELIÆ·BREMÆ·VERDÆ·
STETINI·POMERAN·CASSUB·&·VANDAL·PRINCEPS·RUGIÆ·D·INGRIÆ·
&·VISMAR·NECNON·COM·PAL·RHEN·BAVAR·IUL·CLIV·&·MONT·DUX·&c

Karl Gustav (1622–1660), Pfalzgraf von Zweibrücken, Erbprinz von Schweden, ist der Sohn der Prinzessin Katharina, der Schwester Gustav Adolfs. Er zeichnet sich in den letzten Kriegsjahren aus, so daß er als beliebter Kriegsheld auf Christines Vorschlag 1654 von den Reichsständen zum schwedischen Herrscher gewählt wird. Er führt als König Karl X. die Söldnertruppen, für die man nach Kriegsende keine rechte Verwendung mehr hat, gegen Polen und Dänemark (Kupferstich von Jacob Sandrart).

Scherzgedicht »Die Früchte des Friedens«

Scherzgedicht »Die Früchte des Friedens« vom Verleger Paulus Fürst, Nürnberg. Das Flugblatt stellt humorvoll die Veränderungen dar, die der Frieden bewirkt, wobei eine Reihe von Einzelszenen zu einem Bild zusammengefaßt ist. Das jetzt entbehrliche Kriegsgerät wird friedlichen Zwecken zugeführt. Die ehemaligen Offiziere und Soldaten müssen arbeiten, ein früherer Kommandant ist Wirt, ein anderer hütet die Schweine. Marketender und Troß dürfen die Bauern nicht länger schikanieren, sondern übernehmen nützliche Tätigkeiten zur Sicherung ihres Lebensunterhalts.

237

»Waffenruhe 1648« betitelt sich das Gemälde des Düsseldorfer Hofmalers Johann Spilberg d. J. (1616–1690), das als Symbol der vollzogenen Abrüstung die aufgetürmten Kriegswaffen zeigt.

Allegorischer Kupferstich des Amsterdamer Verlegers Crispijn van de Passe d. J. (um 1593 bis nach ▷ 1670) zum Friedensschluß. Der in Trauerkleider gehüllten Personifikation Deutschlands trocknet Pax als Verkörperung des vom Himmel herabgestiegenen Friedens ihre Tränen ab. Über ihr zwei Putten. Der eine hält ein Spruchband mit der Inschrift »Pax descendit de coelo«, der andere schüttet sein Füllhorn aus. Links im Vordergrund die Attribute des Krieges, rechts verstümmelte Kinderleichen, eine Krone, eine Mitra, ein zerbrochener Bischofsstab und eine umgestürzte Kirche als Embleme der Zerstörungen. Im Hintergrund rechts wird der Frieden unterzeichnet, links durch Trompeter verkündet.

Friedenskongreß in
Münster und Osnabrück

Vorgeschichte und Kongreßbeginn

Hamburger
Präliminarvertrag:
Neutralisierung

Bereits im Sommer 1641 wird der Rat der Stadt Münster überraschend durch Johann Detten, einen kaiserlichen Sekretär und gebürtigen Münsteraner, davon in Kenntnis gesetzt, daß während des Regensburger Reichstages die westfälischen Städte Münster und Osnabrück zu Tagungsorten des künftigen Friedenskongresses bestimmt sind, und zwar auf Veranlassung der schwedischen Krone. Münster sei für die Verhandlungen mit Frankreich, Osnabrück für die schwedischen Traktate ausersehen. Der Sekretär glaubt, der Heimatstadt könne daraus nicht nur unsterblicher Ruhm, sondern auch »unsäglicher finanzieller Nutzen« erwachsen. Kaiser Ferdinand III. *126* gibt dann im Hamburger Präliminarvertrag am 25. Dezember 1641 seine Einwilligung, daß die beiden Städte für die Kongreßdauer neutralisiert werden. In Münster soll zudem unter Vermittlung der römischen Kurie und der Republik Venedig auch über eine Beendigung des Kampfes zwischen den Königen von Spanien und Frankreich verhandelt werden; das bedingt, daß sich künftig hier auch die Bevollmächtigten der niederländischen Generalstaaten einfinden müssen. Diese räumliche Trennung des als Einheit gedachten Kongresses soll zunächst die vielfach so hinderlichen Zeremoniellstreitigkeiten vermeiden, die damals zwischen verfeindeten Monarchen üblich sind. Zwar vereinbart schon der schwedische Resident Johan Adler Salvius in Hamburg unter dänischer Vermittlung mit dem kaiserlichen Reichshofrat von Lützow, daß binnen zwei Monaten an beiden Orten die allgemeinen Friedensverhandlungen eröffnet werden sollen, doch verzögert der Kaiser aus taktischen Gründen den Beginn, um durch erhoffte militärische Erfolge seine schlechte Ausgangsposition etwas zu verbessern. Erst am 17. Mai 1643 entbindet der Reichshofrat Johann Krane in feierlicher Zeremonie auf der *265* Ratskammer die Stadt Münster von ihren Verpflichtungen gegen das Reich und den bischöflichen Landesherrn, den in der Stadt Bonn residierenden Kurfürsten Ferdinand von Köln, den jüngeren *69* Bruder des bayerischen Kurfürsten Maximilian. Dasselbe tut Krane auch in Osnabrück, dessen von den Schweden vertriebener Fürstbischof Franz Wilhelm derzeit im rheinischen Exil weilt. Trotzdem sind die Aussichten auf ein baldiges »Ende des Kriegslärms« eher gering, stehen doch die Kriegsziele der beteiligten Mächte noch keineswegs fest.

Münster und
Osnabrück im
Städtevergleich

Mit der Neutralisierung übernehmen die beiden Magistrate die Verantwortung für die Sicherheit des künftigen Kongresses, erwarten jedoch bei aller Hoffnung auf die Vorteile solcher Unabhängigkeit auch große Schwierigkeiten, weil Krane ihnen andeutet, man möge zeitig an die Unterbringung von zehn- bis zwölftausend fremden Gästen denken, denen man alle erforderlichen Lebensmittel liefern müsse. Die ländliche Umgebung der Stadt Münster leidet ständig unter räuberischen Streifzügen der hessischen Besatzungen von Coesfeld, Borken und Bocholt, denn die Landgräfin Amalie steht im Lager der Feinde des Kaisers. Nur durch glückliche Umstände ist Münster bisher von einer ernsthaften Belagerung verschont geblieben; als die rund 12 000 Einwohner zählende Stadt im Juni 1634 bedroht wird, nimmt sie kaiserliches Kriegsvolk unter dem Feldmarschall-Leutnant Gottfried Graf Huyn von Geleen auf, was die Gefahr bald abwendet. Die seit der Täuferzeit ausgebaute und verbesserte Stadtbefestigung und die ständig verteidigungsbereite Bürgerschaft machen Münster zu einem festen Bollwerk der kaiserlichen Seite. Osnabrück hingegen ist seit Jahren schon in den Händen der Schweden und vom Kriege schwer heimgesucht, eine ländliche Kleinstadt von etwa 6000 Seelen, die mit dem Bistum längst dem natürlichen Sohn des Schwedenkönigs zugesprochen ist. Hier übernehmen die Bürger selbst den Schutz der Diplomaten, während der Rat in Münster die angeworbenen Stadtsoldaten auf 1200 Mann verstärkt und den Obristen Johann de Reumont (um 1600–1672), einen Wallonen, der bislang die starke kaiserliche Garnison in Dorsten befehligt hat, zum Stadtkommandanten bestellt. Er erweist sich als tüchtig und versieht sein verantwortungsvolles Amt zur vollen Zufriedenheit des Rates, der ihm neben hoher Besoldung alljährlich als Neujahrsgabe einen feisten Ochsen oder einen Silberpokal zubilligt.

Die ersten Quartiermacher der Franzosen erscheinen schon 1643 bei der Neutralisierung in Münster, doch lassen sich die Gesandten noch reichlich Zeit und treffen erst im Laufe des Jahres 1644 ein. Ihre Ankunft ist jeweils ein Staatsakt. Die Vertreter der Großmächte und der deutschen Kurfürsten werden an der Stadtgrenze durch den Stadtkommandanten begrüßt und begeben sich durch ein Spalier der aufgebotenen Bürger und Soldaten zu ihrer neuen Unterkunft, die sich nach der Größe und Bedeutung der jeweiligen Vertretung richtet. Der Rat überläßt die Vermietung der freien Vereinbarung mit den Eigentümern, greift aber mitunter bei Mietstreitigkeiten schlichtend ein. In Münster gibt es genügend Klöster, Domkurien und Adelshöfe für die größeren Legationen, in Osnabrück, wo sich Dänen und Schweden einfinden, werden vorwiegend Bürgerhäuser und Gaststätten requiriert. An beiden Orten ärgern sich die Ausländer über den Gestank und den Unrat, den die von den Bürgern zahlreich gehaltenen Schweine und Kühe auf den Straßen verbreiten. Beim Fehlen von Tapeten hilft man sich durch aufgehängte Gobelins und läßt große Räume durch Bretterwände aufteilen. Für die vielen Reit- und Zugpferde werden zusätzliche Stallungen benötigt. Das Klima sagt zwar den Südländern wenig zu, sie stöhnen über den häufigen Regen und die naßkalte Witterung, doch werden die anfangs befürchteten Ernährungsprobleme offenbar zur Zufriedenheit der Kongreßteil-

Ankunft und Unterbringung der Gesandten

241

nehmer gelöst, zumal kaiserliche Pässe die freie und ungehinderte Lebensmittelzufuhr für beide Städte garantieren.

Die Mediatoren

In Münster laufen alle Fäden bei den beiden Friedensvermittlern zusammen. Der päpstliche Nuntius Fabio Chigi (1599–1667), später 272 Kardinalstaatssekretär und seit 1655 unter dem Namen Alexander VII. Papst, nimmt mit seinem kleinem Gefolge im Minoritenkloster Wohnung; er ist mit den deutschen Verhältnissen vertraut, weil er sich seit 1639 als Nuntius in Köln aufgehalten hat, ist sprachenkundig und humorvoll, ein feinsinniger Kenner der lateinischen Dicht-273 kunst, der seinen westfälischen Alltagserlebnissen recht gelungene Gelegenheitsgedichte in klassischer Versform widmet. Seine Instruktionen verlangen seine Beschränkung einzig auf die Vermittlertätigkeit zwischen den katholischen Mächten und untersagen ihm jeden Verkehr mit den Protestanten, so daß sein Handlungsspielraum doch recht eng bemessen ist. Sein italienischer Kollege, der Venezianer Alvise Contarini (1597–1653), hat seine Republik als Botschafter in Den 274 Haag, London, Paris, Rom und Konstantinopel vertreten und schaltet sich auch bei den Verhandlungen in Osnabrück ein. Seine klugen Bemühungen um den Friedensschluß werden später im Vertragstext rühmend erwähnt. Beide Mediatoren zeigen strenge Unparteilichkeit und sind unbestechlich, was von den wenigsten Diplomaten gelten kann.

Fast alle Gesandtschaften sind doppelt besetzt, wobei meist ein Adeliger die Repräsentationspflichten wahrnimmt, während ein bürgerlicher Jurist den Schriftverkehr besorgt und die eigentlichen mündlichen Verhandlungen führt, die nach heutigem Empfinden höchst umständlich verlaufen. Die Gesandten sind nur Vertreter, nicht aber die Leiter ihrer Regierungspolitik, müssen daher ständig an ihre heimischen Höfe berichten und neue Weisungen einholen, was viel Zeitverlust bedingt, zumal die Postverbindungen über ganz 275 Europa verteilt sind. Es gilt als Rekord, wenn ein kaiserlicher Kurier die Strecke von Münster nach Wien und zurück in 19 Tagen zurücklegt. Die Post nach Madrid dauert vier volle Wochen, nicht selten werden Kuriere und Postkutschen von plündernden Soldaten abgefangen und beraubt. In den beiden westfälischen Kongreßstädten merkt man zwar vom wechselnden Kriegsgeschehen selbst wenig, doch ereignen sich Fälle von Mord und Straßenraub unmittelbar vor den Toren. Der münstersche Rat wird zu Verteidigungsmaßnahmen genötigt, als im Juli 1647 vor den Schweden des Generals Königsmarck flüchtende Bauern mit ihrem Vieh in die Stadt strömen, die »durch ihr Geschrei, das sich mit dem Brüllen ihrer Herden ver-

mischt, alle Einwohner in Schrecken setzen«, wie ein Franzose überliefert. Man ist genötigt, diesem General »unterschiedliche Praesen-
ten an Wein und Habern« wie auch »Silber und Gold« anzubieten,
um bei ihm ein Plünderungsverbot und baldiges Abzugsversprechen
zu erwirken.

Gesandte aus ganz Europa

280
281
Frankreich wird zunächst durch die beiden Grafen d'Avaux
(1595–1650) und Servien (1593–1659) vertreten, die kurz nacheinander im März und April 1644 in Münster mit ihrem zahlreichem Gefolge eintreffen. Beide sind hervorragende Diplomaten, vertragen
sich aber schlecht, denn jeder mißtraut dem anderen, so daß Kardinal
Mazarin wenig später Henri d'Orléans (1595–1663), den Herzog von
278 Longueville, als Hauptbevollmächtigten entsendet, der für Eintracht
sorgen soll. Damit wächst die Zahl der Franzosen in Münster noch
um das Doppelte an; d'Avaux hat bereits 200, Servien immerhin 119
Personen als Begleiter mitgebracht: Edelleute, männliche und weibliche Dienerschaft, Gardisten, Geistliche, Ärzte, Fuhr- und Küchen-
personal, Sekretäre und Kuriere. Dazu kommen 33 Portugiesen und
20 Katalanen, die im französischen Schutz leben, haben doch die
Stände Kataloniens sich 1640 vom spanischen Einheitsstaat losge-
sagt. Longueville hat schon vor seiner Reise nach Westfalen hundert
mit Wein beladene Karren vorausgeschickt, ihn begleiten 50 berittene Edelleute, 24 Pagen und 40 einheitlich uniformierte Schweizer.
Ein Jahr später läßt der Herzog seine junge Frau Anne-Geneviève de
279 Bourbon-Condé (1619–1679) nachkommen, um sie – eine der ersten
Schönheiten des französischen Hofes – dem Werben eines offenbar
allzu stürmischen Verehrers zu entziehen. Ihr höchst prunkvoller
Einzug hat die Empfänge aller anderen in Münster anwesenden Bevollmächtigten weit in den Schatten gestellt. Sie bleibt bis zu ihrer
Abreise im März 1647 der gesellschaftliche Mittelpunkt des münsterschen Kongresses, doch haben ihre Diskussionen mit Europas führenden Diplomaten anscheinend bei ihr die Neigung geweckt, Lan-
geweile durch gewagte Unternehmungen zu vertreiben. Nicht umsonst ist sie die Lieblingsschwester des kriegerischen Herzogs von
139 Enghien und eine geborene Condé. Nach ihrer Rückkehr nach Paris
trifft sie erste Vorbereitungen für die gegen den ausländischen Emporkömmling Mazarin gerichtete große Adelsverschwörung der
Fronde, in die sie auch ihren Mann und ihre Brüder verstrickt. Der
Herzog von Longueville hat sich später rechtzeitig unterworfen, als
die Rebellion gegen den Kardinal zusammenbricht, sie selbst soll als
fromme Büßerin und überzeugte Jansenistin ihr bewegtes Leben beschlossen haben.

*Die französischen
Gesandten;
die Herzogin
Longueville*

Die schwedische Gesandtschaft in Osnabrück umfaßt 165 Köpfe und steht unter der Leitung des Grafen Johan Oxenstjerna (1611– 1657), Sohn des Reichskanzlers, doch reichen seine Fähigkeiten nicht an die des ihm beigegebenen Sekundargesandten Johan Adler Salvius (1590–1652) heran, der das Vertrauen der schwedischen Königin Christine genießt. Beide stehen auch nicht im besten Einvernehmen. Oxenstjerna ist »lächerlich eitel; wenn er sich vom Bett erhob, zur Tafel ging oder sich schlafen legte, so ließ er diese wichtigen Ereignisse durch Trompetenschall verkünden« (F. Dickmann). Der Freiherr Schering Rosenhane weilt als ständiger schwedischer Resident in Münster und logiert mit Begleitung im geräumigen Haus des Stadtarztes Dr. Rottendorff. Nachdem bereits seit Oktober 1643 mehrere spanische Diplomaten höheren Ranges in Münster anwesend sind, darunter der bedeutendste politische Schriftsteller aus dem Kreis des Ministers Olivares, Don Diego de Saavedra y Fajardo (1584–1648), der 1635 eine Entgegnung auf das französische Kriegsmanifest verfaßt hat und auch in Münster historische Bücher schreibt – er wird im April 1646 abberufen –, trifft Juli 1645 als Prinzipalgesandter der Grande Gaspar de Bracamonte y Guzman (1596–1676), Graf von Peñaranda, mit einem Gefolge von 112 Köpfen ein. Die aus acht Gesandten bestehende Vertretung der »Sieben Provinzen« der Vereinigten Niederlande kommt erst im Januar 1646 und nimmt ihr Quartier im Krameramtshaus; die mächtige Provinz Holland hat zwei Bevollmächtigte entsandt. Der Maler Gerard Ter Borch (um 1617–1681) hat in einem berühmten Gemälde den »Einzug des Gesandten Adriaen Pauw« (1585–1653) in Münster bildlich festgehalten. Dieser ist der führende Kopf der Niederländer, deren patrizisch-administrative Schicht der »Regentenfamilien« schon wegen ihrer Geschäfte eine rasche Verständigung mit Spanien wünscht.

Als Kongreßbeobachter anwesend sind auch ein polnischer Resident, die Vertreter mehrerer italienischer Fürsten und Republiken wie Florenz, Mantua, Savoyen und Genua sowie der Bürgermeister Johann Rudolf Wettstein (1594–1666) aus Basel für die dem Reich längst entfremdete Schweizer Eidgenossenschaft. Nur vorübergehend taucht auch ein siebenbürgischer Emissär auf, um die Interessen des schwedischen Verbündeten Georg Rákóczy, des Vasallenfürsten der türkischen Hohen Pforte, wahrzunehmen. Dänemark, dessen Diplomaten in Osnabrück ursprünglich den Frieden vermitteln wollen, was den Schweden unwillkommen ist, scheidet nach der Vernichtung einer dänischen Flotte in der Ostsee 1644 aus den Verhandlungen aus und beruft daher seine Unterhändler bis auf einen Kongreßbeobachter zurück. Die in Osnabrück akkreditierten Gesandten und die hier versammelten Vertreter der protestantischen Reichsstände reisen gelegentlich nach Münster, so daß sich hier ein glänzendes gesellschaftliches Leben entfaltet. Außer England, wo

285

285

292

293

297

295

291

134

244

Bürgerkrieg herrscht, dem russischen Zaren und dem türkischen Sultan ist ganz Europa in den beiden westfälischen Bischofsstädten vertreten.

Die Masse der Bevollmächtigten aber kommt aus dem Reich. Unter ihnen überwiegt das bürgerliche Element der gelehrten Räte, die sich großenteils persönlich kennen, aber durch Pedanterie, Vorliebe für weitläufige juristische Gutachten und umständlichen Schriftverkehr die Verhandlungen nicht gerade erleichtern. Der Kaiser hat sich lange dagegen gesträubt, außer den Gesandten der Kurfürsten alle übrigen Reichsstände zuzulassen. Wir kennen über zweihundert Diplomaten mit Namen, lassen sich doch insgesamt 140 Reichsstände und 38 andere Interessierte aus dem Reichsgebiet auf dem Kongreß vertreten, die aber zum Teil ihre Stimmrechte durch andere ausüben lassen. Als Reichsfürst geht der Osnabrücker Fürstbischof Franz Wilhelm Graf Wartenberg (1593–1661), dessen Territorium aber von Schweden besetzt ist, allen Gesandten im Range voran; er ist leitender Minister des Kölner Kurstaates und verfügt dazu im katholischen Fürstenrat noch über zahlreiche Voten anderer geistlicher Reichsstände. Der Kaiser wird in Münster durch den Grafen Johann Ludwig von Nassau-Hadamar und den fähigen Juristen Dr. Isaak Volmar, in Osnabrück durch Graf Lamberg und den Reichshofrat Krane repräsentiert, zu denen am 29. November 1645 der mit Sondervollmachten versehene Obersthofmeister Maximilian Graf von Trauttmansdorff (1584–1650) stößt, von dessen Ankunft man endlich ernsthafte Fortschritte im schleppenden Verhandlungsverlauf erwartet. Er verfügt über eine eigenhändige Geheiminstruktion Ferdinands III., die dieser noch unter dem Eindruck der Niederlage seiner Armee bei Jankau am 16. Oktober niedergeschrieben hat.

Es gibt keine »Vollversammlung« und keine Kongreßeröffnung. Die streitenden Parteien überreichen den Vermittlern ihre Schriftsätze, erläutern sie mündlich und nehmen Gegenvorschläge entgegen, die beraten oder an die fernen Höfe weitergeleitet werden. Über achthundert Einzelkonferenzen soll der Nuntius in Gegenwart des Botschafters Contarini abgehalten haben. Die Korrespondenzen der Diplomaten füllen zahlreiche Bände der modernen Edition der »Acta Pacis Westphalicae«, deren Abschluß noch nicht erreicht ist. Anfängliche Zeremoniellstreitigkeiten müssen intern geregelt werden, bezeichnen sie doch eine Stufe in der Entwicklung der neuzeitlichen Diplomatie; andere Verzögerungen ergeben sich aus der wechselnden militärischen Lage. Die meisten Gesandten nehmen ihre Aufgabe sehr ernst und sind bemüht, die Erwartungen der Bevölkerung nicht zu enttäuschen. Wiederholte Bittgottesdienste, Prozessionen und zur Versöhnung mahnende Predigten begleiten den verwickelten Gang der Friedensgespräche. Zwei Persönlichkeiten, die nach Maßgabe ihrer Möglichkeiten versucht haben, Einfluß zu gewinnen,

Die Vertreter des Kaisers und der Reichsstände

Eine Entwicklungsstufe der europäischen Diplomatie

289

277·
276

276

274
281

245

sind hier ehrenvoll zu erwähnen: der französische Gesandtschaftsgeistliche François Ogier, der mit dem befreundeten Grafen d'Avaux
nach Münster gekommen ist, und der Ratsherr und Stadtarzt Dr.
Bernhard Rottendorff, der den schwedischen Residenten beherbergt.

282

Zwei Mahner zum Frieden

*Der Pariser
Kanzelredner
François Ogier*

Berühmt geworden ist Ogiers Karfreitagspredigt vom 30. März
1646 in der Minoritenkirche, die er vor fast allen katholischen Gesandten hält, denen er streng ins Gewissen redet. Er spricht über den
Triumph des Gekreuzigten und fordert einen baldigen Friedensschluß. Der christliche Glauben müsse bei diesen Verhandlungen
konkret verwirklicht werden, menschliche Klugheit solle göttlicher
Weisheit, Vernunft dem Glauben, Politik der Religion weichen, denn
es sei unwichtig, ob Spanien eine weitere Festung gewinne oder
Frankreich eine Stadt abtrete, seien doch beide Staaten schon reich
und mächtig genug. Der bekannte Pariser Kanzelredner, der ein Tagebuch über seinen Aufenthalt führt, hält eine weitere programmati-
sche Predigt zum Friedensthema am Gedächtnistag des Königs Ludwig IX., des verehrten französischen Nationalheiligen, worin er die 281
Notwendigkeit eines raschen Friedensschlusses zwischen den katholischen Mächten vertritt, um ihre Kräfte zur Verteidigung des Abend-
landes gegen die Türken zusammenzufassen. Er verlangt eine An-
wendung der Prinzipien des Evangeliums auf das politische Han-
deln, weil die Herbeiführung des Friedens für die leitenden Staatsmänner eine Gewissenssache sein müsse. Ogier schont seine Zuhörer
nicht und stimmt damit weitgehend mit den Ansichten des Grafen 280
d'Avaux überein, der bei seiner Anreise zum Kongreß in Reims das
versammelte Domkapitel zur Fürbitte für den Frieden aufgefordert
hat. Der erfahrene Spitzendiplomat, der in Dänemark, Schweden
und Polen tätig gewesen ist, gilt als scharfer Gegner des Kardinals
Mazarin, der ihn ungnädig wenige Monate vor der offiziellen Unterzeichnung der Friedensverträge abberuft, und steht im Gegensatz zu
seinem Kollegen Servien, der mit großer Härte und Unnachgiebigkeit 281
die kompromißlose Linie seines Gönners verficht.

*Der münstersche
Stadtarzt
Bernhard
Rottendorff*

Ganz ähnliche Gedankengänge wie Ogier hat Bernhard Rottendorff (1594–1671) schriftlich in seinem Friedensaufruf ausgedrückt. 283
In einem Amsterdamer Verlag bringt der münstersche Stadtarzt, ein
sehr einflußreicher Ratsherr und renommierter Mediziner, ein bota-
nisches Werk des italienischen Jesuiten Ferrari heraus, das er dem
Fürstbischof Franz Wilhelm von Osnabrück, einem seiner Patienten,
widmet, der als Hauptgesandter des Kölner Kurfürsten die katholischen Maximalforderungen mit großem Nachdruck vertritt. Diese

Widmung benutzt Rottendorff, um an die in seiner Stadt weilenden Diplomaten einen lateinischen Friedensappell zu richten, den er im Jahre 1647 in deutscher Sprache erneut publiziert, um ihm größere Beachtung zu verschaffen. Darin schildert er anschaulich die bedrängte Lage der Christenheit, Niedergang und Verheerung der deutschen Länder durch den Bürgerkrieg und verurteilt die Machtbegierde der europäischen Potentaten, dient ihnen doch die Religion nur noch als Vorwand für weltliche Machtinteressen. Er spricht das Gewissen der Gesandten an, indem er sie an Gottes Gericht und das Heil ihrer Seelen erinnert; werde nun der ersehnte Frieden geschlossen, wolle man das Lob der anwesenden Bevollmächtigten aller Welt kundtun und ihre Tugenden preisen. Wenn sie aber Münster ohne Abschluß verließen, werde überall der Tag ihrer Abreise bis ans Weltende verflucht sein. Es sei höchste Zeit, der Republik Venedig im Krieg gegen die Türken Beistand zu leisten, da diese unerbittlichen Christenfeinde bereits auf der Insel Kreta gelandet wären. Schon früher habe man Gelegenheiten versäumt, dem tödlich bedrohten Kaiserreich Byzanz beizuspringen – jetzt sei es Gewissenspflicht, die bluttriefenden Waffen abzulegen und einen beständigen Friedensbund zu schließen. Dem eindringlichen Ernst seiner Ausführungen kann sich auch der heutige Leser nicht entziehen. Er hat seine Adressaten gewiß erreicht, denn Dr. Rottendorff behandelt nicht nur den Nuntius Chigi und den Osnabrücker Fürstbischof, sondern auch Graf Trauttmansdorff, den Reichshofrat Krane, den spanischen Gesandten Don Diego de Saavedra und einige der Niederländer bei ihren Erkrankungen. Der Arzt wird von manchen auch zur Übermittlung von vertraulichen Nachrichten in Anspruch genommen und pflegt gute Beziehungen zu auswärtigen Gelehrten, denen er seine eindringliche Friedensdenkschrift zugänglich macht. Er bleibt der einzige Bürger der Stadt Münster, der so seiner Meinung während der Kongreßzeit schriftlich Ausdruck verleiht; leider ist von seiner Korrespondenz fast nichts erhalten. Der mit ihm befreundete Publizist Everhard Wassenberg, der über die Kriegsereignisse zeitgeschichtliche Werke verfaßt, so den viel gelesenen »Florus Germanicus« und andere kaisertreue Gelegenheitsschriften, hat ihn 1648 am Kongreßort aufgesucht.

Vom Kongreßalltag

Das äußere Bild des Kongresses ist oft beschrieben worden. Aus den Ratsprotokollen der Städte erfahren wir von den Bemühungen um die geregelte Lebensmittelzufuhr und die Einrichtung von Garküchen, denn das niedere Gesandtschaftspersonal muß neben den zahlreichen Durchreisenden verpflegt werden. Die Preise steigen

Zur Kulturgeschichte des Kongresses

247

weiter an, je stärker der Zustrom von Fremden und Flüchtlingen ist, doch stellt der münstersche Rat entschieden den Vorwurf mangelnder Aufsicht in Abrede. Für die Unterhaltung der Gäste sorgt der Rat durch die Einrichtung einer Art von Lotterie, des »Glückshafens«, den ein auswärtiger Pächter betreibt. Fahrendes Volk, englische Komödianten, Seiltänzer und Akrobaten zeigen ihre Künste. Allerdings nimmt auch die Kriminalität in Münster nicht unerheblich zu; im Winter 1646 sieht sich der Rat sogar veranlaßt, eine abendliche Sperrstunde für Mägde und Gesinde vorzuschreiben. Während der Karnevalszeit werden die Masken und Gesichtslarven verboten, die Polizeidiener visitieren abends die Herbergen, fremde Bettler und »leichtfertige Weibspersonen" werden aus der Stadt ausgewiesen. Die Gesandtschaftsdiener kaufen in den umliegenden Dörfern Geflügel, Eier, Milch und Gemüse auf, auswärtige Händler treiben Vieh sogar aus niederländischen Orten heran. Man sieht Bauern ihre Waren mit Karren zum Markt bringen, denen als Zugtier ein Rind vorgespannt ist, weil ihnen kein Pferd geblieben war. Die jahrelange Kongreßdauer führt dazu, daß sich die Stadtbevölkerung an die fremden Gäste gewöhnt, die aus ihrem langfristigen Zwangsaufenthalt in Westfalen das Beste machen müssen. Die katholischen Kirchenbucheintragungen Münsters überliefern Patenschaften der Gesandten, die besonders gesucht sind, weil der Täufling üblicherweise ein Taufgeschenk erhält, das dem Rang des namengebenden Taufpaten angemessen ist. Wir finden darunter manche Gesandtenfrauen – die Gattin des kurbayerischen Gesandten von Haslang, eine geborene von 290 Fürstenberg aus westfälischem Adel, hat neunmal diese Funktion ausgeübt –, aber auch evangelische Paten wie den Niederländer Willem Ripperda, den Vertreter der Provinz Overijssel, oder den Basler Bürgermeister Wettstein, dem sein Vermietereehepaar diese Ehre anträgt.

Ein Tagebuch des Grafen Lamberg Als kaiserlicher Prinzipalgesandter in Osnabrück vertritt der 1641 in den Reichsgrafenstand erhobene Johann Maximilian von Lamberg (1608–1682) gemeinsam mit dem Reichshofrat Johann Krane die Interessen Ferdinands III., den er früher ins Feld begleitet hat. Zum eigenen Gebrauch führt er ein uns erhaltenes Notizbuch, in das er zwar alle Empfänge und Besuche einträgt, über sein amtliches Wirken oder den Gang der Verhandlungen jedoch rein gar nichts sagt. Er besoldet einen eigenen Hauskaplan, hört täglich, am Sonntag sogar dreimal, die Messe und nimmt gern an kirchlichen Festen teil. Ständig sieht er Tischgäste bei sich, notiert täglich die Wetterlage und unternimmt häufig Ausflüge zu den benachbarten Klöstern und Adelssitzen. Graf Lamberg hat sich auf eine lange Dauer seines Aufenthalts in Westfalen eingerichtet, so daß er seine Frau mit zwei kleinen Kindern nachkommen läßt; sie schenkt ihm hier noch zwei weitere Sprößlinge. Die freie Zeit vertreibt er sich

276

mit Karten- und Kegelspiel, mit Vogelfang und Angeln im Sommer. Auch die Gesandtenfrauen besuchen sich untereinander fast regelmäßig. Einen berühmten Namen trägt Graf Ferdinand Ernst von Wallenstein, den Ferdinand III. für sein Königreich Böhmen als Bevollmächtigten in den Kurfürstenrat entsandt hat, der aber bei den Verhandlungen wenig hervortritt.

277

Der französische Gesandtschaftsgeistliche Ogier hat über seinen Aufenthalt in Westfalen ein aufschlußreiches Tagebuch hinterlassen. Er verfaßt für die Edelleute des Grafen d'Avaux den Text für ein »Friedensballett«, das in der Karnevalszeit des Jahres 1645 mehrfach aufgeführt wird und solchen Anklang findet, daß es auch im münsterschen Rathaus vor der Bürgerschaft gespielt werden muß. Es handelt sich um eine Reihe von Einzelszenen, die durch Geigenspiel musikalisch untermalt werden und die Überwindung der Zwietracht durch den Frieden versinnbildlichen. Alle Damenrollen werden von Männern gespielt; der Reiz des Balletts beruht vor allem in den burlesken Verkleidungen der Pagen und Kavaliere, die der Reihe nach in den verschiedensten Rollen paradieren. Eine galante Huldigung an die Frauen Münsters fehlt nicht. Ein zweites »Freudenballett« schreibt Ogier zur Feier der Geburt eines Sohnes des Herzogs von Longueville, der den Titel eines Comte de Dunois erhält. Auch diese Aufführung wird im Rathaus wiederholt und vom dankbaren Publikum beifällig aufgenommen.

Ballettaufführungen der Franzosen in Münster

282

Die münsterschen Jesuitenschüler führen vor den Gesandten und ihrem Gefolge mehrfach Stücke erbaulichen Inhalts auf und ernten großen Erfolg; der Graf von Peñaranda läßt 1648 für seine Spanier ein »Mantel-und-Degen-Stück« über die Bretter gehen, das aber durch das Eindringen betrunkenen Volkes gestört wird. Er ist ein spendabler Herr und bewohnt im Kloster der Observanten einen neu erbauten Flügel, für dessen Errichtung er seinen Gastgebern die beträchtliche Summe von 4400 Talern beisteuert. Erfüllt von starkem Nationalstolz befiehlt er im April 1648 auf eine angebliche Beleidigung der spanischen Ehre seinem Gefolge, das Quartier der portugiesischen Rebellen anzugreifen und die Bewohner kurzerhand niederzumachen. Dieser Angriff, bei dem es elf Verletzte gibt, nötigt den Stadtkommandanten zum Eingreifen, bleibt aber ohne Folgen, weil Peñaranda seine Leute nicht der städtischen Justiz ausliefert, wie das Longueville nach der Tötung eines spanischen Kammerdieners tut. Es ist der einzige größere Zwischenfall geblieben, der den Kongreß in Aufregung versetzt. Jedenfalls ist Münster dank guter Polizeimaßnahmen mit der Beherbergung dieser ersten großen Diplomatenversammlung der Neuzeit erstaunlich gut fertig geworden. Die dadurch erheblich angestiegenen Stadtschulden werden freilich nicht nennenswert vermindert, der Rat setzt aber große Hoffnung auf spätere kaiserliche Zuwendungen.

Der spanische Grande Peñaranda

145

Das gleiche Lob darf für die Stadt Osnabrück gelten. Dort sind die Schweden abgezogen und haben die ab 1628 neuerbaute Zitadelle *286* im Südwesten der Stadt, die damals Fürstbischof Franz Wilhelm zur Einschüchterung der protestantischen Bürgerschaft hingesetzt hat, geräumt. Diese »Zwingburg« wird noch vor dem Friedensschluß auf Anordnung des Bürgermeisters Dr. Gerhard Schepeler niedergeris- *287* sen. In Osnabrück bedarf es nach dem Abzug der Dänen keiner Ver- mittler, weshalb die Gesandten überwiegend mündlich miteinander im Sitzungssaal des Rathauses verhandeln. Hier beraten die Vertreter der protestantischen Reichsstände mit den Kaiserlichen über den längst fälligen Ausgleich zwischen den Konfessionen. Die Osnabrük- ker Bürgerschaft wünscht den Status einer Reichsstadt zu erhalten, doch fehlt es ihr an Bargeld, um durch »Handsalben« mehr Unter- stützung bei den Gesandten zu finden. Ihr Stadtsyndikus schreibt aus Münster: »Niemand hütet hier das heilige Grab umsonst, nie- mand schleift ohne Messer, es ist hier die Sitte, wer nicht schmiert, der fährt nicht . . . Ich bin der Meinung, daß man mit hundert Duka- ten viel Zeichen und Wunder wirken könne.« Die Bestechung er- reicht auf dem Friedenskongreß ein besonderes Ausmaß, nur wenige der Bevollmächtigten sind so unbestechlich wie die beiden Mediato- ren, die führenden Franzosen oder der spanische Prinzipalgesandte, der seinerseits die Niederländer durch reiche Geschenke für ihre *296* Frauen ködert. Man hat allerdings in diesem Punkt weniger Skrupel als heute, denn immerhin ist es Brauch, daß ein scheidender Gesand- ter vom Souverän seines Gastlandes eine solche »Verehrung« erhält. Für »gute Dienste« bekommt der kurbrandenburgische Gesandte Graf Sayn-Wittgenstein von Schweden zehntausend Reichstaler. Zahlreiche Beispiele solcher Bestechlichkeit führt F. Dickmann in sei- ner Darstellung an und läßt die Frage offen, in welchem Maß das niedere Gesandtschaftspersonal aller Parteien bis hinab zu den Se- kretären und Schreibern sich kaufen ließ. Übrigens sind in einer neueren Untersuchung die Gesamtkosten des Kongresses für die be- teiligten Mächte auf rund 3,2 Millionen Reichstaler geschätzt wor- den.

Charakteristische Einzelheiten des Kongreßalltags überliefern uns die Aufzeichnungen des Benediktinermönchs Dr. Adam Adami *290* (1610–1663), des Priors der restituierten schwäbischen Abtei Murr- hardt, der als Gesandter der Reichsabtei Corvey auch die »Reichsprä- laten des Schwäbischen Kreises« vertritt und ein Memoirenwerk ver- faßt, das als zeitgenössische Darstellung aus der Feder eines Mithan- delnden unter dem Titel »Arcana Pacis Westphalicae« später gedruckt wird. Er kämpft zusammen mit dem Osnabrücker Fürstbischof und dem Augsburger Stadtsyndikus Dr. Johann von Leuxelring, der den katholischen Rat seiner Vaterstadt und zugleich die schwäbischen Grafen zu vertreten hat, für die Interessen der durch das Restitutionsedikt neu besiedelten Ordensgemeinschaften und will sich lange nicht mit den Verlusten der Kirche abfinden. Von ihren Gegnern werden die drei Männer spöttisch als die »Triumvirn« bezeichnet, weil ihre Stimmen im katholischen Fürstenrat dominieren. Sie befinden sich in voller Übereinstimmung mit dem päpstlichen Nuntius Fabio Chigi, der seiner Instruktion gemäß die Rechte der Kirche zu wahren hat, jedoch weiß, daß der Frieden nur unter schweren Opfern für sie zu erreichen ist. Diese »Extremisten« unter den Bevollmächtigten kennen die Kriegsnöte aus eigener Erfahrung – Adami hat sich mehrfach in der Gefangenschaft gegnerischer Söldner befunden – und sind keineswegs dem Frieden als solchem abgeneigt; sie verweigern sich aber aus Gewissensgründen einem »Frieden um jeden Preis« trotz der für ihre Seite mißlichen Kriegslage, weil ein solcher »der Religion gar zu nachteilig« sei. Daher lehnen sie lange die gewünschten Konzessionen ab. Der schwedische Gesandte Adler Salvius, der besonders gereizt ist, weil Adami seine Ansprüche auf das ihm von der Königin Christine geschenkte Benediktinerkloster Harsefeld bei Stade bestreitet, soll im Hinblick auf ihn und Leuxelring geäußert haben, »man könne diese Eiferer durch einen Büchsenschuß zum Schweigen bringen«.

Kriegsziele und Sonderinteressen

Drei Mächte sind im Dreißigjährigen Krieg vor allem bestrebt, ihre vermeintlich rechtmäßigen Machtansprüche durchzusetzen. Zunächst die Dynastie der Habsburger, durch Wechselheiraten eng verbunden im Kaisertum der jüngeren deutschen und im spanischen Königreich der älteren Hauptlinie des Hauses, das nach altem Herkommen und Potenz an der Spitze aller Monarchien steht und so die Vorherrschaft in Europa beansprucht. Spaniens Möglichkeiten, die »Universalmonarchie« zu erzwingen, werden zwar allgemein überschätzt, doch erscheint die weltumspannende Reichsbildung der »casa d'Austria« allen Nachbarn noch immer als Bedrohung des Gleichgewichts. Spanische Truppen aus Flandern und Oberitalien sind denn auch seit Kriegsbeginn auf der kaiserlichen Seite zu finden; zudem sind Spanier und Niederländer nach Ablauf ihres zwölfjährigen Waffenstillstandes weiter in ständige Kämpfe um die Anerkennung der Selbständigkeit der Generalstaaten verwickelt, wenngleich der Kaiser hier Neutralität beobachtet, da das Reich in diese Auseinandersetzung keineswegs einbezogen werden will. Doch die Kräfte Spaniens haben sich in fortwährenden Kriegen verbraucht und sind längst nicht mehr imstande, das riesige überseeische Reich, in dem »die Sonne nicht untergeht«, gegen die Angriffe der Niederländer und Franzosen zu schützen. Die engen Beziehungen der bei-

Machtansprüche der Kriegsgegner

den Habsburger Linien, die es Spanien lange ermöglicht haben, den Verbindungsweg zwischen den Niederlanden, Burgund und Oberitalien offen zu halten, lockern sich zwangsläufig, weil der Kaiser infolge der Mißerfolge seiner Streitkräfte, aber auch durch das Streben der deutschen Fürsten nach Sonderfrieden die Kampfhandlungen möglichst bald einstellen möchte. Die Abneigung gegen die spanischen Bindungen des Hauses Habsburg ist im Reich fast eine allgemeine Erscheinung. Auch der bayerische Kurfürst hegt seit langem 200 größtes Mißtrauen gegen die Madrider Diplomatie.

Die Politik der französischen Kardinäle

Richelieus konsequente Politik ist bestimmt vom Eindruck der Umklammerung Frankreichs durch das Haus Habsburg, die er mit allen Mitteln zerbrechen will; »jene seltsame Verbindung von Expansion und Sicherheitsbedürfnis wird nur so ganz erklärlich« (K. v. Raumer). Seine Staatskunst, die sich in Frankreich katholisch, in Deutschland protestantisch gebärdet und im Nachfolger Mazarin ihren Vollstrecker erhält, findet noch heute in der Forschung sehr verschiedene Beurteilungen. Der Kardinal hat das Prinzip verkündet, Frankreich müsse sich so weit ausdehnen wie das alte Gallien. Er bleibt überzeugt, daß von der Habsburger Dynastie die »Freiheit Europas« bedroht werde, wogegen er ein großes Bündnissystem konzipiert, dem ein künftiger Frieden Dauer verleihen soll. Zu seiner moralischen Rechtfertigung dient ihm das Schreckbild der spanischen »Universalmonarchie«. Doch der Krieg ist in Frankreich höchst unpopulär und äußerst kostspielig, muß er doch an mehreren Fronten geführt werden und erlegt der ärmeren Bevölkerung unerhörte Belastungen auf, was am Ende der Regierung Ludwigs XIII. zu einer Folge von schweren Bauernaufständen in den Provinzen führt. Mazarin übernimmt 229 von Richelieu die Idee der französischen Bündnispolitik und der kollektiven Sicherheit durch eine allgemeine Friedensgarantie, wie denn die Hauptinstruktion für die Verhandlungen in Münster noch Richelieus Werk ist, sein außenpolitisches Vermächtnis, das Mazarin nur in die letzte Form gegossen hat. Ihrem Ziel der Niederringung beider habsburgischer Linien haben die Kardinäle alle Einzelaktionen untergeordnet, indem sie überall deren Gegner von Portugal bis Siebenbürgen durch Subsidien unterstützen und vorgeben, die »deutsche Libertät« zu verteidigen. Tatsächlich bilden weder das wirtschaftlich völlig erschöpfte Spanien noch der durch die deutschen Fürsten und die türkische Bedrohung stark in die Defensive gedrängte Kaiser eine Gefahr für Frankreich, das Europa wenig später durch sein Hegemoniestreben im Zeichen des »Sonnenkönigs« in Verwirrung stürzt.

Schwedisches Satisfaktionsbegehren

Auch das verbündete Schweden, maßgeblich durch den Reichskanzler Graf Oxenstjerna und seine herrschende Adelsschicht bestimmt, will zunächst durch Landerwerb für die hohen Kriegskosten entschädigt werden und denkt an Pommern als »Satisfaktion«, danach erst an die »Restitution« seiner Bundesgenossen, besonders der

Kurpfalz, sowie an eine Amnestie aller Parteigänger und das »Contentement der Soldateska«, d. h. möglichst hohe Geldzahlungen für die Abdankung der schwedischen Armee, die überwiegend aus deutschen Söldnern besteht. Aus den besetzten Gebieten können im letzten Kriegsjahrzehnt ohne Belastung des Mutterlandes die zahlreichen Garnisonen unterhalten werden, die Schwedens Machtstellung und die Beherrschung der Ostseeküste sichern, zumal der lästige dänische Rivale seine Großmachtrolle im Norden endgültig verspielt hat. Die ständige Einmischung der niederländischen Generalstaaten in das deutsche Kriegsgeschehen ist bisher im Zusammenhang noch kaum untersucht, hat sich aber stets zuungunsten der kaiserlichen Partei ausgewirkt.

Der Kaiser und sein Anhang wünschen vor allem auf der Grundlage des Prager Friedens zu Verhandlungen zu kommen, wobei die ungestörte Erhaltung der kaiserlichen Erblande bei Ferdinand III. im Vordergrund steht. Die Reichsstände, denen durch die Zulassung zum Kongreß eine Mitentscheidung über Krieg und Frieden, faktisch die völkerrechtliche Anerkennung, zugestanden ist, lehnen es entschieden ab, sich weiter für die spanischen Belange einzusetzen und rücken mehr und mehr vom Prager Frieden ab; sie verlangen die Beseitigung aller Beschränkungen, die auf eine Majorisierung einer Konfessionspartei durch eine andere zielen. Das Reich bewegt sich auf einen Staatenbund souveräner Territorien hin. Des Kaisers Hauptverbündeter Bayern droht mit einem Separatabkommen, ist aber bereit, die Errichtung einer achten Kur für die Rheinpfalz zu akzeptieren, sofern ihm nur die Kurwürde und die Oberpfalz verbleiben. Noch drehen sich die Verhandlungen ständig im Kreis, obwohl Graf Trauttmansdorff schon am 13. September 1646 einen Vorvertrag zwischen Frankreich und dem Kaiser abschließen kann, der den Franzosen die Hoheitsrechte des Reiches über die drei lothringischen Bistümer Metz, Toul und Verdun zuspricht sowie die Stadt Breisach, die Landgrafschaft Elsaß, den Sundgau und die Landvogtei über zehn elsässische Reichsstädte abtritt, »soweit dies das Haus Österreich bisher besessen hat«. Die französischen Gesandten sehen jene offenbar bewußt unbestimmt formulierten Erwerbungen als Beitrag zur Wiedergewinnung der alten französischen Grenzen an und betonen in ihrer Berichterstattung nach Paris, daß die Umklammerung durch das Haus Habsburg jetzt durchbrochen sei. Der unbeständige Herzog Karl IV. von Lothringen, der es mit allen Parteien verdorben hat, ist aus seinem Territorium vertrieben und nur noch ein heimatloser Condottiere.

Mindestens seitdem besteht ein offener Gegensatz zwischen den kaiserlichen und den spanischen Bevollmächtigten, deren Verhandlungen mit den Franzosen ohne jedes greifbare Ergebnis bleiben, da Spanien alle Verhandlungen über Katalonien oder Portugal strikt ab-

Trauttmansdorffs Vorvertrag mit Frankreich

264

151

Anerkennung der niederländischen Souveränität

lehnt. Graf Peñaranda erhält aus Madrid Anweisung, die Souveränität der Generalstaaten anzuerkennen und kann somit die Niederländer aus dem französischen Bündnissystem herauslösen. Am 8. Januar 1647 schreiten Spanier und Niederländer zur Unterzeichnung von 78 Artikeln, die nur noch der Ratifikation durch den König und die Generalstaaten bedürfen. Philipp IV. stimmt sofort zu, in den Niederlanden müssen alle sieben Provinzen angehört werden, immerhin ruhen im Sommer 1647 hier alle Kampfhandlungen. Der französische Gesandte Graf Servien stößt durch anmaßendes Auftreten in Den Haag die Holländer vor den Kopf, deren führende Großkaufleute unter dem Einfluß von Adriaen Pauw gegen die oranische Kriegspartei *296* dem Sonderfrieden zuneigen. Am 30. Januar 1648 wird der spanisch- *300* niederländische Friedensvertrag in Münster unterzeichnet. Seine feierliche Ratifizierung im münsterschen Rathaus am 15. Mai schildert das berühmte Friedensbild des anwesenden Malers Gerard Ter *301* Borch. Die Bevölkerung nimmt lebhaften Anteil und feiert am 5. Juni ein allgemeines Jubelfest. Die Kundgebungen mit Glockengeläut und Kanonensalut werden als Vorboten des nun allgemein erwarteten Gesamtfriedens angesehen. Nicht zustande kommt freilich der Abschluß eines Vertrages zwischen den Nachbarn Spanien und Frankreich, obwohl der Nuntius Chigi dafür seine ganze Diplomatie einsetzt. Als Mitglied des Burgundischen Reichskreises gehört Spanien noch zum Reich; sein Votum führt der Luxemburger Ratspräsident Peter von Weyms. Wenig Beachtung findet, daß die vom Kriege kaum berührte Grafschaft Lingen, die bis 1630 im Besitz der Spanier, dann seit Anfang 1633 in holländischer Hand ist, durch den spanisch-niederländischen Friedensschluß an das Haus Oranien gelangt, das Lingen nun als einen Teil der Niederlande betrachtet.

Vorvertrag der kaiserlichen Seite mit Schweden Nach der grundsätzlichen Einigung über die französischen Entschädigungsansprüche strebt man einen Kompromiß zwischen dem Kaiser und Schweden an. Es gelingt Trauttmansdorff, der beim französischen Gesandten d'Avaux Unterstützung findet, am 18. Februar 1647 einen Vorvertrag abzuschließen, der Schweden Vorpommern mit Rügen und Stettin, die Stadt Wismar und die Bistümer Bremen und Verden als Reichslehen überläßt. Kurbrandenburg soll entschä- *263* digt werden, man bietet ihm für den Verlust Vorpommerns, auf das Erbansprüche bestehen, die Bistümer Halberstadt, Kammin und auch Magdeburg an. Der Kongreß tritt in seine letzte Phase, er muß noch die schwierigen innerdeutschen Streitfragen regeln. Es mag genügen, auf die Ergebnisse hinzuweisen, um die zäh zwischen den Konfessionsparteien gerungen wird. Die Konzessionen Trauttmansdorffs an die Protestanten, die vom Kaiserhof gebilligt werden, stoßen auf die Opposition der strengen Katholiken, die im katholischen Fürstenrat die Mehrheit besitzen; enttäuscht verläßt er deshalb am 16. Juli 1647 den Kongreß, fast alle erzielten Übereinkommen scheinen erneut in

Frage gestellt. Ein Haupthindernis bildet die Abfindung der Schwedenarmee; einem ersten Angebot der Reichsstände von 1,6 Millionen steht eine überaus hohe schwedische Forderung von 20 Millionen gegenüber.

Inzwischen ist Kurfürst Maximilian von Bayern, der Schwager des Kaisers, unter dem Eindruck der Erschöpfung seines Landes und der Unfähigkeit der kaiserlichen Armeeführung durch den Ulmer Waffenstillstand am 14. März aus dem Krieg ausgeschieden, mit ihm sein Bruder, der Kurfürst Ferdinand von Köln; auch Kurmainz muß am 9. Mai 1647 einen harten Neutralitätsvertrag eingehen. Der Kaiser steht ohne Bundesgenossen da. Doch die junge schwedische Königin Christine greift nun erstmals unmittelbar in die zähen Verhandlungen ein und wünscht von ihren Gesandten am 10. April 1647 einen raschen Verhandlungsabschluß. Bayern kehrt nach Ablauf des sechsmonatigen Waffenstillstands im September 1647 wieder auf die Seite des Kaisers zurück, nachdem eine Sendung des Grafen Gronsfeld nach Paris wenig erfolgreich gewesen ist, weil Kardinal Mazarin sich aus Rücksicht auf Schweden zu keinerlei Zugeständnissen bereitfindet. Der unglückliche Verlauf des Feldzuges von 1648 bestimmt die letzten Verhandlungen. Am 6. August kann endlich in Osnabrück der Frieden durch Handschlag vereinbart werden. Er soll dann in Münster unterzeichnet werden. Dem kaiserlichen Gesandten Dr. Volmar gelingt es erst im zweiten Anlauf, am 5. Oktober die Genehmigung Ferdinands III. zu dechiffrieren. Nach der Angabe im »Theatrum Europaeum« erhebt nur der Vertreter Burgunds Einspruch und haben »P. Adami und Dr. Leuchselring sich absentirt, sonst aber jedermänniglich über diese Resolution hocherfreut gewesen«.

Ulmer Waffenstillstand und letzte Verhandlungen

284

Vertragsunterzeichnung und Kongreßende

Die kaiserlichen Gesandten und die protestantischen Reichsstände, die aus Osnabrück nach Münster gereist sind, wünschen eine gemeinsame feierliche Unterzeichnung im Bischofshof am Domplatz, doch können sich Franzosen und Schweden auch jetzt über den Vortritt nicht einigen. Der diplomatische Brauch sieht vor, daß von jedem Vertrag zwei Exemplare angefertigt und am gleichen Tage unterschrieben werden. Um ein Uhr mittags fahren die Karossen der Franzosen und Schweden getrennt bei den Kaiserlichen vor, diese vollziehen danach in den französischen und schwedischen Unterkünften ihre Unterschriften gleichzeitig, zuletzt unterzeichnen die Reichsstände im Bischofshof am Domplatz. Am Abend gegen 9 Uhr verkünden die Glocken aller Kirchen und dreimaliges Salutschießen der zahlreichen Kanonen auf den Wällen, daß fortan Frieden herrschen soll. Das Ende des Blutvergießens wird allgemein begrüßt.

Friedensunterzeichnung in Münster

309

307

Am Tag nach der Unterzeichnung werden in den Kirchen Münsters Dankgottesdienste abgehalten. Wie im Vertrag vorgesehen, wird ein Umritt mit Pauken und Trompeten veranstaltet, wobei der Stadtsekretär der Bevölkerung den Friedensvertrag vorzeigt und eine Bekanntmachung des Rates verliest, »damit jeder Bürger sich gegen Gott den Allmächtigen, die Kaiserliche Majestät und den König von Frankreich und deren Gesandtschaften dankbar bezeige«. Der lang ersehnte Friedensschluß findet beim Publikum ein freudiges Echo, der Rat beschließt, zum dauernden Andenken an den Kongreß die Porträts der vornehmsten Abgesandten in der Ratskammer aufzu- 303 hängen. Ganz ähnlich verfährt man in Osnabrück. 287

Der »Westfälische Frieden«, wie er künftig genannt wird, steht im Zeichen des Übergewichts der fremden Mächte, die in Zukunft die Bürgschaft für die Verfassung des Reiches übernehmen, weil die Verträge zum »Grundgesetz« erklärt werden. Im Rahmen der beiden Vertragsinstrumente sind zunächst die territorialen Probleme geregelt: Frankreich erhält einen vollen Rechtstitel auf die 1552 besetzten Bistümer Metz, Toul und Verdun, die österreichische Landgrafschaft Ober- und Unterelsaß, die Festung Breisach, den Sundgau und die Landvogtei über zehn im Elsaß gelegene Reichsstädte (außer Straßburg), dazu das Besatzungsrecht in Philippsburg. Die lothringische Frage bleibt im französischen Friedensvertrag bewußt ausgeklammert, das Herzogtum wird erst 1766 ein fester Bestandteil Frankreichs. Schweden gelingt es, sein Herrschaftsgebiet durch die Erwerbung des Erzbistums Bremen, des Bistums Verden, der Stadt Wismar und Vorpommerns mit Rügen und Stettin abzurunden. Kurbrandenburg erbt Hinterpommern und wird für den Verlust Vorpommerns durch die Bistümer Kammin, Halberstadt und Minden entschädigt; ferner erhält es die Anwartschaft auf das Erzstift Magdeburg nach dem Tod des derzeitigen sächsischen Administrators. Bayern behält seine Kurwürde und die Oberpfalz, für den Sohn Karl Ludwig des »Winterkönigs« wird eine neue achte Kur errichtet. Mecklenburg bekommt als Entschädigung für Wismar die Bistümer Ratzeburg und Schwerin. Braunschweig-Lüneburg wird das Recht gewährt, jeweils abwechselnd mit einem katholischen Bischof das Hochstift Osnabrück zu regieren (Alternat). Die Landgräfin von Hessen-Kassel er- 144 wirbt die Abtei Hersfeld und gewinnt 600 000 Taler aus den geistlichen Gebieten. Die Reichskreise zahlen Schweden eine Entschädigung von fünf Millionen Talern für die Abdankung seiner Armee und Rückgabe der Archive; die Verteilung der Gelder obliegt den schwedischen Befehlshabern, welche die Zahl ihrer Soldaten mit 125 000 Mann angeben.

Das konfessionell-kirchliche Problem wird entschärft durch die Fixierung des Normaljahres 1624. Für den jeweiligen Besitzstand gilt der 1. Januar 1624 als bindend. Der Augsburger Religionsfriede von

1555 bleibt in Geltung und wird auf die Reformierten ausgedehnt. Die Gleichberechtigung der Konfessionen wird festgelegt, Gewalt zur Regelung religiöser Differenzen untersagt. Zwar bleibt das landesherrliche Reformationsrecht bestehen, doch soll in den Territorien eine begrenzte freie Religionsausübung geduldet werden. In den kaiserlichen Erblanden – dazu gehören Böhmen, Mähren und Schlesien – und in den geistlichen Territorien des Südens und Westens bleibt so das katholische Bekenntnis erhalten, während die norddeutschen Bistümer endgültig dem evangelischen Glauben zufallen. Für die nächsten drei Jahrhunderte ist Deutschlands Konfessionslandkarte festgeschrieben; das hat sich erst in der Gegenwart geändert. Es ist das erste Mal, daß im deutschen Reich eine Säkularisationspolitik großen Stils durchgeführt wird; allerdings ist es auch der einzige unter den großen europäischen Staaten, der die »eigentümliche Einrichtung« geistlicher Fürstentümer unter gewählten Regenten aufweist. Vielen Katholiken erscheint diese Säkularisierung als ungerechter Raub von Kirchengut, doch müssen sie sich mit dem Prinzip des Normaljahres 1624 wohl oder übel abfinden.

Beide Vertragsdokumente bilden bis zur Auflösung des »alten Reiches« in napoleonischer Zeit das wichtigste Reichsgrundgesetz, das unter der Bürgschaft der fremden Mächte steht. Eine Generalamnestie für alle am Krieg Beteiligten und die generelle Anerkennung der Restitution aller Reichsstände in ihren früheren Besitzstand wird ausgesprochen. Die Reichsstände erhalten das Recht, Bündnisse mit anderen Mächten zu schließen, die sich allerdings dann nicht gegen den Kaiser, das Reich und den allgemeinen Frieden richten dürfen. Die politische Verfassungsfrage ist damit im Sinne der »Libertät« und gegen den kaiserlichen Absolutismus entschieden. Den Reichsstädten wird Stimmrecht auf den Reichstagen zuerkannt, das Reichskammergericht und ständische Ausschüsse sollen paritätisch besetzt werden. Verfassungsrechtlich gilt im Reich fortan strikte konfessionelle Parität, die Stände teilen sich in ein »corpus catholicorum« und ein »corpus evangelicorum« mit dem Zwang zum Kompromiß. Noch unerledigte Angelegenheiten werden zur Beratung dem nächsten Reichstag aufgegeben, auf dem Schweden seiner deutschen Besitzungen wegen Sitz und Stimme erhält. Durch das ehemalige Bistum Verden wird es sogar Mitglied im Westfälischen Reichskreis.

Reichsgrundgesetz bis zur napoleonischen Epoche

Am äußeren Bild des Kongresses ändert sich lange nichts, da die meisten Diplomaten noch am Ort bleiben, um die Ratifikation der Verträge abzuwarten. Nicht alle sind mit dem Ergebnis zufrieden. Der Osnabrücker Fürstbischof Franz Wilhelm, der sich mit der Aussicht auf einen evangelischen Nachfolger nur schwer abfindet, verweigert für Kurköln seine Vertragsunterschrift, die Spanier, Lothringer, Burgunder sowie die Vertreter der streng katholischen Partei sind enttäuscht. Die bittere Erfahrung, daß des Kaisers Anhänger im

Enttäuschung der Kaisertreuen

Reich 1648 die Opfer zu bringen haben und selbst durch rechtskräftige Urteile des Reichshofrats nicht mehr geschützt sind, während die Parteigänger der fremden Mächte ihre Forderungen doch in großem Umfang durchsetzen können, führt zu Verdrossenheit, weshalb die »Jesuiten und Mönche« in Münster »keine sonderlichen Freudenzeichen« abgeben, wie das Tagebuch Lampadius verärgert verzeichnet. *291* Doch auch der Kölner Kurfürst läßt in Bonn ein Dankfest abhalten und seine Kanonen Salut schießen. Er ist froh, daß seine westfälischen Territorien ungeschmälert erhalten bleiben. Für den Bestand des von der Landgräfin von Hessen beanspruchten Fürstbistums Paderborn haben sich Bischof und Domkapitel von Le Mans in Frankreich infolge der alten Verbindungen zur Kathedrale von Le Mans ausgesprochen, sind doch von dort in der Karolingerzeit die Reliquien des hl. Liborius nach Paderborn überführt worden.

Friedensprotest des päpstlichen Nuntius Der päpstliche Nuntius Fabio Chigi sieht sich zu formellen Protesten gegen jene Bestimmungen genötigt, die den bisherigen Rechten der katholischen Kirche zuwiderlaufen – ist es doch durch die Verträge zur unwiderruflichen Säkularisierung von zwei Erzstiften und sechs Fürstbistümern gekommen, die sich im Normaljahr 1624 im Besitz der Protestanten befanden. Durch eine »Antiprotestklausel« haben sich die Vertragspartner jedoch längst gegen solche Schritte abgesichert und sie für unwirksam erklärt. Chigis Protest auch gegen den spanisch-niederländischen Frieden, den er am 18. Mai 1648 vor einem Notar und sieben Zeugen im münsterschen Minoritenkloster verliest, weil durch den Vertrag katholische Landesteile in Nordbrabant und Limburg an die Generalstaaten abgetreten werden und keine Garantien für die Erhaltung des Gottesdienstes in den betroffenen Gebieten vorliegen, bleibt bis ins 20. Jahrhundert geheim, da die Kurie von seiner Veröffentlichung eine Verschlimmerung der Lage der niederländischen Katholiken befürchten muß. *272*

Päpstliches Protestbreve Papst Innozenz X. (1644–1655) publiziert 1651 ein Protestbreve, das alle der Kirche nachteiligen Bestimmungen beider Verträge für rechtsungültig erklärt, doch nehmen die beteiligten Mächte es nur unwillig zur Kenntnis, denn die Säkularisierung des Friedens und der internationalen Beziehungen läßt sich nicht mehr rückgängig machen. Das Zusammenleben innerhalb der europäischen Staatenwelt erfolgt fortan nach autonomen und weltlichen Gesetzen unabhängig von den verschiedenen religiösen Bekenntnissen und Weltanschauungen, wie denn schon der Kardinal Richelieu für die Politik der Staaten eine Verpflichtung auf die bisher gültigen christlichen Normen abgelehnt hat. *314*

Ratifikation und Freudenfest in Münster Kaiser Ferdinand III. beeilt sich, die Verträge zu ratifizieren, ein Kurier kommt schon am 3. Dezember aus Wien mit den Dokumenten zurück. So kann am 18. Februar 1649 der Austausch der besiegelten Ratifikationsurkunden in den Quartieren der beteiligten Mächte er-

folgen. Die münstersche Bürgerschaft feiert am 21. Februar ihr großes Freudenfest mit Dankprozessionen, Paraden und Feuerwerksvorführungen. Während in Frankreich die Frondeunruhen ausbrechen,
die sich gegen das Regiment des Kardinals Mazarin richten und zeitweilig die französische Außenpolitik lahmlegen, reisen viele Bevollmächtigte nach Nürnberg, wo im April neue Verhandlungen über die
Abdankung der schwedischen Truppen beginnen, die erst mit der
Unterzeichnung des »Friedensexekutionshauptrezesses« am 26. Juni
1650 ihr Ende finden. Bemühungen der Stadt Münster beim Kaiser
um eine Entschädigung für ihre hohen Kongreßausgaben verlaufen
im Sande. Das gewachsene Selbstbewußsein der Bürgerschaft führt
in der Folge zur Auflehnung gegen den neu gewählten Fürstbischof
Christoph Bernhard von Galen, der selbst am Kongreß als Bevollmächtigter für das Bistum Lüttich teilgenommen hat. Diese Verken-
nung der wahren Machtverhältnisse bezahlt Münster 1657 mit einer
Beschießung durch den absolutistisch regierenden Landesherrn und
1661 nach erneuter Belagerung mit der Degradierung zur bischöflichen Landstadt.

Der Friedenskongreß bringt noch nicht den Abschluß des spa-
nisch-französischen Krieges. In Katalonien zwingt 1652 ein königli-
ches Heer nach fünfzehnmonatiger Belagerung die Stadt Barcelona
zur Übergabe; die aufständischen Katalanen unterwerfen sich Philipp IV., der ihre alten Rechte bestätigt. Der Ausbruch des französischen Bürgerkriegs gibt ihm die erwünschte Gelegenheit, sich in die
inneren Verhältnisse des Nachbarreichs einzumischen. Prinz Condé,
Frankreichs berühmtester General, tritt auf die spanische Seite und
vereinigt seine Truppen mit den spanischen Streitkräften in den Niederlanden, wo den Franzosen die Festung Dünkirchen abgenommen
wird. Nach der Niederwerfung der Fronde verbündet sich Kardinal
Mazarin 1657 mit England unter dem Lordprotektor Oliver Crom-
well, und die französisch-englischen Truppen erringen unter Turennes Oberkommando einen glänzenden Sieg in der »Dünenschlacht«
(15. Juni 1658); sie besetzen Dünkirchen, das jetzt den Engländern
zufällt. Im Pyrenäenfrieden von 1659 muß Spanien in die Bedingungen einwilligen, die es 1648 noch abgelehnt hat. Es tritt das Artois
(mit Arras) und einige Plätze in Flandern und Luxemburg (darunter
Thionville) ab und verzichtet auf die Grafschaft Roussillon (mit Per-
pignan) und die Cerdagne, womit die französische Ausdehnung die
Pyrenäengrenze erreicht.

Frondeunruhen;
Abschluß des
Pyrenäenfriedens

Zur Bewertung des Westfälischen Friedens

Streben nach einer »gerechten Friedensordnung« Europas

»Da unter allen Wohltaten, die von Gott als Quelle alles Guten über die Menschen kommen, die des Friedens die allergrößte ist, sind die Könige und die Fürsten der Christenheit um so mehr verpflichtet, sie all ihren Untertanen zukommen zu lassen, ihr Blut zu sparen und all den Übeln ein Ende zu machen, die unzertrennlich mit dem Kriege verbunden sind.« So heißt es in der Urkunde, die am 20. September 1643 in Paris für die Entsendung der drei französischen Botschafter Longueville, d'Avaux und Servien zu den Friedensverhandlungen in Münster ausgestellt wird. Nichts anderes haben Idealisten wie Ogier und Rottendorff gefordert. Ständig beteuern die streitenden Parteien ihren ehrlichen Friedenswillen, senden aber trotzdem alljährlich neue Heere ins Feld, um ihre Kriegsziele mit Gewalt durchzusetzen. Die stets nachdrücklich geäußerten Wünsche, man wolle nur die Christenheit oder Europa in einer gerechten Friedensordnung zusammenfassen, sind aber immer eng mit der eigenen Machterweiterung verbunden, besonders in der politischen Auseinandersetzung zwischen Spanien und Frankreich, deren nationales Sendungsbewußtsein während dieses Krieges seinen Höhepunkt erreicht. Nur dem Gegner unterstellt man »reine Machtpolitik«; Frieden und Gerechtigkeit behalten zwar ihren christlichen Inhalt, doch wird vielfach unentschieden bleiben, wieweit bei allen Kriegsparteien die Friedensbeteuerungen reine Schutzbehauptungen gewesen sind.

Beurteilung durch Zeitgenossen und Geschichts-forschung

Die Zeitgenossen haben den Friedensschluß überschwenglich gepriesen, er gilt ihnen als Grundlage des europäischen Staatensystems und Meisterwerk der internationalen Diplomatie, wenngleich sich bald herausstellt, daß er keineswegs den »ewigen Frieden« verbürgt. Alle weiteren Friedensschlüsse der Frühen Neuzeit bis zur napoleonischen Epoche haben den Westfälischen Frieden immer wieder vertraglich bestätigt. Doch die deutschen Historiker des 19. und der ersten Hälfte des 20. Jahrhunderts, die in nationalstaatlichen Vorurteilen befangen die Machtlosigkeit Deutschlands beklagen, halten den Frieden für einen Tiefpunkt der nationalen Geschichte und das Jahr 1648 für ein Katastrophenjahr, das den Verlust des Elsaß an Frankreich zementiert und diesem die Möglichkeit gibt, als Garant der Unabhängigkeit der deutschen Landesherren gegenüber dem Reichsoberhaupt jederzeit in die deutschen Verhältnisse einzugreifen. Heute, mehr als fünfzig Jahre nach dem Zweiten Weltkrieg und im Zeichen der europäischen Einigung, erfreut sich der Westfälische Frieden höchster Wertschätzung, zumal seine damaligen Verhandlungsergebnisse in territorialpolitischer Hinsicht keinerlei Bedeutung mehr haben. »Der Osnabrücker Friedensvertrag, der in einzigartiger Weise die in anderthalb Jahrhunderten angesammelten Probleme bündelte und entschied und dann für die nächsten anderthalb Jahr-

318
317
239

260

hunderte den anerkannten Ausgangspunkt aller weiteren Problematisierung bildete, ist zur politisch wichtigsten Quelle der Frühen Neuzeit überhaupt geworden« (J. Burkhardt).

Seit 1648 existiert im wesentlichen die Verbindlichkeit des neuzeitlichen Völkerrechts mit Anerkennung der Souveränität und Gleichberechtigung. In seiner neuen Gestalt hat die Verfassung des deutschen Reiches rund 150 Jahre lang die »zu machtstaatlichen Aktivitäten ungeeignete politische Form der Mitte Europas« geprägt, freilich auch unerfreuliche Nebenwirkungen gezeigt. Ohne den Abschluß des Westfälischen Friedens ist der Absolutismus in den deutschen Territorien des Alten Reiches nicht vorstellbar. Bei aller Kritik ist festzuhalten, daß mit dem Frieden die leidvolle Epoche der Religionskriege endet. Dieser Kongreß bedeutet ein erstes Vorbild internationaler Konfliktbewältigung, die im folgenden Jahrhundert durch ständige Gesandtschaften der Höfe ausgebaut wird. Leider verhindert jedoch das »System von 1648« mit der garantierten Stabilität der deutschen Fürstenstaaten keineswegs den Ausbruch neuer Kriege, denn es läßt sich kaum übersehen, daß erst danach der »Militarismus« und die europäische Kriegskunst mit der modernen Disziplin und dem Drill der Söldnerheere voll zur Geltung kommen. Doch bleibt nach dem Urteil des englischen Historikers Geoffrey Parker »bis 1939 der Dreißigjährige Krieg die mit Abstand traumatischste Epoche der deutschen Geschichte. Der anteilmäßige Bevölkerungsverlust lag höher als im Zweiten Weltkrieg, die Zahl der durch ihn Entwurzelten und seine materiellen Zerstörungen war ebenso groß, die von ihm ausgelöste kulturelle und wirtschaftliche Erschütterung hielt wesentlich länger an.«

Daß auch in unserer Gegenwart kriegerische Konflikte mit ihren schrecklichen Begleiterscheinungen nicht ausgeschlossen werden können, lehrt ein Blick auf den Nahen Osten, auf die Kaukasus-Republiken oder den Balkan; ist doch jetzt »nach dem Ende des nur wenige Jahrzehnte währenden Zwischenspiels dualer Blöcke in das internationale Mächtespiel wieder jene Vielfalt und prinzipielle Offenheit der Konfigurationen, aber auch einiges an Denkbildern und nationalen Mentalitäten zurückgekehrt« (H. Schilling), was auch das Jahrhundert des Dreißigjährigen Krieges bestimmt hat. In der Hoffnung auf Frieden in Europa sind sich alle Völker einig, aber »die großen Gegensätze, deren Ringen den Inhalt der Menschheitsgeschichte bildet, lassen sich nun einmal nicht aufheben, sondern immer nur vorübergehend ausgleichen und niemals in eine Form fassen, die allen Wandel überdauert« (F. Dickmann).

Ende der europäischen Religionskriege

Lehren für die Gegenwart?

»Der Sieger ergreift die günstige Gelegenheit zum Friedensschluß« betitelt sich diese Zeichnung von Peter Paul Rubens, die als Programm zu verstehen ist und die man nach 1630/31 ansetzt. Der siegreiche Krieger, von einem Löwen und Putten begleitet, schreitet auf die nackte weibliche Figur zu, die den »Frieden« verkörpert. Ihr langes Haar gibt die zwischen beiden stehende Minerva in die Hand des Siegers, damit dieser »die Gelegenheit beim Schopfe fassen« kann. Hinter der Friedensgöttin schwebt Chronos (die Zeit) herbei als Sinnbild des günstigen Moments; unter ihm drängt die auf der Weltkugel sitzende Frau (»Europa«) den zögernden »Frieden«, sich dem Krieger zu nähern. Diese Allegorik mit ihren Emblemen wird damals in der ganzen gebildeten Welt verstanden.

Der Kurfürst Friedrich Wilhelm von Brandenburg (1620–1688) kommt zwanzigjährig zur Regierung und schließt unverzüglich 1641 einen drückenden Waffenstillstand mit Schweden, der aber von Schweden nie ratifiziert wird. Er ist durch seinen langen Aufenthalt am Hof der Oranier (1634–1638) geprägt und heiratet, nachdem Oxenstjerna seine Werbung um Christine von Schweden abgewiesen hat, am 7. Dezember 1646 im Haag Louise Henriette von Nassau-Oranien (1627–1667), die älteste Tochter des Statthalters Friedrich Heinrich. Der Hofmaler Gerard van Honthorst (1590–1656) malt das Paar 1647 nach der Vermählung.

Der Kurfürst erreicht sein Ziel, das Herzogtum Pommern und Zugang zur Odermündung zu erlangen, beim Friedensschluß zwar nicht, kann aber seine Besitzungen in Mittel- und Nordwestdeutschland erheblich vergrößern.

Philipp Christoph von Sötern (1567–1652)
ist seit 1610 Bischof von Speyer und seit
1623 Kurfürst-Erzbischof von Trier. Seine
absolutistischen Neigungen verstricken ihn
in Konflikte mit seinem Domkapitel. Er
stellt sich 1631 unter die Protektion des
französischen Königs, dem er seine Festungen Philippsburg und Ehrenbreitstein ausliefert. Der herrschsüchtige Kirchenfürst,
der Richelieu zu seinem Koadjutor annehmen will, wird 1635 von spanischen Truppen festgesetzt; das führt zum offenen Eingreifen Frankreichs in den Krieg. Nach
zehnjähriger Haft in Brüssel, Gent und
Wien wird Philipp Christoph 1645 auf
Betreiben der französischen und schwedischen Gesandten restituiert (Stich von
P. Aubry).

Johann Philipp von Schönborn (1605–1673)
wird 1642 Fürstbischof von Würzburg und
1647 mit französischer Unterstützung Erz-
schof und Kurfürst von Mainz. Als erster
geistlicher Landesherr schafft der aufgeklärte
Johann Philipp (von Lobrednern der »deutsche Salomo« genannt) die Hexenprozesse
ab. Er drängt auf raschen Friedensschluß
und setzt gegen den Kaiser durch, daß auf
dem Kongreß die Reichsstände Sitz und
Stimme bekommen. Die kompromißbereite
Haltung des neuen Reichserzkanzlers bringt
ihn in Gegensatz zur Gruppe der extremen
Katholiken und zum Nuntius Fabio Chigi
(Stich von Matthäus Merian d. J.).

Gottfried Graf Huyn von Geleen (Stich von P. Aubry) wird zum Retter der Stadt Münster vor feindlicher Belagerung Ende Mai 1634, als die Truppen der vereinigten Lüneburger, Schweden und Hessen Münster mit Einschließung bedrohen, aber Mitte Juli ergebnislos abziehen müssen.

Der Deutschordensritter Geleen (um 1590–1657) übernimmt 1644 das Kommando der Soldtruppen des Niederrheinisch-Westfälischen Reichskreises und wird 1645 Nachfolger des gefallenen Feldmarschalls Franz von Mercy. Nach Niederlegung seiner Befehlsgewalt zieht er sich in seine Landkommende Altenbiesen zurück. Er ist der Schwager des kurkölnischen Generals Alexander von Velen.

Der Reichshofrat Johann Krane (um 1597–1672) neutralisiert die beiden Kongreßstädte Münster und Osnabrück im kaiserlichen Auftrag 1643. Er stammt aus dem westfälischen Geseke, ist Konvertit und genießt das Vertrauen Ferdinands III., der ihm neben dem Grafen Lamberg die schwierigen Verhandlungen mit den Schweden in Osnabrück anvertraut.

IOANNES DE CRANE
Sac.ᵉ Cæs.ᵉ Mᵗⁱˢ
Consiliarius Imperialis Aulicus et ad Tractatus
Pacis Ǫniuersalis Legatus Plenipotentiarius
Comes Pala . . . . . . tinus etc.

Münster zur Kongreßzeit. Das großformatige Bild ist wohl während der Friedensverhandlungen entstanden und naturgetreu von einem erhöhten Punkt im Südwesten der Stadt aufgenommen worden.

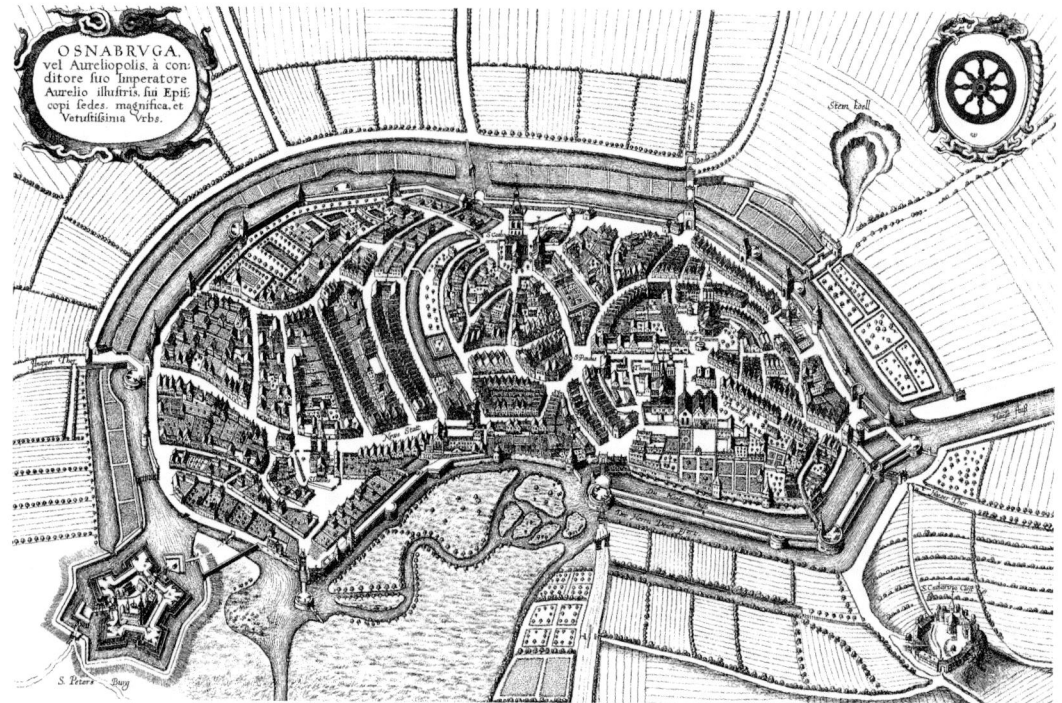

Osnabrück um 1633 aus der Vogelschau. Am linken Bildrand unten die »Petersburg«, eine 1628 vom Fürstbischof Franz Wilhelm Graf Wartenberg angelegte Zitadelle zur Kontrolle der in der Mehrzahl evangelischen Bürgerschaft, die diese noch vor dem Ende des Friedenskongresses niederreißt. Im Jahr 1641 umfaßt die vormals wohlhabende Stadt nur noch 830 bürgerliche Haushaltungen. Ihr Gouverneur ist Graf Gustav Gustavsson Vasaborg (1616–1653), der illegitime Sohn des Schwedenkönigs von Margarete Slots.

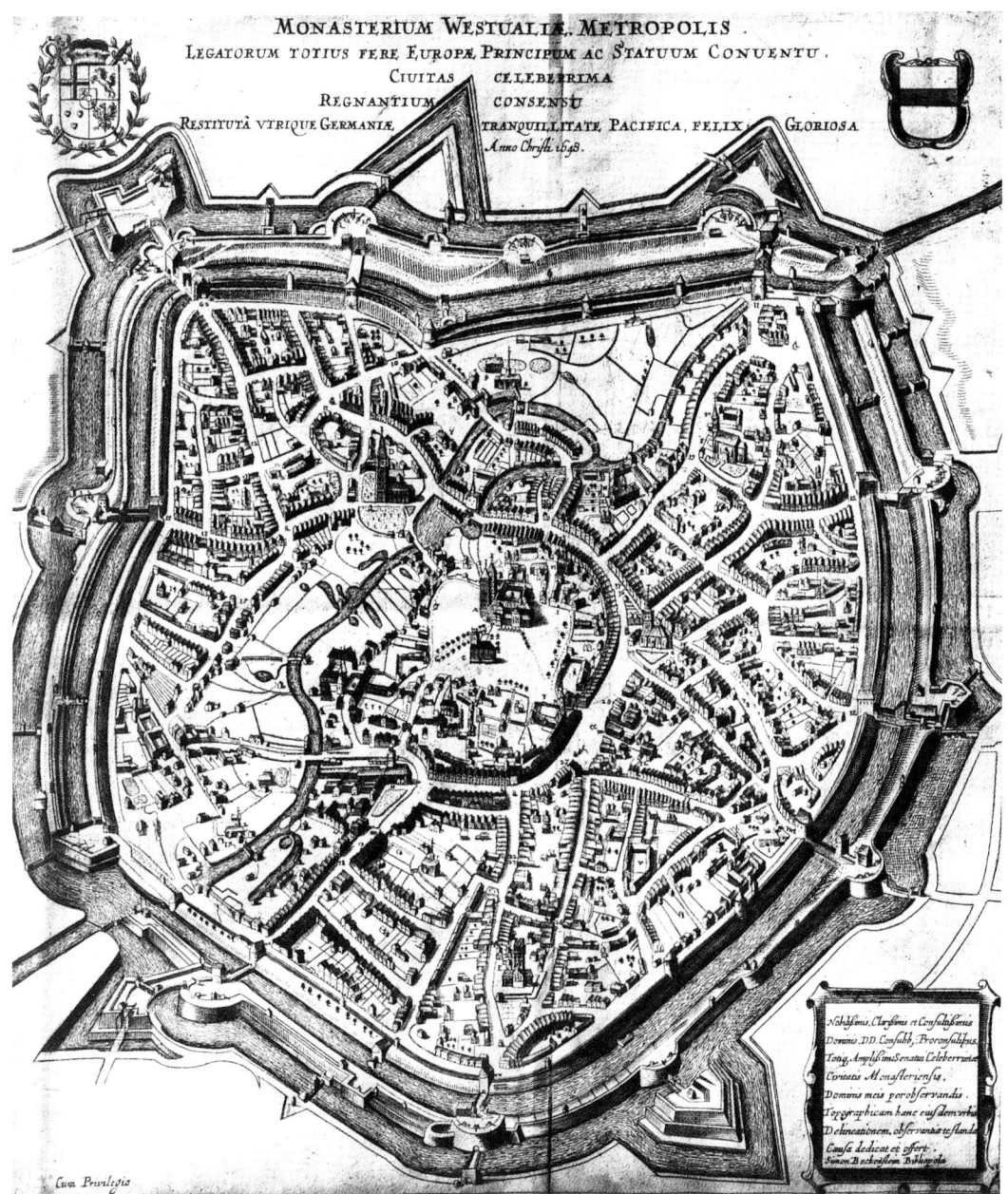

MONASTERIUM WESTUALIÆ METROPOLIS .
LEGATORUM TOTIUS FERE EUROPÆ PRINCIPUM AC STATUUM CONUENTU .
CIUITAS   CELEBERRIMA
REGNANTIUM   CONSENSU
RESTITUTÂ VTRIQUE GERMANIÆ   TRANQUILLITATE, PACIFICA, FELIX   GLORIOSA
Anno Christi 1648.

Vogelschauansicht Münsters mit den Gesandtenquartieren aus dem Verlag Simon Beckenstein in Em-
den 1648 nach einer Radierung des münsterschen Malers Everhard Alerdinck. Münster wird mit dem
stolzen Titel einer »Westvaliae Metropolis« bezeichnet. Die Stadt zählt rund 12 000 Einwohner.

◁ Ansicht Osnabrücks mit Alt- und Neustadt; davor allegorischer Triumphzug zur Eröffnung der Universität, die der Fürstbischof 1631 im Zuge des Restitutionsediktes errichtet. Vorweg Kinder und die
vier Kardinaltugenden, dann ein von zwei Löwen gezogener Triumphwagen mit der Verkörperung
der Kirche (Frau mit Ziborium und Bibel), dahinter Figuren der sieben freien Künste. Die Hochschule
besteht nur bis zum Schwedeneinmarsch 1633.

269

D . IOANNES DE REVMONT, S.C.M^t: GENERALIS VIGILLARUM PRÆFECTUS COLONEL LEGIO PEDITUM. ET TEMPORE . TRACTA. PACIS VNIVERSUS GUBERNAT CIVITATIS MVNASTERI. 1647

Johann von Reumont, Stadtkommandant von Münster. Der Wallone befehligt die kaiserliche Garnison in Dorsten, als die Wahl des münsterschen Rates auf ihn fällt, wozu beiträgt, daß er eine Bürgerstochter zur Frau hat. Neben 1200 angeworbenen Stadtsoldaten übt er das Kommando über die zwölf »Bürgerfahnen« aus, in denen die wehrfähigen Männer organisiert sind. Er erhält ein Jahresgehalt von 1000 Talern und erfüllt seine Aufgabe der Sicherung des Kongresses zur vollen Zufriedenheit des Rates und der Gesandten.

270

In Münster amtieren jeweils zwei Bürgermeister, die die Ratssitzungen leiten. Zur Kongreßzeit sind Heinrich Herding, Erbherr in Hiltrup († 1656), und Johann Timmerscheidt († 1677) tätig, die für die öffentliche Ordnung und die Sicherheit der Diplomaten verantwortlich sind und sich ihrer Aufgabe gut gewachsen zeigen. Anselm van Hulle, der vom Kaiser und von den Generalstaaten ein Privileg zur graphischen Vervielfältigung der Gesandtenporträts bekommen hat, nimmt die Bildnisse der Bürgermeister in sein Kupferstichwerk auf, um dadurch die Kongreßstädte Münster und Osnabrück auszuzeichnen.

Nuntius Fabio Chigi (Gemälde von A. van Hulle) vertritt als Gesandter des Papstes Innozenz X. die Interessen der römischen Kurie und bietet seine Dienste als Friedensvermittler zwischen den katholischen Mächten an, eine entsagungsvolle Aufgabe, weil abzusehen ist, daß der Frieden auf Kosten der Kirche geschlossen wird. Nach seiner Rückkehr nach Rom übernimmt er die Leitung der vatikanischen Außenpolitik und wird 1655 zum Papst gewählt. Er nennt sich Alexander VII. und macht sich als Mäzen der Künste und Gönner Berninis um den Ausbau der Stadt verdient.

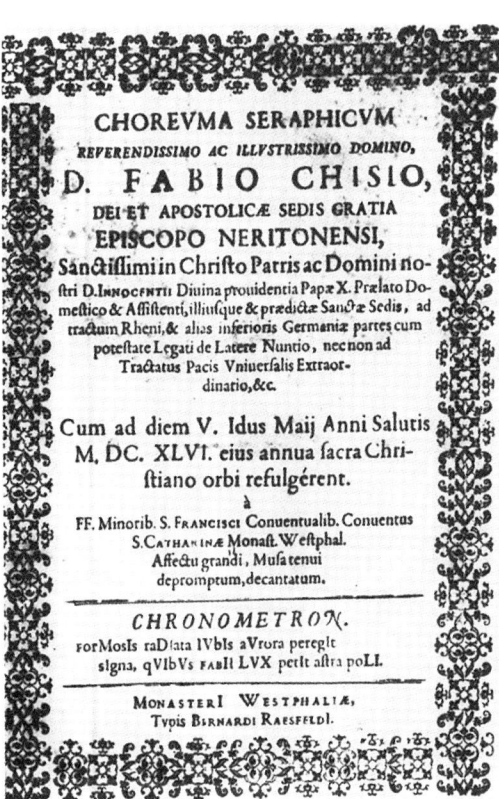

CHOREVMA SERAPHICVM

REVERENDISSIMO AC ILLVSTRISSIMO DOMINO,

D. FABIO CHISIO,

DEI ET APOSTOLICÆ SEDIS GRATIA

EPISCOPO NERITONENSI,

Sánctiſsimi in Chriſto Patris ac Domini no-
ſtri D. Innocentii Diuina prouidentia Papæ X. Prælato Do-
meſtico & Aſsiſtenti, illiuſque & prædictæ Sanctæ Sedis, ad
tractum Rheni, & alias inferioris Germaniæ partes cum
poteſtate Legati de Latere Nuntio, nec non ad
Tractatus Pacis Vniuerſalis Extraor-
dinatio, &c.

Cum ad diem V. Idus Maij Anni Salutis
M. DC. XLVI. eius annua ſacra Chri-
ſtiano orbi refulgérent.

à
FF. Minorib. S. Francisci Conuentualib. Conuentus
S. Catharinæ Monaſt. Weſtphal.
Affectu grandi, Muſa tenui
depromptum, decantatum.

CHRONOMETRON.

ForMosIs raDIata IVbIs aVrora peregIt
sIgna, qVIbVs FabII LVX perIt aſtra poLI.

MONASTERI WESTPHALIÆ,
Typis Bernardi Raesfeldi.

Chigis frühe Gedichte werden schon 1645 unter
dem Titel »Philomathi (nach der Accademia de'
Filomati in Siena) Musae Juveniles« in Köln veröffentlicht. Die Ausgabe besorgt der Westfale
Wilhelm von Fürstenberg (1623–1699), Domherr
in Trier und Münster, der sie dem jungen Flavio
(1631–1693), dem Neffen des Nuntius, widmet.
Nach Chigis Papstwahl veranstaltet 1656 die Königliche Druckerei in Paris eine Prachtausgabe,
in der sich auch die Verse über seinen Aufenthalt
in Münster befinden.

Der Apostolische Nuntius, Bischof von Nardó
(Süditalien), wohnt vom 19. März 1644 bis zum
13. Dezember 1649 im münsterschen Minoritenkloster, wo er mit einem kleinen humanistischen
Gelehrtenkreis verkehrt. Dem Liebhaber lateini-
scher Dichtkunst macht der durch die Unterbringung seines Gefolges sehr belastete Konvent
1646 eine Freude mit dem Druck des barocken
Gedichtes »Choreuma Seraphicum« (Titelblatt
mit Widmung an Chigi).

PRÆNOBILI ADOLESCENTI,

FLAVIO CHISIO,

MARII FILIO,

FLAVII NEPOTI,

S. P. D.

WILHELMVS A FVRSTENBERG,
CANONICVS TREVIRENSIS,
ET MONASTERIENSIS.

 VAMQVAM *ingenitæ No-*
bilitatis tuæ indoles, ſedula
parentum educatio, & dome-
ſtica litterarum, prudentiæ, ac
pietatis exempla, ſatis te ad Virtutem in-

273

ALOYSIVS CONTARENO
Eques Patricius Venetus extraordinaarius ad Pacis
Tractatus Uniuersalis, Legatus, et Mediator.

ORDO
SOLENNIS
SVPPLICATIONIS
INSTITVENDÆ
MONASTERII WESTPHALORVM
IN FESTO
B. MARIÆ
MAGDALENÆ,
22. Iulij 1646.
Precum item 40. horarum per subsequens
triduum continuandarum pro Concor-
dia Principum Christianorum, &
Pace Vniuersali à DEO
impetranda.

MONASTERII WESTPHALIÆ,
Typis BERNARDI RAESFELDI.
ANNO M. DC. XLVI.

Alvise Contarini, Friedensvermittler aus Venedig, ist ein erfahrener Diplomat, der schon 1629 einen Frieden zwischen England und Frankreich vermittelt und seine Republik in mehreren Hauptstädten vertreten hat. Venedig ist wegen der türkischen Bedrohung der Insel Kreta an einem baldigen Ausgleich der europäischen Spannungen besonders interessiert. Die Universitätsbibliothek Münster besitzt in zehn Bänden die Korrespondenz Contarinis mit seinem am Pariser Hof akkreditierten Kollegen Nani.

Titelblatt der münsterschen Friedensprozessionsordnung. Für den 22. Juli 1646 ordnet der Fürstbischof Ferdinand eine große Prozession an, um Gott anzuflehen, Frieden zu schenken und die christlichen Fürsten zu versöhnen. Alle katholischen Bevollmächtigten nehmen neben der Stadtbevölkerung daran teil, angeblich gegen 4000 Menschen.

AVISO.

Relation oder Zeitung/

Was sich begeben vnd Zugetragen hat in Deuts vnd Welschland/ Spannien/ Niederland/ Engeland/ Franckreich/ Vngarn/ Osterreich/ Schweden/ Polen/ Schlesien/ Item Rohm/ Venedig/ Wien/ Anterff/ Ambsterdam/ Cölln/ Franckfort/ Praag vnd Linz/ etc.

So von Nürmberg/ denn 21. Iunij vnd sonst Wöchentlich avisirt vndangelangt.

Die Nachrichtenübermittlung während des Kongresses stößt auf Schwierigkeiten, müssen doch alle Neuigkeiten durch Boten und Kuriere übermittelt werden. Ein »Aviso« mit Titelbild: Über einer Hafenstadt schwebender Merkur, links ein reitender und ein Fußbote, rechts ein Segelschiff als Symbole der üblichen Nachrichtenbeförderung.

Im kaiserlichen Auftrag richtet der Generalpostmeister Thurn und Taxis für den regelmäßigen Briefverkehr ein Reichspostamt in Münster ein, das einen regelmäßigen Briefverkehr mindestens einmal in der Woche nach allen Richtungen herstellt. Die Post nach Madrid braucht jeweils vier Wochen.

Maximilian Graf Trauttmansdorff ist kaiserlicher
Obersthofmeister und Prinzipalgesandter, verfügt über umfangreiche Vollmachten und eine
Geheiminstruktion Kaiser Ferdinands III., dessen
vertrauter Berater er ist. Seinem Verhandlungs-
geschick ist zu verdanken, daß ein Ausgleich mit
Schweden und eine Verständigung mit Frankreich erzielt werden, ohne daß die kaiserliche
Macht in den habsburgischen Erblanden ge-
schmälert wird. Eine Rückkehr der böhmischen
Emigranten ist somit unmöglich. Trauttmansdorff ist am Sturz Wallensteins maßgebend beteiligt gewesen.

Dr. Isaak Volmar ist Trauttmansdorff als zweiter
Gesandter und bürgerlicher Jurist unentbehrlich.
Er ist der Sohn eines schwäbischen Stadtschrei-
bers und Konvertit. Er wird bald als einer der
führenden Köpfe auf dem Kongreß anerkannt
und führt die eigentlichen Amtsgeschäfte der
kaiserlichen Vertretung, während sein Kollege
Graf Nassau die üblichen Repräsentationspflichten wahrnimmt. Volmars umfangreiches offiziel-
les Tagebuch ist publiziert.

276

LVDOVICVS COM: DE NASSAV S.CÆ.

Johann Ludwig Graf von Nassau-Hadamar (1590–1653) ist der erste kaiserliche Gesandte in Münster und wird 1647 vom spanischen König mit dem Orden vom Goldenen Vlies ausgezeich-net. Als Konvertit und Witwer macht er sich 1650 vergeblich Hoffnung auf seine Wahl zum Bischof von Münster, wo er wegen seiner jovialen Hal-tung viele Sympathien findet.

◁ Johann Maximilian Graf Lamberg hat ein priva-tes Notizbuch geführt, das zwar nichts über die politischen Vorgänge enthält, jedoch pedantisch alle Empfänge und Besuche – sogar das tägliche Wetter – verzeichnet und gerade dadurch kultur-geschichtliche Bedeutung gewinnt. Lamberg ist kaiserlicher Prinzipalgesandter in Osnabrück; er hat 1634 den jungen König Ferdinand von Ungarn auf das Schlachtfeld von Nördlingen be-gleitet, was ihm dessen lebenslanges Vertrauen sichert.

FERDINAND·ERNEST·COM·DE·WALSTEIN·ELEC·BOH

Ferdinand Ernst Graf von Wallenstein vertritt als Reichshofrat und böhmischer Obristkämmerer in Münster den Kaiser als König von Böhmen im Kurfürstenrat und erhält daher seinen Platz in der städtischen Bildergalerie. Er entstammt der-selben Familie, der auch der getötete Herzog von Friedland angehörte.

Henri d'Orléans, Herzog von Longueville (G. Ter Borch), ist einer der großen Feudalherren der französischen Monarchie, souveräner Fürst von Neufchâtel und Valengin, Gouverneur der Normandie, und hat zeitweise eine Armee in Deutschland kommandiert. Kardinal Mazarin schickt ihn nach Münster, um die miteinander verfeindeten Diplomaten d'Avaux und Servien zu überwachen, mit der Nebenabsicht, den unbequemen Pair vom Hofe zu entfernen. Am 3. Februar 1648 verläßt er vorzeitig im Zerwürfnis mit Mazarin den Kongreß und schließt sich in Paris der Verschwörung gegen den Kardinal an.

278

ANNE·GENEVIEFVE·DE·BOVRBON
DVCHESSE·DE LONGVEVILLE

VOYAGE
FAIT A
MVNSTER
EN WESTPHALIE,
Et autres lieux voisins,
En 1646. & 1647.

Par M. IOLY Chanoine de Paris,

Avec quelques Lettres de M. Ogier,
Prestre & Predicateur, & autres choses
mentionnées en la page suivante.

A PARIS,
Chez FRANÇOIS CLOVSIER, proche l'Ho-
stel de Monseigneur le premier Presi-
dent, à l'Image N Dame.

M. DC. LXX.
Avec Privilege du Roy.

Die Herzogin von Longueville, Anne-Geneviève de Bourbon-Condé, hält sich nur vom 26. Juli 1646 bis zum 27. März 1647 am Kongreßort auf, wird aber infolge ihrer hohen Stellung und ihrer Schönheit zum Mittelpunkt des gesellschaftlichen Lebens. Sie wird von ihrer Stieftochter aus der ersten Ehe des Herzogs begleitet und zieht mit großer Prachtentfaltung in Münster ein.

Der Pariser Kanonikus Claude Joly hat als ihr Reisebegleiter einen Bericht über die Reise niedergeschrieben, der 1670 in Paris gedruckt wird, vermehrt um Briefe, die ihm sein Freund Ogier aus Münster zugesandt hat.

Claudius de Mesmes Comes d'Avaux
Regy Ordinis Commendator Suppremus
ærary Præfectus Regis Christianissimi
ad Pacem publicam Legatus.

Anselmus van Hulle pinxit excudit Privilegio Cæsareis.   Paul. Pontius sculpsit.
Cum privilegio Regum   et Hollandiæ Ordinum.

Claude de Mesmes, Comte d'Avaux, hat als Berufsdiplomat sein Land in Italien und in Nordeuropa vertreten und in Münster ausgleichend gewirkt, so daß ihm am Zustandekommen der Verträge Verdienst zukommt. Als Gegner der Politik Mazarins, der nicht immer mit der Unterstützung der Protestanten einverstanden ist, wird er kurz vor dem Abschluß der Verhandlungen abberufen und muß Münster verlassen. Der Kardinal verfolgt ihn mit besonderem Haß und möchte ihn am liebsten in die Bastille bringen. Der Graf erhält keinen Zutritt bei Hofe und muß Paris meiden.

Graf d'Avaux stirbt in Ungnade am 29. November 1650. Sein Freund François Ogier, der ihn nach Münster begleitet hat, widmet ihm eine panegyrische Grabrede (Eloge), in der er ihn als Friedensstifter lobt und ihm symbolisch einen Leichenstein setzt. Er rühmt ihn in dieser fiktiven Inschrift wegen seiner Frömmigkeit, Liebe zum Vaterland und zur Gelehrsamkeit, Wohltätigkeit gegen die Armen, feiert ihn als Ratgeber und Redner und hebt seine Tätigkeit als Gesandter in Italien, Schweden, Polen und Deutschland hervor. »Selig die Friedliebenden, denn sie werden Söhne Gottes genannt werden.« Der umfangreiche Text wird 1652 in Paris gedruckt.

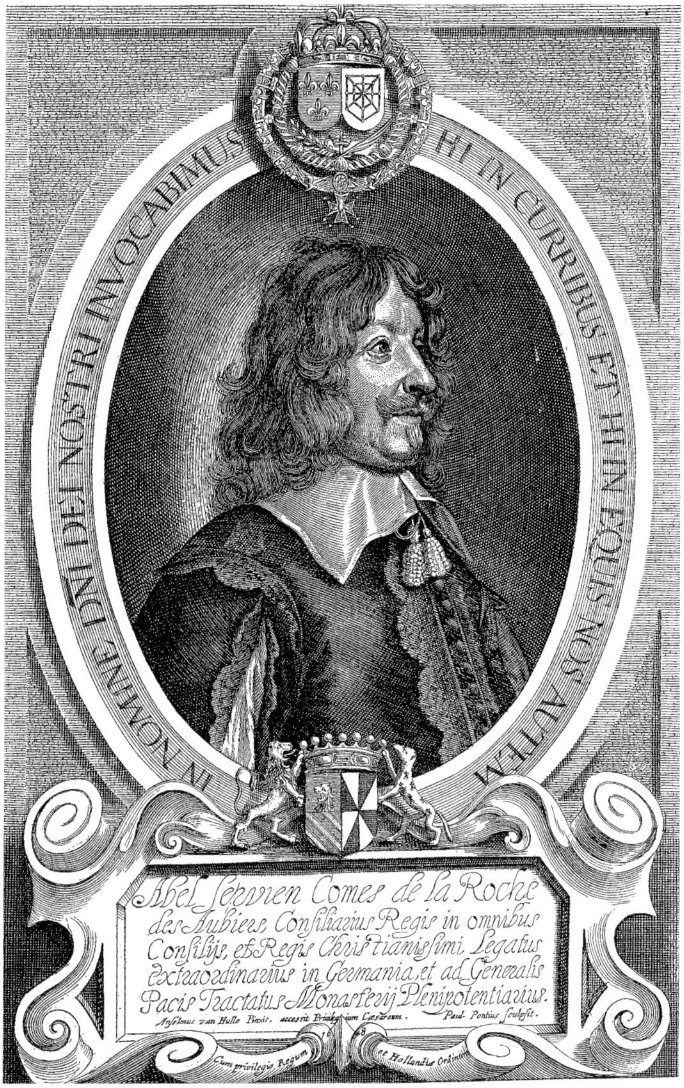

PANEGYRIQVE

DE

S. LOVIS.

PRONONCE A MVNSTER le 25. d'Aoust 1646. dans l'Eglise des Cordeliers, en presence de Messeigneurs le Duc de Longueuille & le Comte d'Auaux, Plenipotentiaires de France pour la paix generale.

Regnum meum non est de hoc mundo. *Ioan.* 18.

IL est facile de loüer les Atheniens en presence des Atheniens, disoit cét Ancien: Il vouloit dire, que ces peuples auoient tant de disposition à écouter leurs propres loüanges, qu'il n'étoit pas fort difficile de les contenter en cette matiere. Pour peu d'industrie & de suffisance qu'eût

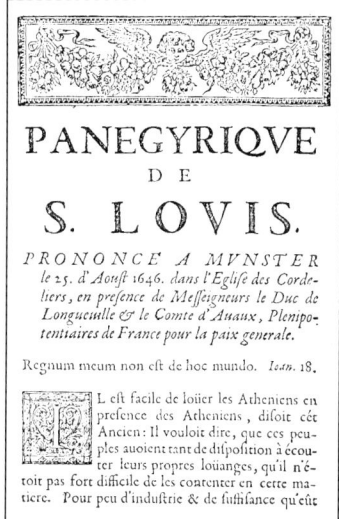

Abel Servien, Comte de la Roche des Aubiers, ist vordem Staatssekretär Richelieus gewesen und jetzt Vertrauensmann des Kardinals Mazarin, »rücksichtslos in seinen Formen, härter und energischer, weniger geschmeidig« (F. Dickmann) als der Graf d'Avaux. Mit Mühe kann der Nuntius einen Zweikampf zwischen beiden verhindern. Servien, der vergeblich versucht, den spanisch-niederländischen Separatfrieden zu hintertreiben und durch Erhebung zum Staatsminister von Mazarin geehrt wird, hat den Friedensvertrag für Frankreich allein unterzeichnet.

Ogier predigt am 25. August 1646 in der münsterschen Minoritenkirche am Gedächtnistag des hl. Königs Ludwig XI. von Frankreich in Anwesenheit des Herzogs von Longueville und des Grafen d'Avaux über das Herrenwort »Mein Reich ist nicht von dieser Welt«. Er vertritt mit Entschiedenheit die Notwendigkeit eines sofortigen Friedensschlusses zwischen den katholischen Mächten und appelliert an das Gewissen der Gesandten.

BALLET
DE LA PAIX

Dancé a Munſter le 26. feurier

1645.

BALLET
danſé a MVNSTER

ſur la nouuelle de l'heureuſe naiſſance de

MONSEIGNEVR

Le Conte de Dunois,

au mois de Feburier 1646.

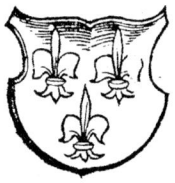

Die Titelseiten der zwei französischen Ballettaufführungen, die von den Edelleuten des Grafen
d'Avaux veranstaltet werden und für die F. Ogier
die Texte geschrieben hat: »Ballet de la Paix«
(1645) und »Ballet dansé à Munster sur la nouvelle de l'heureuse naissance de Monseigneur Le
Conte de Dunois« (1646). Der Sohn des Ehepaa-
res Longueville erhält bei der Geburt den Titel
eines Grafen von Dunois.

François Ogier († 1670) ist als Pariser Prediger
und auch als Textdichter hervorgetreten und hält
1643 eine berühmte Leichenpredigt auf König
Ludwig XIII. Sein »Journal du congrès de Munster« wird 1893 in Paris publiziert. In Münster
hat er die aus ihrer Heimat vertriebenen Schwe-
stern des Lotharinger Klosters geistlich betreut.
Er wird meist als »Almosenier« des Grafen
d'Avaux bezeichnet.

C. Gilbert   N. Habert

FRANCISC. OGIERIUS, Preſbyter, Paris. Verbi divini
Concionator facundiſſ. obijt IIIº Kalend. Julij M.DC.LXX.
SCRIPSIT
Censuram Garaſsj, Apologiam Balzacij, Orationem funebrem
Regis Ludovici Juſtj XIII. varios Sermones panegyricos,
Inſcriptionem Crucis Grandimontenſis.

Pragnantes causa,

CUR CHRI-
STIANI REGES ET
PRINCIPES, FUNESTUM ET
sanguinolentum inter se incensum
bellum deserere, invicem coire, &
pacem firmam stabilire
debeant.

Hochwichtige Vrsachen /

Warumben die Christli-
che Potentaten / den jämmerlich
vnd Blutstürtzenden innerlichen Krieg
auffheben / vest zusammen setzen / vnd einen
beständigen guten Fried vnter einander schliessen sollen.

Gedruckt im Jahr / 1647.

Heus pictor, cunctos licet experiare colores,
Haud tanti attinges Principis effigiem.
Rectius ut facias, Velum illi appone Timantis.
Sol cerni hic tectus non nisi nube potest.
Bernh. Rottendorff. D.

Dr. Bernhard Rottendorff. Das im Zweiten Weltkrieg vernichtete Gemälde zeigt den angesehenen Mediziner (1594–1671) im Alter von 36 Jahren. Der Stadtarzt behandelt mehrere Gesandte und ist der bevorzugte Arzt der westfälischen Adelsfamilien. Der Kaiser verleiht ihm das Prädikat eines Hofpfalzgrafen und »Medicus Caesareus«. Der Nuntius Fabio Chigi widmet ihm sein humorvolles Gedicht über den »ständigen münsterschen Regen«.

Titelblatt des Friedensappells. Im Jahr 1647 veröffentlicht Rottendorff seine eindringliche Mahnung erneut als selbständige Schrift jetzt auch in deutscher Sprache.

Der Kupferstich von Jonas Suyderhoff zeigt den Osnabrücker Fürstbischof Franz Wilhelm mit Versen seines Arztes Bernhard Rottendorff und stammt aus dem Buch über Blumenzucht des Jesuiten G. B. Ferrari, dessen Neuauflage Rottendorff 1646 in Amsterdam besorgt und in dem er sich mit einem lateinischen Friedensappell unmittelbar an den Kongreß wendet.

Königin Christine von Schweden (Stich nach A. van Hulle) tritt als einziges Kind Gustav Adolfs 1644 die Regierung an und verblüfft ihre Umgebung durch sehr eigenwillige Ansichten. Sie wünscht einen baldigen Friedensschluß und löst sich vom Einfluß des Reichskanzlers Oxenstjerna.
Ihr Porträt, das Paulus Pontius (1603–1658) gestochen hat, wird bezeichnenderweise von den Figuren der Pallas Athene und des Apoll gehalten. Im Jahre 1654 verzichtet sie auf den Thron zugunsten ihres Vetters Karl Gustav und reist ins Ausland, wo sie inkognito am 31. Juli das münstersche Jesuitenkolleg besucht und in Antwerpen zum katholischen Glauben übertritt. Sie lebt später vorwiegend in Rom.

Johann Graf Oxenstjerna (Porträt von A. van Hulle). Der Sohn des schwedischen Reichskanzlers ▷ erringt auf dem Kongreß infolge seines Hochmuts wenig Sympathien; die Franzosen klagen über seinen »gotischen Stolz«; nach Meinung von d'Avaux tritt er so arrogant auf, als ob er »auf einem Throne sitze, um die zwölf Stämme Israels zu verurteilen«. Königin Christine bevorzugt seinen Kollegen Adler Salvius.

Johann Adler Salvius steht in hohem Ansehen bei den Protestanten, hat auf deutschen Universitäten studiert und Schweden auf zahlreichen Konferenzen vertreten, gilt allerdings als bestechlich und ist auf seine finanziellen Vorteile durchaus bedacht. Seine Verhandlungsvollmacht interpretiert er weitherzig und korrespondiert mit Königin Christine auch außerhalb der offiziellen Kanäle.

Im Hause des Stadtarztes Dr. Rottendorff in Münster wohnt der schwedische Resident Freiherr Schering Rosenhane, Kastellan von Stockholm und Kanzleirat, dessen Wappen einen Hahn auf einem Rosenzweig zeigt. Er wird im Frühjahr 1648 als Nachfolger von Hugo Grotius schwedischer Gesandter in Paris und betätigt sich auch literarisch (»Klage der schwedischen Sprache«, 1658).

Im Sitzungssaal des Osnabrücker Rathauses versammeln sich die Vertreter der protestantischen Reichsstände, um über den Ausgleich zwischen den Konfessionen zu verhandeln; auch die Abgeordneten der katholischen Partei und die Schweden treffen sich hier, weil überwiegend mündlich verkehrt wird. In Münster sind dagegen die Friedensvermittler eingeschaltet.

Auch in der Osnabrücker Ratskammer werden nach Kongreßende zum dauernden Andenken Porträts der vornehmsten Bevollmächtigten angebracht.

Porträt des Osnabrücker Bürgermeisters Dr. Gerhard Schepeler (1615–1674), der sein Amt von 1647 bis 1656 innehat und dessen Wahlspruch lautet »Non minor est virtus, quam quaerere parta tueri«: Nicht geringer ist die Tugend, die versucht, Errungenschaften zu schützen. Vergeblich sucht Osnabrück Mittel und Wege, um die Rückkehr des katholischen Fürstbischofs Franz Wilhelm zu vermeiden und die Reichsunmittelbarkeit zu erlangen.

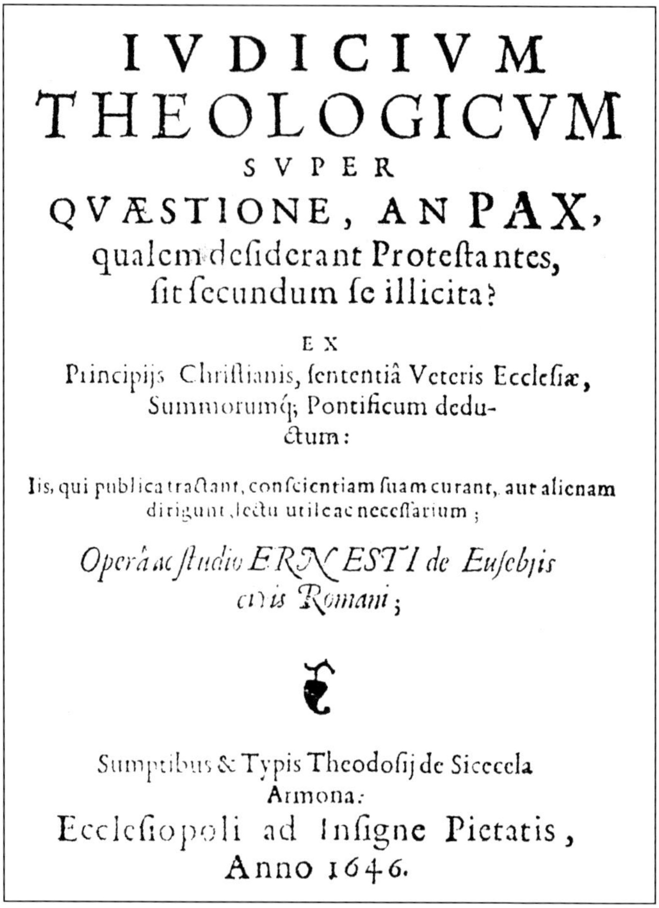
IVDICIVM
THEOLOGICVM
SVPER
QVÆSTIONE, AN PAX,
qualem deſiderant Proteſtantes,
ſit ſecundum ſe illicita?
EX
Principijs Chriſtianis, ſententiâ Veteris Eccleſiæ,
Summorumq; Pontificum dedu-
ctum:
Iis, qui publica tractant, conſcientiam ſuam curant, aut alienam
dirigunt, lectu utile ac neceſſarium;
Operâ ac ſtudio ERNESTI de Euſebijs
civis Romani;
Sumptibus & Typis Theodoſij de Siccela
Armona:
Eccleſiopoli ad Inſigne Pietatis,
Anno 1646.

Der Friedenskongreß ruft eine wahre Flut von Flugschriften auf den Plan, die das Verhandlungsgeschehen kommentieren und die Grundsatzpositionen der Parteien abstecken. Als Beispiele Titelblätter einiger Publikationen, z. B. das »Judicium theologicum« des Ernestus de Eusebiis (Pseudonym für den Jesuiten Heinrich Wangnereck) und die »Dissertatio de ratione status« des Bogislaw Philipp Chemnitz, der sich »Hippolithus a Lapide« nennt (1647).
Der Bayer Wangnereck (1595–1664) gehört dem Kolleg in Dillingen an; seine kompromißlose Schrift wird vom Fürstbischof von Osnabrück zum Druck befördert, erst 1663 stellt man den Verfasser fest. Sie befaßt sich mit der Frage, ob ein Frieden, wie ihn die Protestanten wünschen, überhaupt nach dem katholischen Kirchenrecht erlaubt sei. Chemnitz (1605–1678) ist seit 1644 offizieller Historiograph und vertritt publizistisch den schwedischen Großmachtgedanken. Man hat sein Werk als den »glühendsten Haßgesang eines Calviners gegen Habsburg« bezeichnet (H. Rößler).
Auf dem Titelkupfer wird dem mit der Reichskrone geschmückten Kaiseradler vom jugendlichen König von Frankreich, dem schwedischen Löwen und dem Fürsten von Siebenbürgen hart zugesetzt, denn nach der Meinung von Chemnitz wird der Frieden durch die Machenschaften des Hauses Habsburg bedroht. ▷

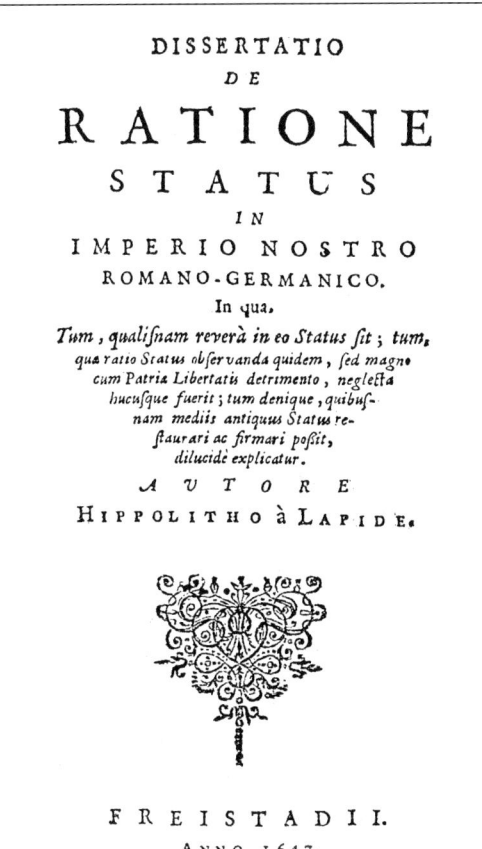

DISSERTATIO
DE
RATIONE
STATUS
IN
IMPERIO NOSTRO
ROMANO-GERMANICO.
In qua,

Tum, qualisnam reverà in eo Status sit; tum,
qua ratio Status observanda quidem, sed magno
cum Patriæ Libertatis detrimento, neglecta
hucusque fuerit; tum denique, quibus-
nam mediis antiquus Status re-
staurari ac firmari possit,
dilucidè explicatur.

AUTORE
HIPPOLITHO à LAPIDE.

FREISTADII.
ANNO 1647.

Fürstbischof Franz Wilhelm von Osnabrück ist Wortführer der extremen katholischen Partei, die alle Zugeständnisse an die Protestanten ablehnt. Durch päpstliche Verleihung erhält er im Zuge des Restitutionsedikts die Bistümer Minden und Verden. Als Sprosse des Hauses Wittelsbach – er ist ein Sohn aus der unebenbürtigen Ehe eines bayerischen Herzogs – und regierender Reichsfürst ist er der ranghöchste deutsche Bevollmächtigte, der dazu über zahlreiche Voten anderer katholischer Reichsstände verfügt, die ihm ihre Stimmrechte übertragen haben. Nach Kongreßende wird er noch Fürstbischof von Regensburg und erhält 1660 von dem nunmehrigen Chigi-Papst die Kardinalswürde.

ADAMVS ADAMI
Vicar: in Murhart: Ord. S. Bened. S. Theol.
D. Electus Abbas Huisburgensis, Illm̃ Princip.
Corveiensis, et Prælatorum Imperialium nec non
Abbatissarum Principum et Imperialium ad Tractatus
Pacis Universalis cum Plenipotentia Legatus

Dr. Adam Adami, Prior des wiederhergestellten Klosters Murrhardt im Herzogtum Württemberg, weilt auf dem Kongreß als Gesandter des Fürstabtes von Corvey und der »Reichsprälaten des Schwäbischen Kreises«. Er gehört zur streng katholischen Partei und hinterläßt wertvolle Aufzeichnungen (»Arcana pacis Westphalicae«). Seine Devise »Angeli Pacis amare flebunt« (Die Friedensengel weinen bitterlich) gibt seine Auffassung wieder, denn die restituierten Klöster gehen den Katholiken sämtlich wieder verloren. Adami stirbt nach verdienstvollem Wirken 1663 als Hildesheimer Weihbischof.

GEORGIUS CHRISTOPHORUS
Baro de Haslang, Hoogencamer et Giebing, vtriusq̃
Bavariæ Præfectus Hereditarius, Præses in Pfaffenhofen,
& Sereniβimi Electoris Bavariæ Conſiliarius Jntimus,
Cubicularius, Auleqʒ eiusdem Mareſchallus, atque ad
Pacem Universalem Legatus Plenipotentiarius. etc.

Georg Christoph Freiherr von Haslang zu Hohenkammer und Giebing (1602–1684), kurbayerischer Gesandter und Hofmarschall des Kurfürsten Maximilian I., ist streng an die Weisungen seines eigenwilligen Auftraggebers gebunden, was ihn in Differenzen mit dem Fürstbischof Franz Wilhelm von Osnabrück verwickelt.

Bürgermeister Johann Rudolf Wettstein aus Basel (Gemälde von Samuel Hoffmann, 1639) erreicht für die Schweizer Eidgenossenschaft die Anerkennung ihrer Souveränität; er ist der Vertreter der evangelischen Kantone und soll ihre Klagen über das Reichskammergericht vorbringen, kann seinen Auftrag jedoch ausweiten.

IACOBUS LAMPADIUS
Iuris-consultus Celsissimorum Principum FRIDERICI et
CHRISTIANI LUDOVICI Ducum Brunovicensium et Lune=
burgensium ad Comitia Osnabrugensia et Monasteriensia Lega=
tus Ducis item CHRISTIANI LUDOVICI Consiliarius
intimus et Procancellarius

Dr. Jakob Lampadius, Vizekanzler und Gesandter von Braunschweig-Grubenhagen, ist ein berühmter Staatsrechtslehrer (»Tractatus de constitutione imperii Romano-Germanici«, Lyon 1634) und eifriger Lutheraner, doch auf Verständigung bedacht. Er ist kurz nach Kongreßende am 10. März 1649 in Münster gestorben und hat ein zweibändiges noch ungedrucktes Tagebuch hinterlassen.

SIC ITUR AD ASTRA

TEMPLUM
HONORIS.

IDEA
PRINCIPIS
CHRISTIANO-
POLITICI,
Centum Symbolis
expressa
A DIDACO SAAVEDRA
Faxardo, Equite,
etc.
Cum gratia et Privilegio
ad Novennium

Graf Peñaranda trifft als spanischer Prinzipalgesandter am 5. Juli 1645 in Münster ein und kann gegen alle Widerstände seitens der Franzosen die Generalstaaten der Vereinigten Niederlande zu einem Separatfrieden bestimmen; allerdings gelingt es ihm nicht, den Kurswechsel der Wiener Politik, die sich von Spanien trennen will, abzuwenden. Er verläßt Münster am 29. Juni 1648.

Das Eintreffen des Franziskanerobservanten Joseph de Bergaigne im Mai 1645 löst bei Saavedra wegen der Rangfrage Verärgerung aus, denn er weigert sich, diesem Erzbischof von Cambrai und Administrator des Bistums 's-Hertogenbosch, der schon manche Geheimverhandlungen mit den Generalstaaten geführt hat, das spanische Legationssiegel und den Chiffrenschlüssel zu überliefern. Graf Peñaranda entscheidet zugunsten Bergaignes, der am 24. Oktober 1647 in Münster stirbt und im Klarissenkloster bestattet wird.

◁ Der spanische Diplomat Diego de Saavedra y Fajardo (1584–1648), ein Vetter des Cervantes, weilt von 1643 bis 1646 in Münster und veröffentlicht den Fürstenspiegel »Idea de un Principe politico cristiano representada en cien empresas«, der im 17. Jahrhundert als politisches Lehrbuch viel Anklang findet. Das Titelblatt, das Erasmus Quellinus entworfen hat, zeigt in barocker Auffassung sinnreiche Allegorien gerechter Regierung.
Der geharnischte christliche Fürst wird von Hercules zum »Tempel der Ehre« geleitet, vorüber an den Verkörperungen der Tugenden und vorbildlichen Herrscherfiguren. Die lateinische Übersetzung (Brüssel 1649) des umfangreichen Werkes mit über hundert Emblemen besorgt der münstersche Jesuit Johann Mulmann, Beichtvater des Gesandten Graf Nassau und Berater des Nuntius Chigi. Darin findet sich die Devise »Pax optima rerum« des antiken Autors Silius Italicus. Eine deutsche Übersetzung des Buches kommt 1655 in Amsterdam heraus.

293

Der Einzug des Gesandten Adriaen Pauw in Münster (Gemälde des Gerard Ter Borch). Das oft reproduzierte Bild zeigt vor der Stadtsilhouette die sechsspännige Kutsche des holländischen Gesandten, der von seiner Frau Anna van Ruytenburgh und der sechsjährigen Enkeltochter begleitet wird.

294

Hervorzuheben sind die Staffagefiguren in münsterländischer Tracht. Das Gemälde ist ein szenisch angelegtes Familienporträt, die Stadtansicht Münsters wird einem noch unbekannten Monogrammisten G. V. H. zugeschrieben.

Johann de Knuyt und Adriaen Pauw stehen in verschiedenen Lagern. Pauw gilt als »Staatsmann von
Format«, sein Gegner Knuyt, der die Interessen der oranischen Kriegspartei wahrnimmt, als »ausge-
sprochener Intrigant«. Er vertritt die Provinz Seeland und bezieht – wie Pauw übrigens auch – als
Ritter des St.-Michaels-Ordens eine Pension Frankreichs; am feierlichen Ratifikationsakt nimmt er
aus Protest nicht teil. Die Niederländer verhandeln vorwiegend mit Spaniern und Franzosen, haben
aber kaum Berührung mit den Vertretern der deutschen Reichsstände.

Im Krameramtshaus zu Münster wohnen die niederländischen Friedensbevollmächtigten. Es ist das
einzige heute erhaltene Haus einer münsterschen Gilde, entstand vor 1557 und wurde 1589 um ein
Stockwerk erhöht. Alle übrigen Gesandtschaftsquartiere der Kongreßzeit haben den Zweiten Welt-
krieg nicht überdauert.
Das Krameramtshaus beherbergt heute als »Haus der Niederlande« Einrichtungen der Westfälischen
Wilhelms-Universität: Das Zentrum für Niederlande-Studien, das Institut für Niederländische
Philologie und das Sondersammelgebiet Niederländischer Kulturkreis der Universitäts- und Landes-
bibliothek.

297

Die Verhandlungen in einem Gesandt-
schaftsquartier darf man sich ähnlich
vorstellen, denn es gibt keine Vollver-
sammlungen der Bevollmächtigten, sondern nur einzelne Sitzungen am runden
Tisch, vielfach unter Beteiligung der
beiden Friedensvermittler. Die meisten
Gespräche finden in den Quartieren der
Gesandten statt. Die katholischen
Reichsstände tagen im Fürstenhof am
Domplatz. Auf diesem anonymen Kupferstich kann man die für Münster
typischen Giebelfronten erkennen.

298

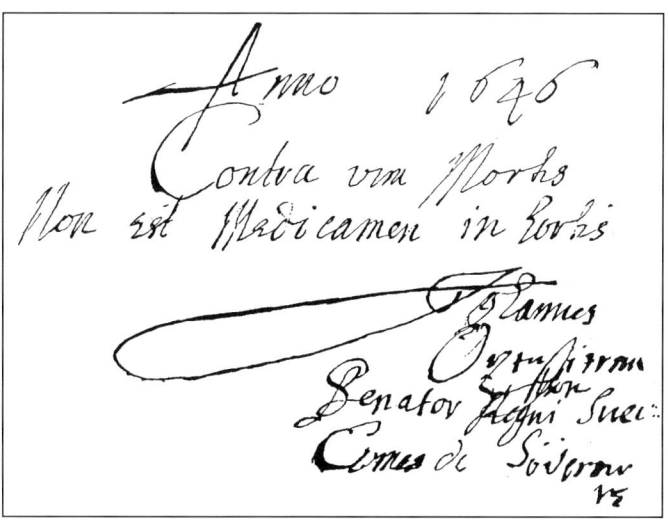

Die Gesandten in Osnabrück verkehren in der dortigen Ameldungschen Apotheke am Markt, wo sie ihre Medikamente kaufen und die beliebten »Apothekerschnäpse« zu sich nehmen. Der Apothekergehilfe Johann Friedrich Etschenreuter aus Colmar bittet sie um gelegentliche Eintragung in sein Stammbuch, in dem so zahlreiche Diplomaten vertreten sind. Hier eine Eintragung des Johann Graf Oxenstjerna, der den Spruch »Contra vim mortis non est medicamen in hortis« notiert hat, was verdeutscht etwa »Gegen den Tod ist kein Kraut gewachsen« heißt.

Sein Kollege Adler Salvius schreibt im Januar 1647: »Corpora firma valent per se nullumque Machaona quaerunt: Si valeant homines, ars tua Phoebe jacet«, das bedeutet »Wenn es den Menschen gutgeht, brauchen sie keinen Arzt!«

◁ Der niederländische Historiker Johann Cools hält sich während der gesamten Kongreßdauer in Münster auf und veröffentlicht ein Werk »Templi Pacis ... Architecti primarii«, in dem er fast alle Bevollmächtigten mit ihren Titeln und Devisen vorstellt; seine Liste erscheint in fünf Lieferungen. Der wohlbeleibte Autor, der sich als »Poeta et Historiographus Pacis« bezeichnet, ist auf einem Kupferstich des Pieter Holsteyn aus Amsterdam dargestellt.

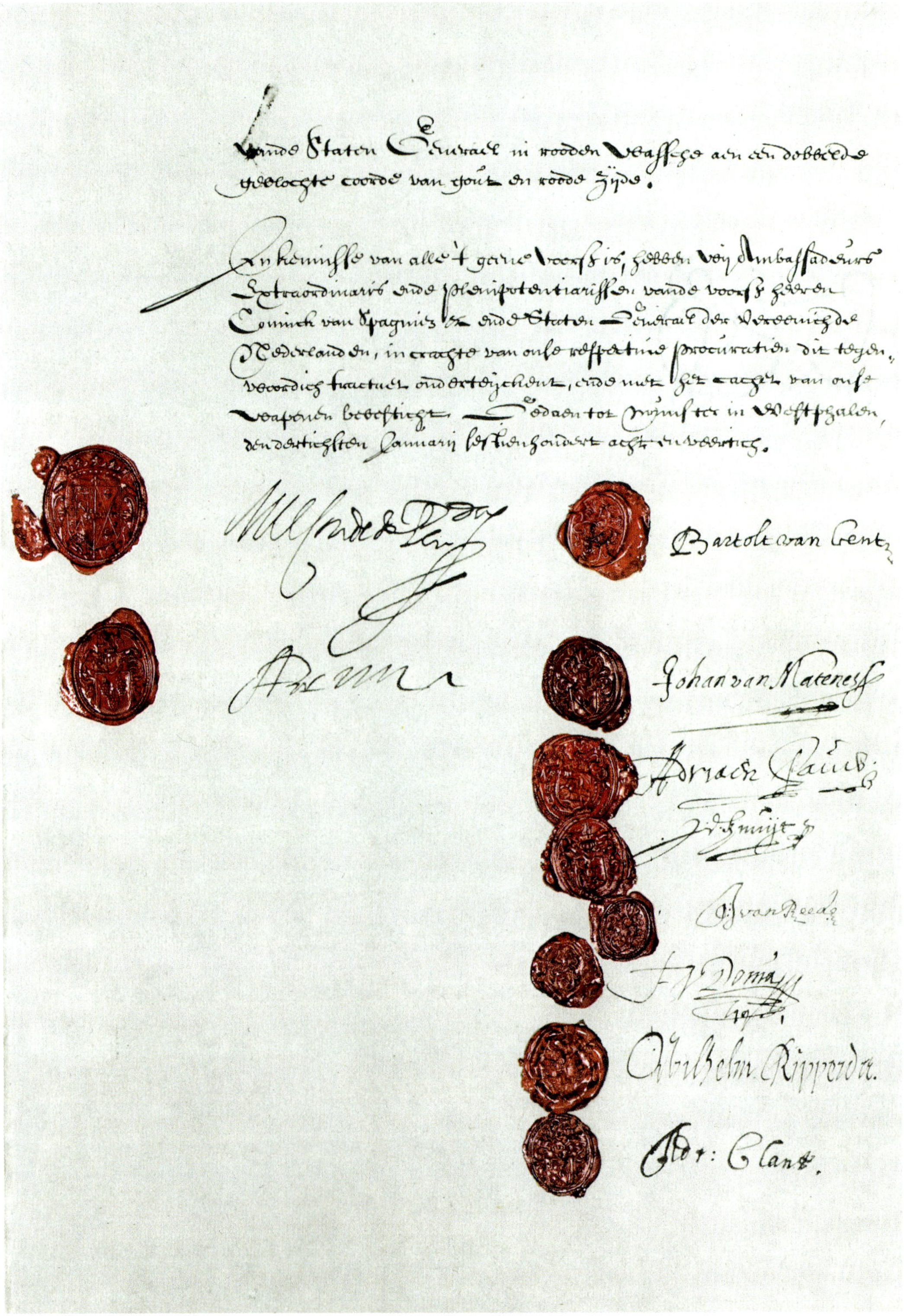

vande Staten Generael in rooden Wassche aen een dobbeld
theovergte coorde van witte en roode zijde.

In kennisse van alle 't geene voorsz is, hebben wij Ambassadeurs
Extraordinaris ende plenipotentiarissen vande voorsz heeren
Coninck van Spagnien ende Staten Generael der Vereenigde
Nederlanden, in cracht van onse respective procuratien dit teyde,
voordich tractaet ondertijckent, ende met het cachet van onse
wapenen bevestiget. — Gedaen tot Munster in Westphalen,
den dertiochsten Januarij sesthienhondert acht-en-veertich.

Bartolt van Gent

Johan van Mateness

Adriaen Pauw

van Reede

J: Donia

Wilhelm Ripperda

Ber: Clant

Das berühmte Bild stellt die Beschwörung des niederländisch-spanischen Teilfriedens am 15. Mai 1648 in der münsterschen Ratskammer dar. G. Ter Borch hat in diesem Historienbild auf der kleinen Malfläche (44 x 57 cm) die beteiligten 75 Personen mit fast fotografischer Genauigkeit wiedergegeben. Das Original, das der Künstler wegen seiner hohen Forderung von 6000 Gulden zu Lebzeiten nicht verkaufen kann, gelangt 1871 in den Besitz der Londoner Nationalgalerie.

◁ Die Siegel und Unterschriften auf der letzten Seite des spanisch-niederländischen Friedensvertrages. Links haben Graf Peñaranda und sein Kollege Antoine Brun, rechts die Niederländer Bartolt van Gent, Johan van Matenesse, Adriaen Pauw, J. de Knuyt, J. van Reede, F. van Donia, Wilhelm Ripperda und Adriaen Clant unterschrieben. Der Vertrag ist vom 30. Januar 1648 aus Münster datiert.

Ratifikationsurkunde mit Unterschrift des spanischen Königs Philipp IV. vom 1. März 1648 mit der hergebrachten Formel »yo el Rey – ich der König«. Der Vertrag garantiert den Niederlanden die völlige Unabhängigkeit; ratifizieren bedeutet, daß der Souverän, hier der König von Spanien, dem Ergebnis zustimmt. Mit der Zeremonie des Austausches der Urkunden und der feierlichen Friedensbeschwörung gelangt die spanische Ausfertigung in den Besitz der Niederlande. Peñaranda spendet den münsterschen Bürgern nach der Ratifikation Freitrunk aus einer silbernen Fontäne, wie ein Chronist hervorhebt.

Eine ältere Abbildung der münsterschen Ratskammer, die im 18. Jahrhundert die Bezeichnung »Friedenssaal« erhalten hat. Die Verträge des Kaisers mit Franzosen und Schweden werden aber nicht hier, sondern in den Quartieren der Hauptgesandten unterzeichnet. Die Vertreter der Reichsstände unterschreiben im münsterschen »Bischofshof« (an der Stelle des jetzigen Regierungspräsidiums), wo sonst die Landstände des Fürstbistums tagen.

Der Richtertisch vor der Renaissancetäfelung an der Nordwand der Ratskammer mit dem Kruzifix von 1540, vor dem bis zur Gegenwart die Ratsmitglieder auf ihre Pflichten vereidigt wurden.

303

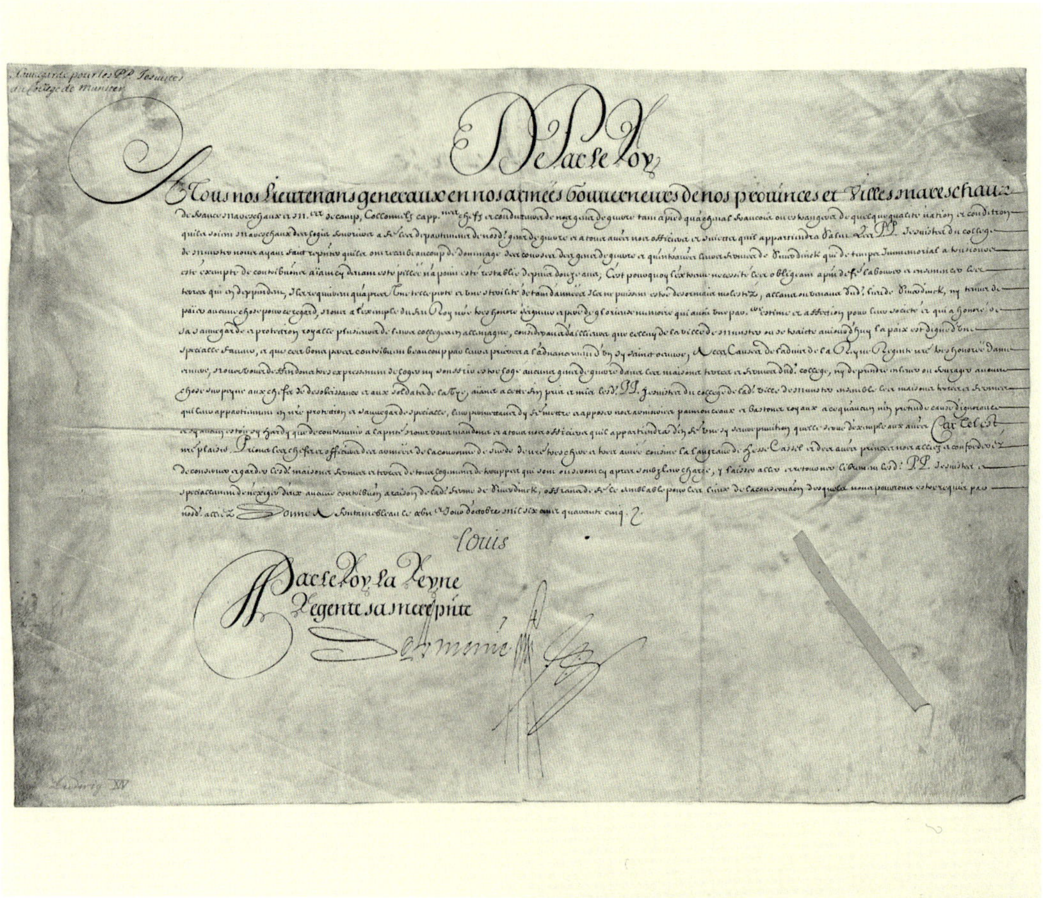

Sauvegarde pour les PP. Jesuites du College de Munster

De par le Roy

A tous nos Lieutenans generaux en nos armées gouverneurs de nos provinces et villes mareschaux

Louis

De par le Roy la Reyne Regente sa mere present

De Lomenie

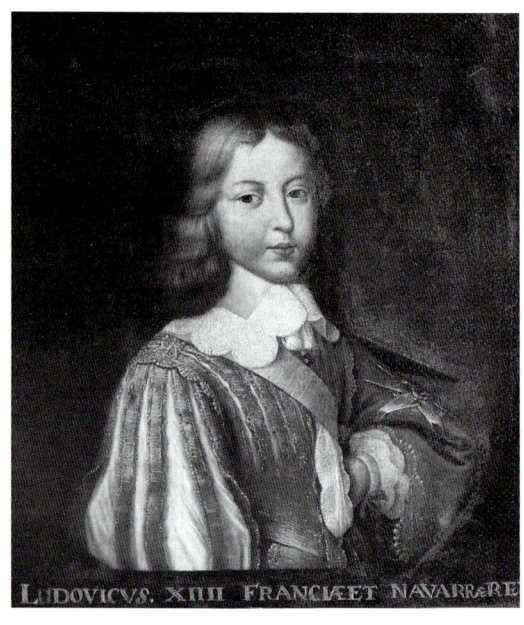

»Sauvegarde« für das Jesuitenkolleg Münster. Die münsterschen Jesuiten spielen beim Kongreß eine nicht unbedeutende Rolle, weil sich die katholischen Gesandten nicht selten im Garten des Kollegs treffen. Sie erwirken am 17. Oktober 1645 durch Vermittlung der Königinmutter Anne einen Schutzbrief des Königs Ludwig XIV., den sie vermutlich über den Hausgeistlichen des Herzogs von Longueville erhalten. Der Schutz des Kollegs wird allen Befehlshabern zur Pflicht gemacht und auch den Offizieren der Schweden und der hessischen Landgräfin empfohlen. »Car tel est notre plaisir.« Unter der Unterschrift des siebenjährigen »Louis« die Beglaubigung des Staatssekretärs de Loménie.

SPECIOSA EN NUNCIA PACIS! *(lumba ;*
Quàm speciosa fuit rediens cum fronde co-
reddita tàm nobis pax speciosa venit.

Wie lieblich ist der Friedensbott!
So lieblich mit dem Zweig deß Noachs Taube
kam/
So lieblich kom̄t auch uns der edle Friedens Nam̄

Hugo Grotius (Pastell des Michiel Jansz. van Mierevelt, 1631). Der schon früh als Autorität auf dem Gebiet des Völkerrechts anerkannte Jurist, den sein Heimatland verbannt hat, ist seit 1634 schwedischer Gesandter in Paris; er hat gehofft, am Friedenskongreß teilnehmen zu können, stirbt aber 1645 in Rostock. Sein Reiseziel war nach mehreren Zeugnissen Münster. Grotius war ein unermüdlicher Briefschreiber; bislang sind 14 Bände seiner Korrespondenz publiziert.

◁ Der kindliche König Ludwig XIV. von Frankreich und Navarra ist auf einem Gemälde des Jan Baptist Floris im Friedenssaal im Alter von etwa neun Jahren dargestellt. Er ist 1638 geboren und steht seit 1643 unter Vormundschaft seiner Mutter Anne d'Autriche; ab 1661 regiert er als absoluter Monarch bis 1715.

Ein Emblembuch zum Westfälischen Frieden mit Graphiken von Lucas Schnitzer verfaßt 1650 Johann Vogel, Rektor der St.-Sebald-Schule in Nürnberg (1589–1663). Seine »Meditationes« verherrlichen in Bild und Text die Segnungen des Friedens und das künftige Idyll, spiegeln aber auch Skepsis über die lange Verhandlungsdauer wider und warnen vor übertriebenen Hoffnungen. »Wie lieblich ist der Friedensbott!« zeigt Noahs Arche mit der Rückkehr der Taube.

Allegorie auf Hugo Grotius und den Westfälischen Frieden. Das Bild stammt wohl aus dem Umkreis des Malers G. Ter Borch und wird als Allegorie auf den 1645 verstorbenen Völkerrechtslehrer Hugo Grotius gedeutet, der als »geistiger Vater des Friedens« gelten darf. Er wird durch die Grabfigur symbolisiert, die Szene als Rehabilitierung des in seiner Heimatprovinz verurteilten Juristen angesehen.

Schwedische Friedensbotschaft. Johan Adler Salvius meldet der Königin Christine aus Münster am ▷
15./25. Oktober 1648, daß am Abend des Vortages die Friedensverträge unterzeichnet wurden.
Wortlaut: »S. P. Deo laus sit! Heri vespere instrumenta pacis a nobis, Caesareis, Gallis et Statibus imperii subscripta et signata sunt. Praeterita nocte et tota die hodierna gaudium totius conventus et huius urbis explosione tormentorum et schlopectorum sonituque omnium campanarum hic et Osna-

S. P. Deo laus sit! heri vespere instrumenta pacis a nobis, Caesaris,
Galliae, et Statibus imperii, subscripta et signata sunt. Praeterea nocte
et tota die hodierna gaudium totius Conventus et huius urbis
explosione tormentorum et schlopettorum, sonituque omnium
campanarum, hic et Osnabrugis, celebratum est. Mirum! quanto
tu applausu omnium, quantoque honore, benedictione, gratula-
tione, laudatione, S. R. M:tis Dnae nrae clementissimae memoria celebrata est. Ratihabitio S. R. M:ti debet hic
sisti ad 15. Decembris. Tria exemplaria erunt necessaria,
1. pro Imperatore, 2. pro archivo Moguntino, 3. pro
Evangelicis, apud Electorem Saxoniae deponendum.
NB. Multum igitur pergamini praeparet M. G. Vra.
Plura proxime. Vale. Monasterio d. 15. Octob.
a° 1648.   M. G. V.
                                      dicatiss. Servitor

Quod Poloni praelio magno caesi sunt a
Cossaccis, metum incutit Europaeis: sed
tractatum Sueco-Polonicum, per Dei gram,
facilitabit.

brugis celebratum est. Mirum! Quanto applausu omnium, quantaque honore, benedictione, gratula-
tione, laudatione S. R. Majestatis, dominae nostrae clementissimae, memoria celebrata est. Ratihabitio
S. R. Majestatis debet hic sisti ad 15. Decembris. Tria exemplaria erunt necessaria, 1. pro Imperatore,
2. pro archivo Moguntino, 3. pro Evangelicis, apud Electorem Saxoniae deponendum.
N. B. Multum igitur pergameni praeparet M. G. Vestra. Plura proxime. Vale. Monasterio die 15. Octobris anno 1648.   M. G. V.
                                                                    dicatissimus servitor
                                                                    J. A. Salvius m. p.

Quod Poloni praelio magno caesi sunt a Cossaccis metum incutit Europaeis, sed tractatum Sueco-
Polonicum, per Dei gratiam, facilitabit.«

seul en la d.ᵉ qualité de nostre Amb.ʳ extraord.ʳᵉ et Plenip.ʳᵉ tout
ainsy, qu'il auroit fait, ou peu faire conioinctement, auec le d.ᵗ S.ʳ Comte
d'Auaux tant en vertu dud.ᵗ pouuoir de 20.ᵐᵉ Septemb. que des presentes
les quelles seruiront aud.ᵗ S.ʳ Comte de Seruient, pendant le temps qu'il
demeurera seul audit lieu de Munster, et an quel entant que besoin est
ou seroit. Nous auons de nouueau donne, et donnons, pouuoir special de
negocier, promettre, accorder, et signer seul tous traictez et articles, et
faire tout ce qu'il iugera necessaire pour l'effett de la d.ᵗᵉ paix vniuerselle,
Tout ainsy, et auec la mesme Autorité, que nous mesmes ferions et pourrions
faire, si nous y estions presens en personne, Iaçoit que le cas requie mandement
plus special, qu'il n'est contenu en ces d.ᵗᵉˢ presentes. Promettons en foy,
et parolle de Roy, et sous l'obligation et hypotheque de tous nos biens presens
et aduenir, de tenir ferme, et accomplir ce, qui aura esté parle d.ᵗ S.ʳ Comte
de Seruient seul ainsy, stipulé, accordé et promis. En tesmoing de quoy
nous auons fait mettre nostre Seel à ces d.ᵗᵉˢ presentes. Car tel est nostre
plaisir. Donne à Paris le 20.ᵐᵉ jour de mars l'an de grace Mil
Sixcencts quarante huict, et de nostre regne le cinquiesme. Signé
Louis, et sur le reply par le Roy, la Reyne Regente Sa Mere presente
De Lomenie, Scillée du grand Seau en cire iaune.

Unterschriftsseite des Friedensvertrags von Münster vom 24. Oktober 1648. Für den Kaiser unterschreiben und siegeln Graf Johann Ludwig von Nassau und Dr. Isaac Volmar, für den König von
Frankreich nur Graf Servien. Es folgen die Unterschriften der kurfürstlichen Gesandten und die der
Reichsstände, die den Vertrag im »Bischofshof« unterzeichnen. Die erst nachträglich eingefügte Unterschrift des kursächsischen Gesandten Dr. Leuber ist rechts unten zu erkennen.

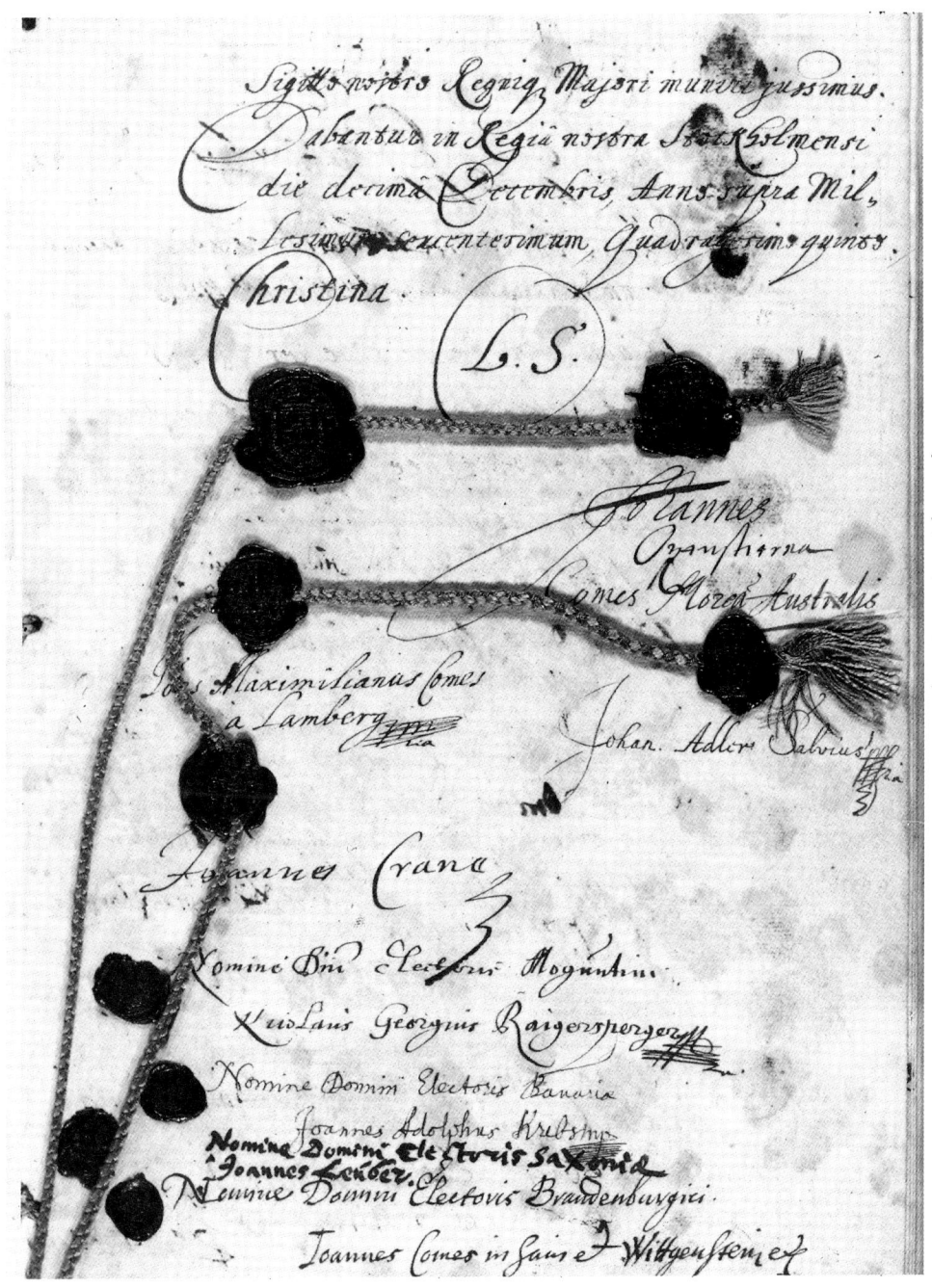

Unterschriftsseite des Friedensvertrages mit der Königin von Schweden. Die Gesandten Oxenstjerna und Adler Salvius haben rechts, die kaiserlichen Bevollmächtigten Graf Lamberg und Crane über den kurfürstlichen Vertretern links unterschrieben. Für den bereits nach Wien abgereisten Grafen Trauttmansdorff ist dessen zu diesem Zweck in Münster zurückgelassenes Siegel oben links aufgedrückt. Bei den Vertragsunterschriften fehlen Kurköln und Kurtrier. Rechtliche Bedeutung hat eine Verweigerung aber nicht, weil kein Reichsstand zur Unterschrift gezwungen werden darf.

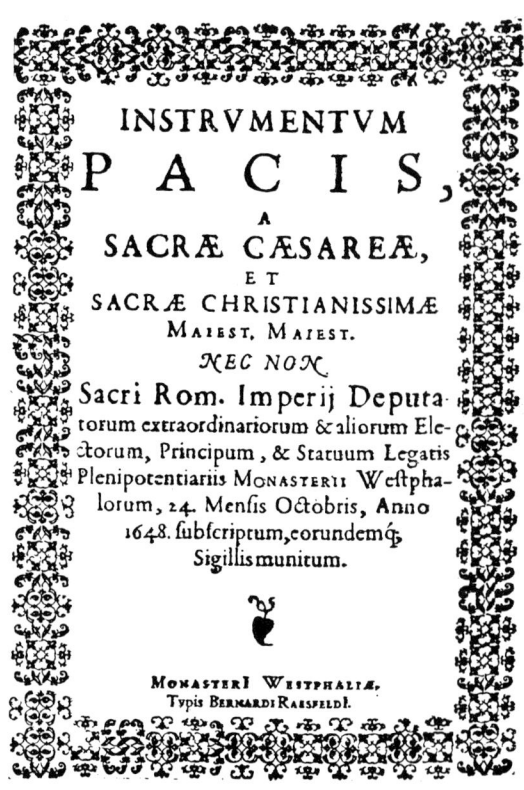

INSTRVMENTVM
PACIS,
A
SACRÆ CÆSAREÆ,
ET
SACRÆ CHRISTIANISSIMÆ
MAIEST. MAIEST.
NEC NON
Sacri Rom. Imperij Deputa-
torum extraordinariorum & aliorum Ele-
ctorum, Principum, & Statuum Legatis
Plenipotentiariis MONASTERII Westpha-
lorum, 24. Menfis Octobris, Anno
1648. fubfcriptum, corundemq̃
Sigillis munitum.

MONASTERI WESTPHALIÆ,
Typis BERNARDI RAESFELDI.

Druck des Vertrages mit Frankreich. Der münstersche Drucker Bernhard Raesfeld erwirkt ein Privileg, alle für den Kongreß benötigten Waren seines Berufszweigs zollfrei einführen zu dürfen und erhält Druckaufträge der beteiligten Mächte. Aus seinem Verlag stammen die ersten gedruckten Vertragstexte, die eine authentische Fassung bieten.

Schaumünzen auf den Friedenskongreß. Das Kriegsende wird mit zahlreichen Medaillen gefeiert, um ▷ das denkwürdige Ereignis der Nachwelt zu überliefern. Auch der Rat der Stadt Münster verschenkt solche kostbaren Stücke, um damit bei einflußreichen Personen guten Willen für die Wünsche der Stadt zu gewinnen, so an den Kaiser und dessen Umgebung. Münster möchte seine Privilegien erweitern und eine Vergütung für die erhöhten Kongreßausgaben erwirken, was trotz der Entsendung des Ratsherrn Dr. Rottendorff zum Regensburger Reichstag fehlschlägt, da die kaiserlichen Kassen leer sind. Hier Prägungen des bischöflichen Münzmeisters Engelbert Ketteler:
Silberner Schautaler »HINC TOTI PAX INSONAT ORBI« (von hier ertönt die Friedensschalmei über den ganzen Erdkreis). Über der Stadtansicht Münsters schweben zwei Engel, der rechte mit Kreuz und Lorbeerzweig, während der linke das Wort »PAX« aus seiner Schalmei erklingen läßt. Rückseite: CAESARIS ET REGUM IUNXIT PAX AUREA DEXTRAS 24.8bris (Der goldene Frieden fügt die Rechten des Kaisers und der Könige zusammen). Unter den Strahlen der Sonne mit der hebräischen Inschrift Jahwes zwei ineinander verschlungene Hände, die aus den Wolken hervorragen und von zwei Füllhörnern und einem Lorbeerzweig begleitet sind; darunter Waffen.
Schautaler mit der Ansicht der befestigten Stadt Münster (MONAST[ERIVM] CIV[ITAS] EPIS[CO-PALIS] LOCVS PACIS VN[IVERSA]LIS). Auf der Rückseite die Devise PAX OPTIMA RERVM (Frieden ist das beste aller Dinge). Auf dem Kissen Krone und Zepter, darüber drei Tauben mit Ölzweigen als Friedensemblem im Schnabel. Sie sollen die drei kriegführenden Mächte Kaiser, Frankreich und Schweden verkörpern.
Die unsignierte Silbermedaille mit der Umschrift »AVREA PAX VIGEAT DET DEVS ARMA CADANT« (Der goldene Friede möge erblühen, gebe Gott, daß die Waffen niedergelegt werden) zeigt den Frieden, der einen Soldaten entwaffnet. Aus den Wolken bietet eine Hand den Ölzweig dar. Die (hier nicht abgebildete) Rückseite trägt die Legende: »Dreisig Jahr hatt gewehrt der Krieg, viel Blutt vergossen ward zum Sieg. Dis Jahr schickt Gott den Frieden fein, dem sey Ehr, Lob und Preys allein. Anno 1648.«

310

Die vergoldete Medaille zeigt die Umschrift »DES FRIEDEN LOBS GEDENCKEN«. Während in den Lüften ein Friedensengel mit Lorbeerkränzen schwebt, küssen sich Pax und Justitia (Attribute Palmzweig, Füllhorn und Waage). Sie ist vermutlich 1650 in Nürnberg bei den Feiern anläßlich der Friedensratifikation hergestellt worden.

Freüdenreicher Postilion von Münster/den durch deß Allerhöchsten ohnaußsprechliche Gnad/von den Vornembsten Potentaten der gantzen Christenheit/daselbst den 24. vnd 25. Ottob. Anno 1648. Ratificierten/vnderschribenen vnd mit grossen Frewden offentlich Publicierten hochwerthen lieben Frieden bringent.

BEY MARX ANTHO HANNAS

Der »freudenreiche Postillion« – Friedensreiter aus Münster – verkörpert die frohe Kunde vom Frieden. Über dem Reiter in den Lüften links die posaunenblasende »Fama«, die Verkörperung des Ruhmes, rechts der Götterbote Merkur, auch Gott des Handels und der Kaufleute.

In einem Flugblatt heißt es: »Der Friede kömt Gott lob mit schnellem Flug geflogen / mit ihm kömt alles Glück und Segen eingezogen / Er bringet Friedenspost und güldne Friedens Zeit / der Krieg ist nun gestillet, geendet alles Leid.«

312

Titelblatt und Schlußseite von Descartes Festspiel »La Naissance de la Paix« (Univ.-Bibl. Uppsala). Im Dezember 1649 wird in Stockholm in Anwesenheit der Königin Christine durch schwedische Höflinge ein Ballett über die »Geburt des Friedens« aufgeführt, dessen Libretto der von ihr an den Hof berufene berühmte französische Philosoph René Descartes (1596–1650) verfaßt hat; er ist mit dem französischen Gesandtschaftsprediger François Ogier in Den Haag persönlich bekannt geworden, der ihm später ein Exemplar seines in Münster aufgeführten Balletts zusendet. So mag eine direkte Verbindung zwischen den Aufführungen in Münster und Stockholm bestehen, wo Descartes schon am 11. Februar 1650 stirbt.

◁ Descartes' Aussehen überliefert eine Ölskizze von Frans Hals, die um 1649 entstanden ist. Descartes hat als Offizier unter Tilly an der Schlacht am Weißen Berge teilgenommen.

Die beeindruckende Erscheinung des 67 Jahre alten Papstes Innozenz X. (1576–1655) malt Diego Velázquez im Frühjahr 1650 bei seinem Romaufenthalt. Das koloristische Meisterwerk findet höchste Anerkennung; der Maler erhält eine goldene Kette. »Man könnte sich diesen Kopf denken unter breitem Federhut, mit Lederkoller und Schwertgehänge, als Wachtmeister aus dem deutschen Krieg«, hat der Velázquez-Biograph Carl Justi (1832–1912) geurteilt.

Der päpstliche Friedensprotest »Zelo Domus Dei« gegen die Bestimmungen der Verträge, soweit diese kirchliche Rechtsansprüche verletzen, bleibt infolge der »Antiprotestklausel« der beteiligten Mächte weitgehend unwirksam.

»Friedens-Freude« und »Krieges-Leid« (Radierung). Das Blatt stellt als Gegensätze die Personifikationen des Friedens und des Krieges mit zahlreichen sinnreichen Symbolen gegenüber. Am Baum, der beide trennt, hängen die Wappen des Kaisers, Frankreichs und Schwedens. Solche Friedensallegorien sind Ausdruck der allgemeinen Friedenssehnsucht. Der Westfälische Frieden als Thema der bildenden Kunst ist noch kaum Forschungsgegenstand gewesen.

Allegorie auf den Frieden zum Ruhme Frankreichs. Der Hofmaler Laurent de la Hyre (1606–1656) stellt dar, wie die siegreiche Gallia als Personifikation Frankreichs von Virtus, der Allegorie der Tugend, mit einem Lorbeerkranz bekränzt wird, während über ihr »Fama« mit Posaunen ihren Ruhm verkündet. Vermutlich ist das Bild im offiziellen Auftrag des Pariser Hofes, vielleicht auf Wunsch der Königinmutter Anne, entstanden.

Jacob Jordaens (1593–1678) aus Antwerpen malt 1654 eine »Allegorie auf den Frieden von Münster«, in der sich symbolische und religiöse Begriffe mischen, so daß ihre Deutung nicht einfach ist. Die kniende Figur im Fürstenmantel vor dem Altar mit dem brennenden Herzen ist als historische Person bisher nicht identifiziert; wahrscheinlich ist der 1647 verstorbene Prinz Friedrich Heinrich von Oranien gemeint. Im Vordergrund links Merkur, Fortuna und Neptun, hinter dem Herrscher die allegorischen Verkörperungen von Eintracht und Frieden; von oben schüttet »Chronos« (die Zeit) sein Füllhorn aus, über ihm eine Personifikation der göttlichen Vorsehung.

Die Segnungen des Friedens und die Schrecknisse des Krieges (Illustration aus dem Stammbuch des Leipziger Magisters Johann Frentzel) mit den Versen: »Der Friede machet froh und nehrt / Der Krieg betrübet und zerstört. / Ein weißer Fürst wird der genannt / Der Frieden stifft und Krieg verbannt. Schriebs in Leipzig, Anno 1650, Joh. Zaulich.«

Friedensallegorie (E. Quellinus zugeschrieben). Der Rubensschüler Erasmus Quellinus (1607–1678) entwirft 1648 für den Magistrat zu Antwerpen für einen Festakt zur Verkündung des Friedens die große Tribüne, hat sich also künstlerisch mit dem Ereignis auseinandergesetzt. Der Figur des »Friedens« (Pax) setzt die geflügelte Siegesgöttin einen Lorbeerkranz auf; Pax wird begleitet von den Verkörperungen der Gerechtigkeit, der Eintracht und des Überflusses; ihr huldigt der die Laute spielende Merkur, Gott des Handels und der Kaufleute. Waffen und kriegerische Symbole sollen auf ihr Geheiß verbrannt werden.

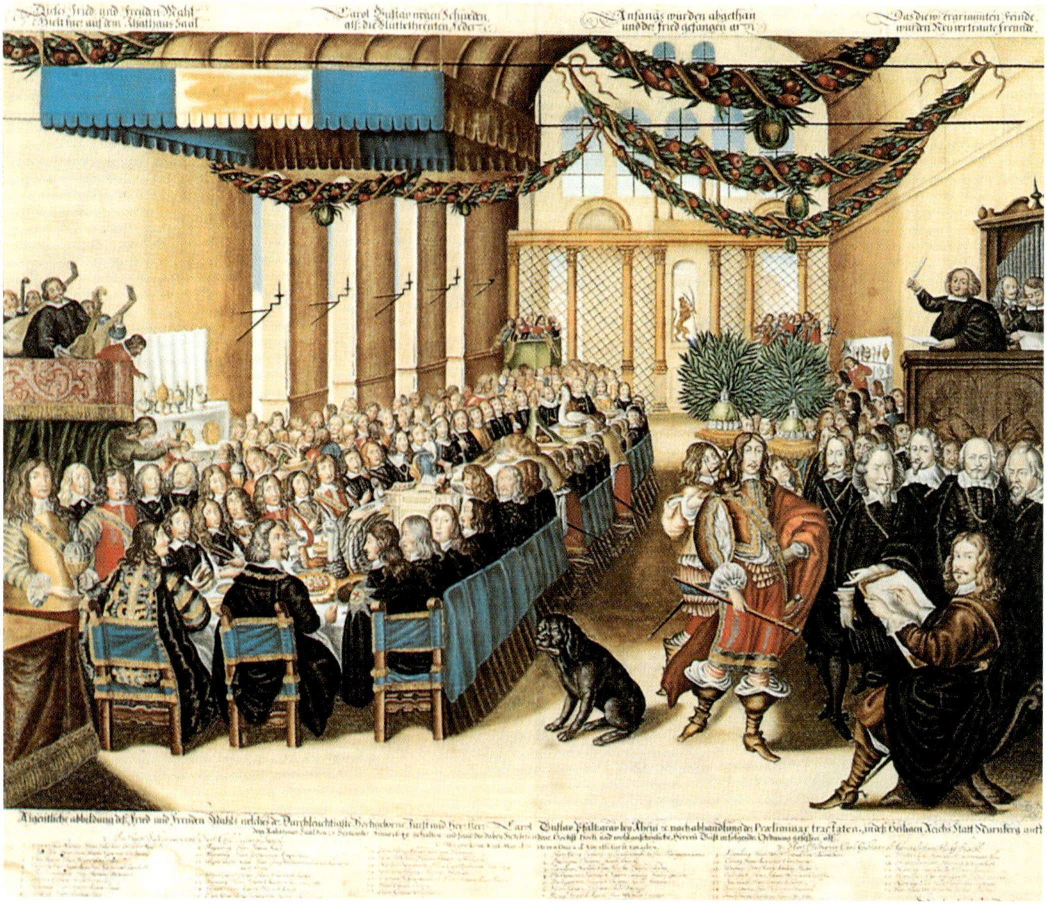
Dieses Fried und Freuden Mahl
Hielt hier auf dem Rathaus Saal
Anfangs wurden abgethan
und der fried gefangen an

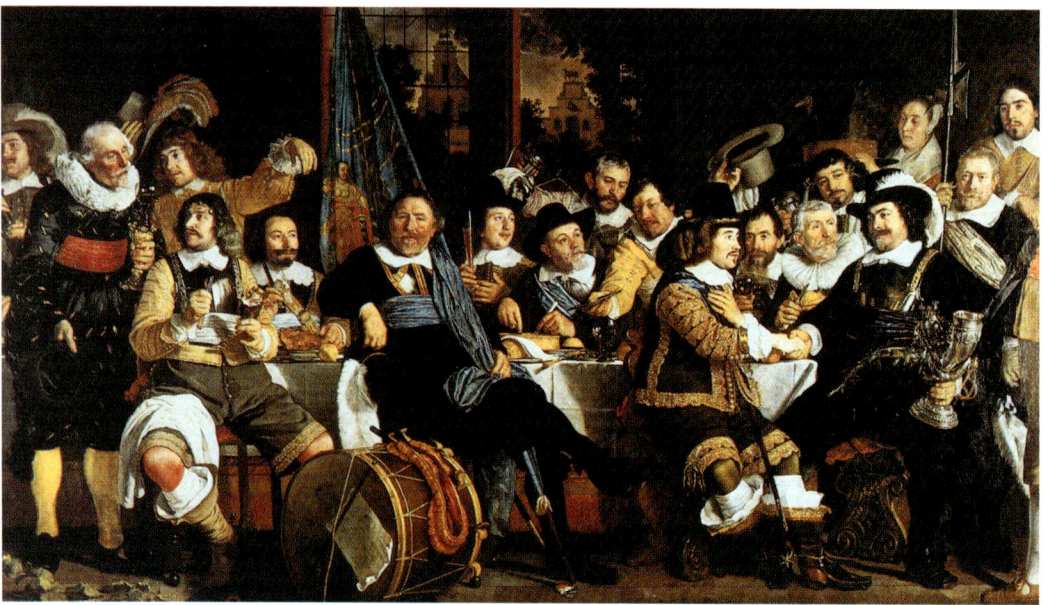

Wahrhafftiger vnd Eygentlicher
Bericht/
Welcher Gestalt

Der zu Münster vnd Oßnabrüge zuvor ge-
schlossener Frieden/ Nunmehr aber zu Münster gäntzlichen vollnzogen/ vnd die Ratificationes Pacis, oder Außwechßlung deß Friedenschlusses/ zwischen dero Römischen Keyserl. Mayestät/ vnd den beyden Königlichen Herrn Abgesandten gegen einander außgewechßlet vndeingehändigt worden.

Wie jnngleichem auch

Das darauff erfolgte Frewden-Feste/ Procession vnd
Fewerwercken sampt Loßbrennung deß Geschützes so vmb der gantzen Statt herumb geschehen.

So dann

Was darauff noch ferner von den sämptlichen Herrn Abgesandten/
wegen Außführung der Soldatesca vnd Guarnisonen im gantzen Heil. Röm Reich/deliberirt/accordirt/beschlossen/vnd allerseits beliebet worden.

So geschehen zu Münster den ⅙ Febr. 1649

Franckfurth/
Bey Philipps Fievet zufinden.

Bericht über das Freudenfest in Münster, mit dem die Bürgerschaft den Austausch der Ratifikationsurkunden am 21. Februar 1649 begeht (Druck des Frankfurter Verlegers Philipp Fievet). In allen Kirchen finden Dankgottesdienste statt, Prozessionen ziehen durch die Stadt, nachmittags paradieren Stadtsoldaten und Bürgerfahnen und geben Freudensalven ab, abends gibt es vor dem Dom und dem Rathaus Feuerwerksvorführungen. »Vieltausend Menschen« beglückwünschen sich gegenseitig und lassen die Gesandten hochleben.

◁ Friedensfestmahl in Nürnberg (kolorierter Stich von W. Kilian [1581–1662] nach Gemälde Joachim von Sandrarts). Der Oberbefehlshaber der noch in Deutschland stehenden Truppen, der Pfalzgraf Karl Gustav von Zweibrücken – er folgt seiner Cousine Christine von Schweden 1654 als König nach –, veranstaltet ein großes Gastmahl im Saal des Nürnberger Rathauses anläßlich der Unterzeichnung des »Interims- und Praeliminar-Recesses« am 21. September 1649.

◁ Gastmahl der Amsterdamer St.-Georgs-Schützen zur Feier des Friedensschlusses von Münster (Ölgemälde von Bartholomäus van der Helst, 1613–1670). Schützengilden sind Bürgervereinigungen zur Verteidigung ihrer Städte, aber auch zur Pflege der Geselligkeit. Hollands berühmteste Maler haben solche »Schützenstücke« gemalt, z. B. Frans Hals oder Rembrandt (»Die Nachtwache«).

Friedensrezeß-Unterzeichnung in Nürnberg am 26. Juni 1650 (Kupferstich von M. Merian). Nach der Einigung über die noch strittigen Punkte – Abdankung der Truppen, Zahlungstermine der Kriegsentschädigung an Schweden, Amnestiefragen – werden drei Exemplare des Vertragswerkes verglichen und unterschrieben.

Bei Kriegsende sind die »Vereinigten Provinzen« der Niederlande Europas führende Handelsnation, deren Währung überall geschätzt wird (»Bankier Europas«). Eine dekorative Karte in Form eines Löwen bildet dieser Kupferstich aus dem Amsterdamer Verlag Nicolaus Johann Visscher ab, der dem Prinzen von Oranien gewidmet ist und zahlreiche Stadtansichten und Trachten der »Grafschaft Holland« enthält. Die Kriege der Generalstaaten werden vorwiegend mit ausländischen Soldtruppen geführt, die auch in ihren Kolonien dienen müssen.

Zeittabelle der politisch-militärischen Ereignisse

1618 23. Mai: Prager Fenstersturz, Aufstand in Böhmen.

1619 Mai und November: Belagerungen Wiens durch böhmische Truppen unter Graf Thurn werden erfolglos abgebrochen.

1620 8. November: Schlacht am Weißen Berge bei Prag: Sieg der kaiserlich-ligistischen Armee unter Tilly über die Böhmen, Flucht des »Winterkönigs« Friedrichs V. von der Pfalz

1621 April: Erneuter Kriegsbeginn in den Niederlanden nach Ablauf des zwölfjährigen Waffenstillstandes zwischen Spanien und den Generalstaaten; »Prager Blutgericht« und kaiserliche Güterkonfiskationen in Böhmen; »Kipper- und Wipperzeit«.

1622 6. Mai: Tilly siegt bei Wimpfen über den Markgrafen Georg Friedrich von Baden-Durlach und bringt bei Höchst am 20. Juni Christian von Braunschweig eine Niederlage bei; Ernst von Mansfeld und Christian entsetzen die niederländische Festung Bergen-op-Zoom; Tilly erobert Heidelberg und Mannheim.

1623 6. August: Tilly besiegt bei Stadtlohn Christian von Braunschweig, der in die Niederlande entkommt.

1624 Juli: Beginn der Belagerung Bredas durch den spanischen General Ambrogio Spinola; Tillys Truppen in Niedersachsen; Auflösung der Armee Mansfelds in Ostfriesland.

1625 Juni: Eroberung Bredas; Ausbruch des niedersächsisch-dänischen Krieges in Nordwestdeutschland; Wallenstein errichtet für den Kaiser eine schlagkräftige Armee.

1626 26. August: Sieg Tillys bei Lutter am Barenberge über König Christian IV. von Dänemark; eine Bauernerhebung in Oberösterreich wird durch den General Pappenheim niedergeworfen.

1627 Eroberung von Mecklenburg, Pommern und Holstein durch die Kaiserlichen unter Wallenstein und die Ligatruppen Tillys.

1628 Eroberung Jütlands durch Wallensteins Armee; er wird zum Herzog von Mecklenburg erhoben und residiert in Güstrow.

1629 Kaiserliches Restitutionsedikt; Frieden von Lübeck (7. Juli) zwischen dem Kaiser und Dänemark; Einfall der Kaiserlichen in Oberitalien (Mantuanischer Erbfolgekrieg).

1630 Juli: Invasion König Gustav Adolfs von Schweden; Kurfürstentag in Regensburg (Juli – November) führt zur Entlassung Wallensteins.

1631 20. Mai: Erstürmung und Zerstörung Magdeburgs durch die Truppen Tillys; 17. September: Sieg der Schweden in der Entscheidungsschlacht bei Breitenfeld; Dezember: Wallenstein wird erneut kaiserlicher Oberkommandierender mit großen Befugnissen.

1632 Tödliche Verwundung Tillys bei Rain am Lech; Besetzung Bayerns durch Gustav Adolf; 17. November: Schlacht bei Lützen, Tod des Schwedenkönigs und Pappenheims.

1633 Heilbronner Bündnis; Einfall der Franzosen in Lothringen; Wallenstein erobert Schlesien zurück, führt aber verdächtige Verhandlungen mit Sachsen und Schweden.

1634 25. Februar: Nach kaiserlicher Ächtung Wallensteins Ermordung in Eger; 6. September: Sieg der Kaiserlichen und Spanier bei Nördlingen über die schwedischen Armeen unter Horn und Bernhard von Weimar.

1635 30. Mai: Prager Frieden zwischen dem Kaiser und Kursachsen; Aufhebung des Restitutionsedikts; Frankreich beginnt Krieg gegen Spanien (bis 1659); Kaiser erklärt Frankreich den Krieg.

1636 Juli: Einfall der Flandernarmee unter dem Kardinalinfanten Fernando in Frankreich; das für Frankreich gefährliche »Jahr von Corbie«; schwedischer Sieg bei Wittstock.

1637 Auf Kaiser Ferdinand II. folgt Ferdinand III.; Rückzug der Schweden nach Pommern; Breda von den Niederländern unter Prinz Friedrich Heinrich von Nassau-Oranien zurückerobert.

1638 Dezember: Übergabe von Breisach an Bernhard von Weimar, der im Juli 1639 stirbt; seine Eroberungen im Elsaß fallen an Frankreich, das seine Truppen in Sold nimmt.

1639 Oktober: Vernichtung einer spanischen Flotte durch die Niederländer unter Admiral Tromp im Kanal unweit Dover.

1640 Aufstände gegen Spanien in Katalonien und Portugal; Erhebung des Herzogs von Braganza zum König von Portugal.

1641 Waffenstillstand Brandenburg–Schweden; 25. Dezember: Hamburger Präliminarvertrag bestimmt die Kongreßstädte Münster und Osnabrück

1642 2. November: Sieg der Schweden unter Torstensson bei Breitenfeld; Tod Richelieus; Beginn des Bürgerkrieges in England.

1643 Dänisch-schwedischer Krieg (bis 1645); Beginn der Friedensverhandlungen in Münster und Osnabrück; Niederlagen der Franzosen bei Tuttlingen, der Spanier bei Rocroi.

1644 August: Schlacht bei Freiburg i. B. zwischen Franzosen und Bayern; Niederlage der dänischen Flotte bei der Insel Feh-

marn; November: Waffenstillstand zwischen Dänemark und Schweden.

1645 5. März: Sieg der Schweden über die Kaiserlichen bei Jankau; 3. August: Schlacht bei Alerheim; schwedisch-dänischer Frieden von Brömsebro beendet dänische Vorherrschaft im Ostseeraum.

1646 September: Vorfrieden zwischen Frankreich und dem Kaiser bei den Verhandlungen in Münster.

1647 14. März: Ulmer Waffenstillstand zwischen Bayern und Frankreich (hält nur bis September); Aufstände gegen Spanien in Neapel und Sizilien.

1648 30. Januar: Friedensschluß zwischen Spanien und den niederländischen Generalstaaten; Mai: Beginn der Frondeunruhen in Frankreich; Belagerung Prags durch die Schweden; 6. August: Vorfrieden zwischen Schweden und dem Kaiser; 24. Oktober: Vertragsunterzeichnung des Westfälischen Friedens zwischen dem Kaiser und Frankreich sowie mit Schweden in Münster.

1650 Nürnberger Friedensexekutionsvertrag über die Abdankung der beiderseitigen Armeen. Der Krieg zwischen Frankreich und Spanien wird erst im Pyrenäenfrieden 1659 beigelegt.

Literaturübersicht

Aus der fast unübersehbaren Bücherflut zum Thema nur solche Titel, deren Autoren im Text namentlich erwähnt werden:

Braubach, Max, Der Westfälische Friede, Münster 1948.

Burkhardt, Johannes, Der Dreißigjährige Krieg, Frankfurt/Main 1992.

Dickmann, Fritz, Der Westfälische Frieden, Münster 6. Auflage 1992 (hg. von K. Repgen).

Diwald, Helmut, Wallenstein. Eine Biographie, Frankfurt-Berlin 1987 (Ullstein-Taschenbuch).

Hager, Werner, Das geschichtliche Ereignisbild. Beitrag zu einer Typologie des weltlichen Geschichtsbildes bis zur Aufklärung, München 1939.

Hubala, Erich, Die Kunst des 17. Jahrhunderts (Propyläen-Kunstgeschichte), Berlin o. J.

Junkelmann, Marcus, Gustav Adolf. Schwedens Aufstieg zur Großmacht. Regensburg 1993.

Kraus, Andreas, Maximilian I., Bayerns Großer Kurfürst, Graz-Wien-Köln-Regensburg 1990.

Lahrkamp, Helmut, Lothar Dietrich Freiherr von Bönninghausen. Kaiserlicher Feldmarschall-Leutnant und Maréchal de Camp des Königs von Frankreich, Münster 1958 (Sonderdruck aus: Westf. Ztschr. Bd. 108, 1958, 239–366, dazu Ergänzung ebd. 143, 1993, 63–70).

Lahrkamp, Helmut, Jan von Werth. Sein Leben nach archivalischen Quellenzeugnissen, Veröffentlichungen des Kölnischen Geschichtsvereins 24, 2. Auflage Köln 1988.

Mann, Golo, Wallenstein. Sein Leben, Frankfurt/Main 4. Auflage 1971.

Parker, Geoffrey, Der Dreißigjährige Krieg, Frankfurt-New York 1987.

Ranke, Leopold von, Französische Geschichte (hg. von W. Andreas), Wiesbaden-Berlin 1957.

Raumer, Kurt von, Das Erbe des Westfälischen Friedens, in: E. Hövel (Hg.), Pax optima rerum. Beiträge zur Geschichte des Westfälischen Friedens 1648, Münster 1948.

Repgen, Konrad (Hg.), Krieg und Politik 1618–1648. Europäische Probleme und Perspektiven (Schriften des Histor. Kollegs, Kolloquien 8), München 1988.

Ritter, Moriz, Deutsche Geschichte im Zeitalter der Gegenreformation und des Dreißigjährigen Krieges, Bd. III, Stuttgart 1908, Neudruck Darmstadt 1974.

Rößler, Hellmuth, Europa im Zeitalter von Renaissance, Reformation und Gegenreformation 1450–1650, München 1956.

Schilling, Heinz, Aufbruch und Krise. Deutschland 1517–1648, Berlin 1994 (Siedlers Deutsche Geschichte Bd. V).

Schmidt, Georg, Der Dreißigjährige Krieg, München 1995.

Stadler, Barbara, Pappenheim und die Zeit des Dreißigjährigen Krieges, Winterthur 1991.

Steinberg, S. H., Der Dreißigjährige Krieg und der Kampf um die Vorherrschaft in Europa 1600–1660, Göttingen 1967.

Sturmberger, Hans, Aufstand in Böhmen. Der Beginn des Dreißigjährigen Krieges (Janus-Bücher 13), München-Wien 1959.

Wedgwood, C. V., Der Dreißigjährige Krieg, München 1976 (als Taschenbuch Bergisch-Gladbach 1983).

Bibliographie zum Westfälischen Frieden, hg. von Heinz Duchhardt, bearb. von Eva Ortlieb und Matthias Schnettger (Schriftenreihe der Vereinigung zur Erforschung der Neueren Geschichte 26), Münster 1996.

Erinnerungen von Zeitgenossen

Adami, Adam: Relatio historica de pacificatione Osnabrugo-Monasteriensi, hg. von Johann Gottfried v. Meiern, Leipzig 1737.

Carve: Itinerarium r. d. Thomae Carve Tipperariensis, sacellani maioris in . . . legione . . . colonelli . . . Deveroux, Moguntiae 1639.

Contreras und Estrada: Autobiografias de soldados, hg. von José Maria de Cossio, Madrid 1956 (= Biblioteca de autores españoles, Bd. 90); dazu: Das Leben des Capitán Alonso de Contreras, von ihm selbst erzählt, Zürich 1961 (Einleitung von J. Ortega y Gasset).

Tagbuch des Augustin von Fritsch von seinen Thaten und Schicksalen in dreyßigjährigen Kriege, in: Beiträge zur vaterländischen Historie . . . Bd. IV (hg. von Lorenz Westenrieder), München 1792.

Mémoires du Maréchal de Gramont (Nouvelle Collection Michaud et Poujoulat, Serie III, Bd. 7), Paris 1839.

Joly, Claude: Voyage fait a Munster en Westphalie et autres lieux voisins en 1646 et 1647, Paris 1670.

Monro, Robert: His Expedition with the Worthy Scots Regiment called MacKeyes Regiment, levied in August 1626, London 1637; übersetzt von Helmut Mahr, Neustadt an der Aisch 1995.

Ogier, François: Journal du congrès de Munster, publié par Auguste Boppe, Paris 1893.

Turner, James: Memoirs of His Own Life and Times (1632–1670) (Bannatyne Club 28), Edinburgh 1829.

Wiltheim: Itinerarium P. Joannis Gaspari Wiltheim s. J., hg. von A. Steffen, in: Publications de la section historique de l'Institut Grand-Ducal de Luxembourg 77, 1959.

Grimmelshausens »Simplicianische Schriften« (Hg. Alfred Kelletat) erschienen zuletzt München 1958.

Zu Fabio Chigi als Dichter: H. Bücker, Der Nuntius Fabio Chigi (Papst Alexander VII.) in Münster 1644–1649, in: Westfälische Zeitschrift 108, 1958, 1–90.

Zu Gronsfeld: H. Lahrkamp, Die Kriegserinnerungen des Grafen Gronsfeld, in: Zeitschrift des Aachener Geschichtsvereins 71, 1959, 77–104.

Zu Rottendorff: H. Lahrkamp, Ein vergessener Friedensappell des münsterschen Arztes Dr. B. Rottendorff aus dem Jahre 1647, in: Westfälische Forschungen 27, 1975, 118–128.

Peters, Jan (Hg.): Ein Söldnerleben im Dreißigjährigen Krieg. Eine Quelle zur Sozialgeschichte, Berlin 1993.

Zur Söldnermentalität auch die wenig späteren »Kriegsabenteuer des Rittmeisters Hieronymus Christian von Holsten 1655–1666«, hg. von H. Lahrkamp (= Quellen und Studien zur Geschichte des östlichen Europa Bd. IV), Wiesbaden 1971.

Zum Friedenskongreß die Bände der von K. Repgen herausgegebenen Reihe der »Acta Pacis Westphalicae«, Münster 1962ff, bes. die Serie II: Korrespondenzen, und Serie III: Protokolle, Verhandlungsakten, Diarien (darin die Tagebücher Wartenbergs, Lambergs, Volmars und Chigis).

Die »Stadtmünsterischen Akten« wurden 1964 als Bd. I der Serie III, Abt. D Varia, von H. Lahrkamp publiziert; er enthält auch in Auswahl A. Adamis »Observationes«, die sich in der Hildesheimer Dombibliothek befinden, sowie ein Verzeichnis der Diplomaten des Westfälischen Friedenskongresses.

Autor und Verlag danken allen Personen und Institutionen, die durch ihre Mitwirkung die umfangreiche Bildersammlung ermöglicht haben.

Nach Herrn Karl-Heinz Danzer, Reutlingen, und Frau Dr. Antje Oschmann, Bonn, sind aus Münster zu nennen:
Universitäts- und Landesbibliothek,
Stadtarchiv,
Stadtmuseum,
Westfälisches Amt für Denkmalpflege,
Westfälisches Landesmuseum für Kunst und Kulturgeschichte,
Nordrhein-Westfälisches Staatsarchiv.

Von deutschen Museen haben beigetragen:
Bayerisches Armeemuseum, Ingolstadt,
Bayerisches Nationalmuseum, München,
Herzog Anton Ulrich-Museum, Braunschweig,
Kreis-Heimatmuseum, Attendorn,
Staatliche Kunsthalle, Karlsruhe.

Von ausländischen Museen haben mitgewirkt:
Heeresgeschichtliches Museum, Wien,
Musée du Louvre, Paris,
Musée Condé, Chantilly,
Musée de Versailles, Versailles,
Royal Collection Enterprises, Windsor Castle,
Statens konstmuseer, Stockholm,
Skoklosters slott, Skokloster,
Det Nationalhistoriske Museum på Frederiksborg, Hillerød,
Gemeente Musea, Delft,
Rijksmuseum-Stichting, Amsterdam.

Gesamtherstellung: Druckhaus Aschendorff, Münster, 1997
Gedruckt auf säurefreiem, alterungsbeständigem Papier ∞
ISBN 3–402–05166–4

EUROPA NACH DEM WESTFÄLISCHEN FRIEDEN